KREW, POT I PIKSELE

Chwalebne i niepokojące opowieści o tym, jak robi się gry

KREW, POT I PIKSELE

tłumaczenie:
BARTOSZ CZARTORYSKI

JASON SCHREIER

Kraków 2018

wsqn.pl www
WydawnictwoSQN
wydawnictwosqn
SQNPublishing
WydawnictwoSQN
E-booki
Zrównoważona gospodarka leśna
Per aspera ad astra 377

Blood, Sweat, and Pixels:
The Triumphant, Turbulent Stories Behind How Video Games Are Made

Redakcja – Paweł Wielopolski
Korekta – Maciej Cierniewski
Projekt typograficzny i skład – Joanna Pelc
Projekt okładki – Milan Bozic
Adaptacja okładki – Paweł Szczepanik / BookOne.pl
Fotografia autora na okładce – Jason Schreier
Grafiki na I i IV stronie okładki – Shutterstock
Rysunki wewnątrz książki – Marcin Karaś

Wydanie I, Kraków 2018
ISBN: 978-83-8129-243-6

Dla Amandy

WSTĘP

Powiedzmy, że chcecie stworzyć grę wideo. Macie już zabójczy pomysł – dajmy na to, że miałaby traktować o wąsatym hydrauliku rzucającym się na ratunek swojej dziewczynie, księżniczce porwanej przez ogromnego, ziejącego ogniem żółwia – i nawet udało wam się naciągnąć inwestora na parę baniek, aby go zrealizować. I co dalej?

Cóż, musicie ustalić, na zatrudnienie ilu ludzi możecie sobie pozwolić, a potem podzwonić po rysownikach, designerach, programistach. Trzeba też mieć producenta czuwającego nad całym procesem, a także dział dźwiękowy, ponieważ wypada, żeby gra miała te, no, dźwięki. Nie zapomnijcie o wykwalifikowanych i sprawdzonych testerach, którzy wyłapią błędy. No i geniusza marketingowego, bo skąd ludzie będą wiedzieć, że szykujecie bestseller? Jak już uda się ich wszystkich zebrać, ustalcie dokładny grafik, który określi, ile czasu dana ekipa spędzi nad poszczególnymi częściami gry. Jeśli wszystko pójdzie dobrze, w pół roku uda się przygotować demo, akurat na E3, a przed końcem roku będziecie mieli „pełny produkt".

Przez kilka miesięcy wszystko idzie całkiem nieźle. Rysownicy stworzyli już projekty paru fajowych przeciwników, z którymi będzie zmagał się wasz hydraulik: duchy, grzybki, tego typu postaci. Designerzy naszkicowali pomysłowe poziomy, prowadząc gracza przez bulgoczące wulkany i cuchnące bagniska. Programiści rozgryźli, jak wykorzystać sztuczki graficzne i dzięki bajeranckiemu renderowaniu podziemia wyglądają bardziej realistycznie niż wszystko, co do tej pory widzieliście. Nikomu nie brakuje motywacji, robicie postępy i rozdajecie opcje na zakup akcji firmy jak darmowe gazety na stacji metra.

Aż któregoś ranka dostajecie telefon od swojego producenta. Okazało się, że tamten trik z renderowaniem jest bezużyteczny, bo przez niego częstotliwość wyświetlania klatek spada do dziesięciu na sekundę*. Testerzy zacinają się na etapie z wulkanem, a koleś od marketingu nie przestaje gadać o tym, jak bardzo zaszkodzi to ocenie gry na Metacritic. Art director nalega na ściślejszą kontrolę nad pionem animacji, przez co tamci dostają szału. Demo na E3 ma być gotowe za dwa tygodnie, a wy wiecie, że nie ma szans skończyć go wcześniej niż za miesiąc. Nagle inwestorzy zaczynają się dopytywać, czy nie udałoby się zmniejszyć budżetu z dziesięciu do ośmiu milionów, co oznaczałoby, że musielibyście zwolnić wtedy parę osób.

Przed tygodniem fantazjowaliście o przemówieniu, które wygłosicie podczas gali Game Awards, po odebraniu nagrody za Grę Roku. A teraz zastanawiacie się, czy w ogóle uda się ją ukończyć.

---

* Częstotliwość wyświetlania klatek określa odstępy czasu, w jakich obraz jest wyświetlany na ekranie. Nasze oczy przywykły do grania przy podstawowej częstotliwości 30 klatek na sekundę; kiedy ta wartość spada, gra wydaje się przycinać, jakby wyświetlano ją ze starego projektora.

Miałem kiedyś okazję napić się z developerem, który dopiero co wypuścił nową grę. Wyglądał na wykończonego. Razem ze swoją ekipą już zbliżali się do linii mety, kiedy dotarło do nich, że jedna z głównych atrakcji gry nie jest tak interesująca, jak myśleli. Parę następnych miesięcy spędzili na tak zwanym „crunchu", pracując całe tygodnie po 80–100 godzin, aby rozłożyć wszystko na czynniki pierwsze i kompletnie przerobić wszystko, co do tej pory udało się domknąć. Niektórzy spali w biurze, żeby nie tracić czasu na codzienne dojazdy do pracy, bo każda godzina spędzona za kierownicą oznaczała godzinę mniej na łataniu niedociągnięć. Aż do dnia terminu złożenia całości wielu z nich wątpiło, czy w ogóle uda im się tę grę wypuścić.

– Cud, że ta gra powstała – powiedziałem.

– Jason – odparł – to cud, że jakakolwiek gra powstała.

Przez kolejne lata, kiedy zajmowałem się światem gier, często to słyszałem. Developerzy, bez względu na to, czy pracowali dla niedużego, niezależnego studia, czy obecnych na giełdzie korporacji, często mówili o tym, jak ciężko projektować i produkować gry. Podczas odbywającej się co roku Game Developers Conference (GDC) wystarczy wejść do jakiegokolwiek baru w San Francisco i nie ma szans nie natknąć się na zmęczonych designerów starających się przebić jeden drugiego opowieściami o ciągach koderskich i napędzanych kofeiną nocek. Nieobce są im wojenne metafory – „opowieści okopowe" to powszechne sformułowanie – i chóralne narzekania, których świat zewnętrzny nie potrafiłby zrozumieć. Żeby zirytować jeszcze bardziej takiego developera wystarczy zapytać go, jak to jest całymi dniami grać.

Ale nawet kiedy zrozumiemy, że również developer ma wymagającą pracę, nie jest łatwo nam pojąć dlaczego. Przecież ludzie robią gry od lat 70., co nie? Po dekadach rozmaitych doświadczeń i prób developerzy powinni być raczej wydajni, prawda? Może podobne myślenie sprawdziłoby się pod koniec lat 80., kiedy grami zajmowały się głównie nastolatki i dwudziestoparolatkowie odżywiający się wyłącznie pizzą i dietetyczną colą; kodowali nocami, przesypiali całe dnie. Ale po latach przemysł gier w samych Stanach Zjednoczonych wyceniano już na 30 miliardów*. Czemu jednak developerzy nadal opowiadają o przesiadywaniu w pracy do trzeciej nad ranem? Dlaczego nadal tak trudno robić gry?

Żeby znaleźć odpowiedzi na te pytania, zrobiłem to, co lubię najbardziej: nękałem ludzi o wiele mądrzejszych od siebie. Rozmawiałem z przeszło setką developerów i ludzi na stanowiskach kierowniczych, zarówno zarówno oficjalnie, jak i nieoficjalnie, zadając im niezliczony ciąg wścibskich pytań na temat ich życia i pracy, próbując dociec, czemu gotowi są tyle poświęcić dla tworzenia gier.

Niniejsza książka podzielona jest na dziesięć rozdziałów, a każdy opowiada historię powstania innej gry. W jednym z nich odwiedzam Irvine w Kalifornii, żeby przeanalizować, jak ufundowana przy pomocy zrzutki na Kickstarterze gra „Pillars of Eternity" pomogła Obsidian Entertainment przetrwać najmroczniejsze czasy. W innym jadę do Seattle w stanie Waszyngton, gdzie dwudziestoparoletni Eric Barone spędził niemal pięć lat, pracując samotnie nad wyciszoną grą farmerską, której nadał tytuł „Stardew Valley". Pozostałe opowiadają

* Według danych Entertainment Software Association w 2016 roku amerykański przemysł gier wideo był wart 30,4 miliarda dolarów.

między innymi o technicznych koszmarach prześladujących ekipę od „Dragon Age: Inkwizycji", wycieńczającym crunchu przy „Uncharted 4" i tajemnicy otaczającej wyczekiwane „Star Wars 1313" od LucasArts.

Czytając, możecie odnieść wrażenie, że historie te to anomalie, że opisuję gry, których produkcję naznaczyły kłopoty związane z nagłymi zmianami technicznymi, wymianą kadry kierowniczej albo innymi nieprzewidywalnymi zdarzeniami losowymi, na które developerzy nie mieli wpływu. Podczas lektury można by pomyśleć, że wszystkie te gry powstawały w nienaturalnych jak na tę branżę okolicznościach, że twórcy mieli po prostu ogromnego pecha, że pewnie udałoby się im uporać z trudnościami, gdyby tylko stosowali się do obowiązujących standardów i omijali powszechnie znane przeszkody lub od samego początku podejmowali mądrzejsze decyzje.

Oto jednak alternatywna teoria: każdy tytuł powstaje w osobliwych okolicznościach. Gry z natury rozpięte są pomiędzy sztuką a techniką w sposób, który kilkadziesiąt lat temu był ledwie możliwy. Jeśli powiążemy dynamiczny rozwój sprzętu i oprogramowania z tym, że obecnie bawimy się zarówno przy dwuwymiarowej łamigłówce na iPhonie, jak i przy rozległym RPG z otwartym światem i niemalże realistyczną grafiką, nie powinno nas dziwić, że nie istnieją zuniformizowane standardy produkcji gier. Duża ich część może i wygląda podobnie, ale każda z nich została wykonana w zupełnie inny sposób, o czym przekonacie się, gdy będziecie czytać tę książkę.

Ale czemu tak trudno robi się gry? Jeśli tak jak ja nigdy nie próbowaliście swoich sił przy produkcji komercyjnego tytułu, być może poniższe teorie okażą się pomocne w zrozumieniu tego fenomenu.

1. **Gry są interaktywne**. Nie biegną w jednym wyznaczonym odgórnie kierunku. W przeciwieństwie do – dajmy na to – renderowanych na komputerze animacji Pixara grafika jest generowana w „czasie rzeczywistym" i nowe obrazy wyświetlane są przez komputer co milisekundę. Gry reagują na ruchy gracza. A film *Toy Story* nie. Kiedy gracie, PC lub konsola (albo telefon) na bieżąco renderuje postacie i sceny, zależnie od podejmowanych przez ciebie decyzji. Jeśli wejdziecie do pomieszczenia, program dogra meble. Gdy zdecydujecie się zapisać stan gry i wyjść, musi zachować wasze dane. A jak uznacie, że chcecie załatwić pomocnego do tej pory robota, gra przetworzy, (a) czy jest to możliwe, (b) czy jesteście dostatecznie silni, aby to zrobić i (c) jaki paskudny dźwięk wyda z siebie rzeczony robot, kiedy wyprujecie mu metalowe flaki. Gra może również zapamiętać, co zrobiliście i napotkane później postacie będą wiedziały, że jesteście bezdusznymi mordercami i przywitają się słowami „Ej, to ty jesteś tym bezdusznym mordercą!".
2. **Technika się zmienia**. Komputery ewoluują (są lepsze z roku na rok), a co za tym idzie, zwiększają się możliwości przetwarzania grafiki. A kiedy zwiększają się możliwości przetwarzania grafiki, otrzymujemy ładniejsze gry. Jak powiedział mi Feargus Urquhart, CEO studia Obsidian: „Znajdujemy się na krańcu postępu technicznego i stale przesuwamy granicę". Urquhart podzielił się ze mną uwagą, że tworzenie gier jest jak kręcenie filmów, o ile przy każdym kolejnym projekcie trzeba by budować zupełnie nową kamerę. Nie jest to niecodzienna analogia. Inna mówi o budowaniu kamienicy podczas trzęsienia ziemi.

Albo sterowaniu pociągiem, podczas gdy ktoś biegnie przed lokomotywą i na bieżąco kładzie tory.

3. **Narzędzia nigdy nie są takie same**. Aby tworzyć gry, artyści i designerzy muszą pracować z rozmaitym oprogramowaniem, od popularnego software'u (jak Photoshop czy Maya) po własne aplikacje, które różnią się w każdym studiu. Tak jak sama technika, narzędzia te nieustannie ewoluują zależnie od developerskich potrzeb i ambicji. Jeśli działają zbyt wolno albo nafaszerowane są błędami lub brakuje im kluczowych funkcji, praca nad grą może okazać się istną katorgą. „Ludzie myślą zwykle, że do stworzenia gry wystarczą świetne pomysły, kiedy tak naprawdę chodzi o umiejętność przeniesienia ich z papieru na produkt – powiedział mi kiedyś pewien developer. – A do tego potrzebujesz dobrego silnika i odpowiedniego zestawu narzędzi".
4. **Planowanie jest niemożliwe**. „Nieprzewidywalność komplikuje całą sprawę" – tłumaczył mi Chris Rippy, weteran branży gier, który pracował przy „Halo Wars"*. Rippy wyjaśniał, że w procesie produkcji tradycyjnego oprogramowania można ustalić realny grafik na bazie analizy zrealizowanych zadań i czasu potrzebnego do ich wykonania. „Ale przy grach – ciągnął – mówimy o zapewnieniu komuś rozrywki. A co jest jej źródłem? Jak długo należy nad tym ślęczeć? Czy udało się uzyskać upragniony efekt? Czy jest on wystarczający? Chodzi o, dosłownie, stworzenie dzieła

---

* Rolą producenta jest koordynowanie grafik, wykłócanie się z resztą ekipy i upewnienie się, że wszyscy wszystko rozumieją. Jak powiedział mi kiedyś Ryan Treadwell, stary wyga: „Jesteśmy ludźmi odpowiedzialnymi za upewnienie się, że produkt w ogóle ujrzy światło dzienne".

sztuki przez artystę. Jak ocenić, że jest ukończone? Czy jeszcze jeden dzień spędzony nad grą mógłby radykalnie ją odmienić? Kiedy należy skończyć ją szlifować? To złożona kwestia. Do właściwego etapu produkcji przechodzi się, gdy uznamy, że gra jest atrakcyjna i że dobrze wygląda, wtedy robi się trochę klarowniej. Lecz do tej pory poruszamy się po omacku". Co prowadzi nas do…

5. **Nie sposób powiedzieć, czy gra jest „fajna", póki się w nią nie zagra**. Można oczywiście pokusić się o popartą doświadczeniem i dowodami opinię, lecz dopóki nie chwyci się kontrolera, nie ma możliwości stwierdzić, jakie to uczucie ruszać się, skakać i rozbić dwuręcznym młotem metalowy łeb kumpla-robota. „Nawet bardzo doświadczeni designerzy nadal czują strach na samą myśl o tym" – powiedziała mi Emilia Schatz, projektantka z Naughty Dog*: „Każdy z nas znalazł się w sytuacji, kiedy włożył w coś naprawdę dużo pracy, a grało się koszmarnie. Można sobie rozrysowywać w głowie misterne plany, wyobrażać, jak gra będzie pięknie działać, a w końcu, gdy przychodzi co do czego, wszystko okazuje się nie tak".

Opowieści zawarte w tej książce mają ze sobą pewne wspólne elementy. Każda z nich przynajmniej raz napotkała na swojej drodze opóźnienia. Każdy developer musiał iść na niemałe kompromisy. Każda firma głowiła się, jakiego sprzętu i technologii użyć. Każde studio rozplanowywało pracę tak, aby zdążyć na duże targi jak E3, gdzie developerzy mogą liczyć na

* Rola designera może się różnić w zależności od studia, lecz ogólnie rzecz biorąc, do niego należy podejmowanie decyzji powiązanych z funkcjonowaniem gry. Są one zarówno duże (jakiej broni będzie używał gracz?), jak i małe (jak gracz odróżni drzwi zamknięte od tych, które są otwarte?).

motywację (a nawet opinie i komentarze) rozentuzjazmowanego tłumu graczy. I – co budzi bodaj największe kontrowersje – każdy, kto pracował nad tymi grami, musiał przeżyć „crunch", czyli poświęcić życie osobiste i rodzinne na pracę, która – jak się wydawało – nie miała końca.

A jednak ludzie, którzy produkują gry, z reguły powtarzają, że nie mogliby robić czegoś innego. I kiedy opisują uczucie towarzyszące pracy z najnowszymi zdobyczami techniki, zapewnianiu interaktywnej rozrywki, jakiej nie dostarcza żadne inne medium, działaniu jako grupa licząca dziesiątki, a nawet i setki członków, aby stworzyć coś, w co zagrają miliony, ma się to niezachwiane poczucie, że mimo zawirowań, mimo crunchów, mimo piętrzących się, bzdurnych trudności, przez które często muszą się przedzierać developerzy, gry są tego wszystkiego warte.

Pomówmy jednak o waszym projekcie, tym o hydrauliku („Superprzygoda hydraulika"). Istnieją rozwiązania wszystkich waszych problemów, mimo że mogą się wam one nie podobać. Przykładowo, da się przyciąć budżet przez zlecenie części roboty przy animacji studiu z New Jersey. Może gra nie będzie wyglądała tak bajecznie, jak zakładaliście, ale zapłacicie aż o połowę mniej. Da się uprosić projektantów poziomów, aby dorzucili kilka platform i nie dawali aż tak w kość graczom, a jeśli się nie zgodzą, przypomnijcie im, że nie każdy lubi „Dark Souls". Da się też pogadać z art directorem, aby nie męczył programistów, bo ci muszą się skupić na swojej robocie i nie mają czasu na wysłuchiwanie jego opinii na temat światłocienia w grach wideo.

Trudno będzie zdążyć na E3, lecz może uda się poprosić pracowników, aby przez parę tygodni zostawali po godzinach? Rzecz jasna nie dłużej niż dwa. Aby ich ugłaskać, zaproście ich na obiad, a może nawet zaproponujcie premie, jeśli gra otrzyma notę 90 na Metacritic.

Będziecie pewnie musieli wyrzucić niektóre bajery. Tak, wiem, były super. Przepraszam. Ale to nie tak, że wasz hydraulik musi koniecznie zmieniać się w szopa pracza. Zostawcie to na sequel.

OD AUTORA

Przedstawione tu historie oparto na przeprowadzonych przeze mnie wywiadach z około setką developerów i innych ludzi z branży w latach 2015–2017. Zwykle mówili ze mną otwarcie, niektórzy jednak prosili mnie o anonimowość, bo nie otrzymali pozwolenia od zwierzchnika, aby pojawić się w tej publikacji z nazwiska i nie chcieli narażać swoich karier. Prawdopodobnie zauważycie, że większość moich rozmówców to faceci, co jest (niezamierzonym) odmalowaniem smutnego obrazu branży od dziesięcioleci zdominowanej przez mężczyzn.

Jeśli nie zostało zaznaczone inaczej, wszystkie wypowiedzi wzięte w cudzysłów słyszałem w takiej właśnie formie. Nie próbowałem na potrzeby książki odtwarzać czyichś rozmów i wszystkie anegdoty oraz szczegółowe informacje tu zawarte pochodzą bezpośrednio ze źródeł i – gdzie tylko było to możliwe – zostały potwierdzone przez osoby trzecie.

Niektóre moje relacje to zapisy podróży, które odbyłem do siedzib firm i prywatnych domów w Los Angeles, Irvine, Seattle, Edmonton i Warszawie. Płaciłem za nie samodzielnie i nie przyjmowałem żadnych korzyści od studiów i developerów, choć zaakceptowałem parę zaproszeń na lunch, kiedy wydało mi się to w porządku. To znaczy: nie chodzi o to, że lunch był w porządku, ale że nie było to z mojej strony nieetyczne i… A zresztą, lepiej już przejdźmy do książki.

1

PILLARS OF ETERNITY

Najważniejsze pytanie, które pada przy produkcji gier wideo, nie ma z nimi nic wspólnego. To prosta kwestia, od setek lat dająca się we znaki artystom i nieraz kładąca kres niezliczonym próbom doprowadzenia do końca projektu: Jak za to zapłacimy?

Na początku 2012 roku Feargus Urquhart, CEO Obsidian Entertainment, nie potrafił znaleźć na nie odpowiedzi. Obsidian było relatywnie niewielkim studiem developerskim z siedzibą w kalifornijskim Irvine. Przez ostatni rok pracowano tam nad grą role-playing (RPG) w klimatach fantasy pod tytułem „Stormlands". Był to dla nich pierwszy taki projekt: osobliwy, ambitny i – co najważniejsze – opłacany przez Microsoft. Producenci oczekiwali rozbudowanej gry na wyłączność, aby wypuścić ją razem z premierą nowej konsoli – Xbox One. Około 50 ze 115 pracowników Obsidiana ślęczało nad przygotowywanym tytułem, co kosztowało firmę niemałe pieniądze, aczkolwiek póki Microsoft przesyłał czeki, nikt się tym specjalnie nie przejmował. Urquhart zdążył przywyknąć do presji finansowej. Był związany z branżą od 1991 roku, z początku jako tester, potem wydawca w Interplay, a następnie projektant i – ostatecznie – szef potężnej firmy developerskiej Black Isle Studios. Kiedy jednak dręczone sporymi kłopotami finansowymi Interplay zamknęło zależne od siebie studio w 2003 roku, Urquhart razem z paroma weteranami z Black Isle niezwłocznie założyli Obsidiana i prędko przekonali się, że prowadzenie niezależnego przedsiębiorstwa to żonglerka ostrymi przedmiotami. Sprawa wyglądała tak, że jeśli nie zaklepią sobie nowego kontraktu przed końcem bieżącego, to będą mieli kłopoty.

Urquhart jest krępej budowy, ma przerzedzone, jasnobrązowe włosy. Mówi szybko, władczym tonem charakterystycznym dla kogoś, kto przez dziesiątki lat prezentował gry. Przez ten czas odegrał niebagatelną rolę przy tworzeniu uwielbianych gier RPG, takich jak „Fallout" czy „Baldur's Gate". Podczas paneli dyskusyjnych i w rozmowach z prasą nigdy nie kryje, z jakimi trudnościami boryka się niezależne studio: „Życie developera wygląda wtedy tak, że każdego ranka człowiek budzi się z myślą, czy wydawcy przypadkiem dzisiaj nie zadzwonią i nie każą przerwać prac nad grą. Żałuję, że nie jestem w większym stopniu socjopatą albo psychopatą i nie mogę po prostu zignorować faktu, że przez cały czas ostrze gilotyny łechce mój kark. Lecz tak nie potrafię. I nie wydaje mi się, aby wielu developerów posiadło tę umiejętność, dlatego niemal wszyscy żyjemy w poczuciu ciągłego zagrożenia, co się przeciwko nam często wykorzystuje".

Rankiem 12 marca 2012 roku zaświeciła się jego komórka. Na ekranie wyświetliło się nazwisko producenta z Microsoftu opiekującego się „Stormlands". Pisał, żeby Urquhart do niego przy okazji zadzwonił. Ten od razu się domyślił, co go czeka.

„To było jak esemes pisany przez dziewczynę zamierzającą niebawem z tobą zerwać" – mówił. – Zadzwoniłem, mając pewność, co usłyszę".

Reprezentant Microsoftu był szczery: rezygnują ze „Stormlands". I to natychmiast. I tak 50 pracowników Urquharta od razu mogło odejść od komputerów.

Producent nie powiedział, dlaczego Microsoft dał sobie z tą grą spokój, lecz dla szefostwa Obsidiana od dawna było oczywiste, że prace nad „Stormlands" nie szły najlepiej. Na studio wywierano ostre naciski, bo nie chodziło jedynie o wyprodukowanie dobrego RPG, ale RPG na tyle dobrego, aby potrafiło sprzedać nową konsolę. Lecz pomysły Microsoftu co do kształtu „Stormlands" wydawały się ekipie Obsidiana dziwaczne, a oczekiwane rozwiązania, przynajmniej z ich perspektywy, niepraktyczne.

Jak opisywało paru developerów pracujących wtedy nad „Stormlands", grę nafaszerowano ambitnymi i „wydumanymi" pomysłami, z których wiele było wyobrażeniem Microsoftu odnośnie do tego, co powinna mieć gra towarzysząca premierze Xboxa One. Główną atrakcją nowej konsoli miał być Kinect, czyli reagująca na ruch kamera zdolna rozpoznawać gesty, dlaczego więc nie wykorzystać jej możliwości przy negocjacjach z wirtualnymi handlarzami? Xbox One miał umożliwiać grę w chmurze, co dawało każdemu posiadaczowi „Stormlands" dostęp do należących do Microsoft serwerów, w związku z czym należało również rozbudować funkcję multiplayer na tyle, aby gracze mogli organizować tłumne i spontaniczne najazdy. Owszem, wszystko to wyglądało interesująco na papierze, lecz nie było już takie oczywiste, czy da się te pomysły wcielić w wirtualny świat.

Ludzie, którzy pracowali nad grą, wymieniają różne powody, dlaczego ostatecznie cały projekt nie wypalił. Niektórzy mówią, że „Stormlands" pogrążyła ambicja Microsoftu, inni, że Obsidian zbytnio się dąsał, lecz wszyscy zgadzają się co do tego, że projekt zboczył na złe tory.

„Gra obrastała kolejnymi oczekiwaniami, które zaczynały ją przygniatać – relacjonował Urquhart. – I stała się tym, czego wszyscy się obawiali. Chyba nawet my zaczęliśmy się jej bać".

Odłożył telefon i zaczął się zastanawiać, co to wszystko oznacza dla jego firmy. Standardowe koszty produkcji gry wynosiły dziesięć tysięcy od łebka na miesiąc, co pokrywało pensję i wydatki ogólne, jak ubezpieczenie zdrowotne czy wynajem powierzchni biurowej. Trzymając się tej liczby, można wyliczyć, że dalsze zatrudnianie wszystkich 50 developerów kosztowałoby studio pół miliona miesięcznie. Urquhart przekalkulował, że Obsidian, nie licząc tego, co otrzymał od Microsoftu, wydał na „Stormlands" już dwa miliony ze swojego budżetu, a firma nie mogła się pochwalić okazałymi zaskórniakami. Jako że aktualnie pracowano tylko nad jeszcze jednym tytułem – „South Parkiem: Kijkiem prawdy" – który również przysparzał Obsidianowi finansowych zmartwień z powodu kryzysu powoli dopadającego wydawcę THQ, firma po prostu nie miała pieniędzy, żeby nadal zatrudniać wszystkich pracowników*.

Feargus Urquhart zwołał zebranie z czterema pozostałymi właścicielami Obsidiana, których zaprowadził do mieszczącego się kawałek dalej Starbucksa. Tam spędzili parę najbliższych

---

* THQ zakończyło działalność dziewięć miesięcy później, w grudniu 2012 roku, i wyprzedało wszystkie swoje projekty podczas licytacji będącej wynikiem postępowania upadłościowego. „South Park: Kijek prawdy" trafił ostatecznie do francuskiego wydawcy, Ubisoftu.

godzin, ślęcząc nad długą listą nazwisk, próbując ustalić, kogo zatrzymać, a kogo zwolnić. Następnego dnia Urquhart skrzyknął całą swoją ekipę na spotkanie. „Zaczęło się całkiem nieźle – opowiadał Dimitri Berman, lead character artist. – Ludzie sobie dowcipkowali, ale Feargus miał poważną minę".

Przełykając łzy, Urquhart powiedział swoim, że Microsoft zrezygnował ze „Stormlands" i studio Obsidian będzie musiało zwolnić część zespołu. Ludzie wiercili się niespokojnie za biurkami, ciekawi, którzy z nich zostaną niebawem wyprowadzeni z budynku. Przez parę godzin siedzieli na stanowiskach, rozglądając się nerwowo, podczas gdy gość do spraw operacyjnych przygotowywał odprawy dla tych, którym się nie poszczęściło. „Podchodził z szarą teczką na dokumenty i kazał się pakować – mówił Adam Brennecke, programista przy »Stormlands«. – A następnie wyprowadzał ludzi z siedziby firmy, ustalając przy tym termin odbioru rzeczy. Chodził tak po biurze i człowiek myślał tylko: »Proszę, nie przyjdź do mojego biura, nie przyjdź do mojego biura«. I kiedy tak mu się przyglądaliśmy, co chwilę ktoś przeklinał: »Kurwa, wywalili mojego kumpla«".

Zanim zaszło słońce, firma została wypatroszona. Obsidian zwolnił 26 ludzi z ekipy pracującej przy „Stormlands", łącznie z inżynierem, którego zatrudniono zaledwie poprzedniego dnia. Nie były to niekompetentne czy mało zdolne jednostki, lecz powszechnie lubiani i cenieni specjaliści. „To był kurewsko okropny dzień – skomentował reżyserujący grę Josh Sawyer. – Straszny. Chyba najgorszy w mojej karierze… Takich czystek jeszcze nie widziałem".

Od 2003 roku Obsidian Entertainment działało jako niezależne studio ciągnące od kontraktu do kontraktu, a pracownicy brali dodatkowe zlecenia, żeby jakoś się utrzymać. Firma przeżyła już podobnie dotkliwe rozczarowania – chociażby kasację RPG „Aliens: Crucible", którego wydawcą miała być Sega, co również zakończyło się falą zwolnień – lecz żadne nie zabolało aż tak bardzo i nie pozostawiło Feargusa Urquharta z tak niewieloma możliwościami. Po niemal dziesięciu latach pracownicy, którzy dołączyli wtedy do studia Obsidian, zaczynali się zastanawiać: czy to już koniec?

W tym czasie kiedy Urquhart i jego zespół próbowali jakoś pozbierać się po katastrofie, 640 kilometrów na północ ekipa Double Fine otwierała szampana. Szefem tego niezależnego studia był znakomity designer Tim Schafer, który znalazł sposób na zrewolucjonizowanie branży.

Przez dziesięciolecia równowaga sił była prosta: developerzy robili gry, wydawcy za nie płacili. I choć zawsze były wyjątki – inwestorzy ryzykanci, zwycięscy loterii i tak dalej – to jednak lwią część produkcji finansowali wydawcy o głębokich kieszeniach. Dlatego zwykle mieli mocniejszą pozycję negocjacyjną i mogli wymusić na developerach korzystniejsze dla siebie umowy. Na przykład za grę RPG „Fallout: New Vegas" jej wydawca, Bethesda, zaoferował Obsidianowi milionową premię, jeśli tytuł ten osiągnie notę przynajmniej 85 (na 100) na Metacritic, stronie internetowej wyciągającej średnią z sieciowych ocen. Kiedy zaczęły spływać recenzje, ocena to spadała, to się podnosiła, aż ostatecznie stanęło na 84. Obsidian nie otrzymał swojego bonusu.

Zwykle niezależne studia, takie jak Obsidian czy Double Fine, miały trzy sposoby na utrzymanie się na powierzchni: (1) znalezienie inwestora, (2) podpisanie kontraktu z wydawcą na wyprodukowanie gry albo (3) sfinansowanie swojego projektu przy pomocy pieniędzy uzbieranych dzięki wykorzystaniu opcji pierwszej i drugiej. Żadne niezależne studio rozsądnej wielkości nie dałoby rady przetrwać bez choćby częściowego dofinansowania pochodzącego od osób trzecich, nawet jeśli oznaczałoby to konieczność radzenia sobie z kasacjami, zwolnieniami i niekorzystnymi umowami.

Double Fine udało się znaleźć czwarte wyjście: Kickstarter. Za pośrednictwem platformy crowdfundingowej uruchomionej w 2009 roku twórcy gry mogli zaproponować fanom bezpośredni układ: „Wy dajecie nam pieniądze, a my zapewniamy coś fajowego". Przez pierwszych parę lat istnienia strony używali jej głównie hobbyści mający nadzieję zarobić kilka tysięcy na krótki metraż albo konstrukcję zgrabnego składanego stolika. Lecz od 2011 roku projekty się rozrastały i w lutym 2012 Double Fine uruchomiło za pośrednictwem Kickstartera kampanię, żeby zebrać fundusze na grę przygodową point-and-click „Double Fine Adventure"*.

Pobili wszystkie rekordy. Poprzedni użytkownicy Kickstartera mieli szczęście, jeśli udało im się zebrać sześciocyfrową kwotę. Double Fine dobiło do bańki w ciągu doby. Kiedy w marcu 2012 roku Microsoft wypiął się na „Stormlands", na koncie Double Fine znajdowało się już ponad 3 miliony 300 tysięcy dolarów wpłacone przez 87 142 wspierających. Żadna gra ufundowana przez platformę crowdfundingową nie zebrała nigdy nawet jednej dziesiątej takiej kwoty. Dlatego cały personel Obsidiana przyglądał się tej akcji z ogromnym zaciekawieniem.

---

* Ostatecznie Double Fine wypuściło tę grę w 2015 roku – po trzech latach znoju, który firma udokumentowała jako serię znakomitych krótkich filmików – pod tytułem *Broken Age*.

Kickstarter zapewniał developerowi niezależność od innych firm. Studia nie musiały przekazywać nikomu praw do własności intelektualnej ani dzielić się tantiemami z dużymi wydawcami, a zamiast przekonywać inwestora czy jakąś szychę co do swojej gry, mogły zwrócić się bezpośrednio do graczy. Im więcej ludzi udało się przekonać, tym więcej pieniędzy trafiało na ich konto.

Rozpoczęła się crowdfundingowa rewolucja.

Feargus Urquhart i pozostali właściciele Obsidiana przedyskutowywali swój kolejny ruch. Nadal pracowali nad „South Parkiem: Kijkiem prawdy", lecz wiedzieli, że to za mało. Jeśli napotkaliby kolejne problemy albo nie potrafiliby znaleźć kolejnego projektu, kiedy już zamkną bieżący, firmie po prostu skończą się pieniądze. Obsidian musiał przejść do dywersyfikacji. I nawet po wylaniu sporej części ekipy od „Stormlands" studio nadal miało dwa tuziny developerów bez pracy.

Dzięki „Double Fine Adventure" i paru innym nagłośnionym projektom również i studio Obsidian zaraziło się Kickstarterem. Paru pracowników zapaliło się do idei crowdfundingu, łącznie z dwoma weteranami wyższego szczebla: Adamem Brenneckiem i Joshem Sawyerem. Obaj jeszcze niedawno pracowali przy „Stormlands" – Brennecke jako programista, a Sawyer jako reżyser – i byli zgodni co do tego, że Kickstarter to rzecz idealnie skrojona do potrzeb takiego jak oni studia do wynajęcia. Podczas spotkań, kiedy szefostwo starało się określić, jak powinien wyglądać kolejny krok firmy, Brennecke i Sawyer nieustannie przywoływali przykład „Double Fine Adventure". Skoro Tim Schafer potrafi zebrać ponad trzy miliony, to czemu oni nie mieliby tego dokonać?

Urquhart nie chciał jednak o tym słyszeć. Postrzegał bowiem crowdfunding jako krzyk rozpaczy i obawiał się, że ryzyko porażki jest zbyt duże i czeka ich jedynie wstyd, kiedy nie uzbierają nawet dolara. „Nawet jeśli uważasz, że masz najwspanialszy pomysł na świecie – powiedział mi – pokładasz w nim całą swoją wiarę i wyłożyłbyś na niego ostatnie pieniądze, nadal zastanawiasz się, czy ktoś podziela twoje zdanie". Dlatego Urquhart poprosił Sawyera, Brennecke'ego i pozostałych deweloperów od „Stormlands", aby zaczęli kompilować propozycje dla zewnętrznych inwestorów i wydawców.

Zanim nadeszło lato, Obsidian zdążył zaproponować swoje usługi praktycznie wszystkim dużym graczom na rynku. Szefowie studia odbyli rozmowy z Ubisoftem i Activision na temat znanych serii, takich jak „Might & Magic" i „Skylanders". Przez jakiś czas Urquhart i spółka próbowali namówić – a nawet zaczęli przy tej grze dłubać – Bethesdę na kontynuowanie cokolwiek przeklętego projektu „Prey 2"*. Przekuli też niektóre pomysły wykorzystane przy „Stormlands" na zarys nowego projektu „Fallen", który odpalił jeden ze współwłaścicieli firmy, Chris Avellone**. Ale żaden tytuł nie ujrzał światła dziennego. Duzi wydawcy mieli jednak powody, aby zachowywać się konserwatywnie: cykl życia platformy Xbox 360 (wypuszczonego na rynek w 2005 roku) i PlayStation 3 (2006) miał się ku końcowi, bo zbliżała się nowa generacja konsol, co więcej – analitycy i eksperci byli pewni, że konsole nie mają przyszłości

---

* Gra ta rozpoczęła swój żywot w Human Head Studios z Wisconsin, potem przechodziła kilkakrotnie z rąk do rąk, aż ostatecznie trafiła do Arkane Studios i została wydana w maju 2017 roku jako „Prey".

** „Fallen" przeobrazi się potem w RPG o tytule „Tyranny", które Obsidian wyda w listopadzie 2016 roku.

i zostaną wygryzione przez coraz popularniejsze iPhone'y i iPady. Dlatego wydawcy nie chcieli inwestować dziesiątków milionów dolarów w duże gry, nie mając żadnej gwarancji, że ludzie będą zainteresowani kupnem następnego pokolenia – Xboxa One i PS4*.

Do lipca 2012 roku spora część ekipy Obsidiana zdążyła się już zmęczyć ciągłymi porażkami. Parę osób odeszło ze studia, paru poważnie rozważało obranie podobnej drogi. A ci, którzy nie pracowali nad „South Parkiem", czuli się, jakby utknęli w produkcyjnym czyśćcu, przechodząc od pomysłu do pomysłu bez podejmowania ich realizacji. „Brnęliśmy donikąd – powiedział Brennecke. – Nie wydaje mi się nawet, aby ktokolwiek z nas naprawdę wierzył w te pomysły". Feargus Urquhart spotykał się co rano przy śniadaniu z firmowym prawnikiem, żeby wypytać go, co by się stało, gdyby wyciągnęli wtyczkę, jeśli nie uda im się znaleźć kolejnego projektu po skończeniu „South Parku".

Dlatego Josh Sawyer i Adam Brennecke postawili Urquhartowi ultimatum: chcieli rozpocząć kampanię na Kickstarterze, a jeśli Obsidian nie wyrazi zgody, zagrozili, że założą swoją firmę i zrobią to samodzielnie. Aby nieco osłodzić tę gorzką pigułkę, Sawyer dodał, że z chęcią nadal będzie pracował nad kolejnymi propozycjami dla wydawców, o ile ktoś z firmy rozpocznie planowanie kampanii crowdfundingowej.

Propozycji tej przysłużyło się to, że zainteresowały się nią stare wygi z Obsidiana, łącznie z Chrisem Avellone'em, który od miesięcy publicznie wychwalał Kickstartera, a nawet przepytał

---

* Jak przekonamy się w niejednym rozdziale tej książki, analitycy srodze się pomylili. Zarówno Xbox One, jak i PlayStation 4 poradziły sobie całkiem nieźle.

za pośrednictwem ankiety graczy, jaki projekt chcieliby pomóc sfinansować*. Urquhart musiał ulec. Na kilka następnych dni Adam Brennecke zamknął się sam w swoim gabinecie i dumał nad idealną kampanią crowdfundingową.

Od razu stało się jasne dla wszystkich, którzy zostali w Obsidianie, jaką grę mają wyprodukować: RPG w starym stylu. Nic dziwnego, skoro spora część DNA firmy pochodziła z Black Isle, studia, którym Feargus Urquhart zarządzał za czasów Interplay, najbardziej znanego z autorskich RPG, takich jak „Icewind Dale", „Planescape: Torment" czy „Baldur's Gate". Gry te miały parę wspólnych cech. Ich podstawą był świat i zasady „Dungeons & Dragons", kładły nacisk na fabułę i dialogi i korzystały z nieruchomego, „izometrycznego" rzutu kamery, który pozwalał na grę ze specyficznego kąta, jakby patrzyło się z góry na szachową planszę. Jako że wszystkie korzystały z tej samej technologii bazowej, silnika Infinity Engine, oferowały podobne doświadczenie rozgrywki.

Nikt już takich rzeczy nie robił. Izometryczne RPG wyszły z mody w połowie pierwszej dekady nowego tysiąclecia zastąpione przez gry z trójwymiarową grafiką, dubbingiem i znacząco okrojonymi kwestiami dialogowymi. Wydawcy skupiali się przede wszystkim na pogoni za megahitami jak „The Elder Scrolls V: Skyrim", wyprodukowanym przez Bethesdę, przebojem RPG z 2011 roku, który rozszedł się w przeszło 30 milionach egzemplarzy**. Gracze od pewnego czasu narzekali na

---

* Avellone sprzymierzył się nawet z Brianem Fargo, założycielem Interplay i wieloletnim przyjacielem firmy, aby ruszyć na Kickstarterze ze zbiórką na grę „Wasteland 2".

** Wynik ten podał Todd Howard, reżyser „Skyrima", w wywiadzie udzielonym w listopadzie 2016 roku portalowi Glixel.

ten stan rzeczy. Kto dorastał, grając w izometryczne hity Black Isle, ten zgadzał się z tym, że to żelazne klasyki, i przemysł gier powinien się wstydzić, że już dłużej nie produkuje podobnych pozycji.

Obsidian nie posiadał licencji „Dungeons & Dragons", dlatego nie mógł raz jeszcze posłać graczy do mrocznych podziemi i pozwolić im niszczyć zastępy wroga magicznymi pociskami, lecz nadal dla studia pracowało parę osób, które zdobywały doświadczenie przy grach takich jak „Icewind Dale" czy „Baldur's Gate" i wiedziały, że izometryczne RPG dało się zrobić za znacznie mniejsze pieniądze niż zupełnie nową, trójwymiarową grę. Jeśli udałoby im się ograniczyć liczbę pracujących przy projekcie developerów i jakimś cudem zebrać parę milionów na Kickstarterze, to nawet sprzedaż kilkuset tysięcy sztuk gry mogła odmienić los Obsidiana.

Adam Brennecke spędził dwa miesiące nad opracowywaniem atrakcyjnej propozycji. Układał prezentacje w PowerPointcie i kompilował arkusze kalkulacyjne, przygotowując projekt, który wszyscy nazywali „Project Eternity". Razem z Joshem Sawyerem, Chrisem Avellone'em i paroma innymi weteranami z Obsidiana, łącznie z Timem Cainem, designerem znanym z pracy przy oryginalnym „Falloucie", przeprowadzili burzę mózgów. Zanim jednak rozpoczęli kampanię na Kickstarterze, musieli dopracować i ustalić każdy szczegół, dlatego całe tygodnie spędzili na rozplanowywaniu terminarza prac, budżetu, a nawet nagrody dla wspierających. „Zacięcie nad wszystkim debatowaliśmy – mówił Brennecke. – Czy będziemy mieli pudełko? Co się tam znajdzie? Czy wydamy też edycję kolekcjonerską? Co do niej dorzucimy?". Zdecydowali, że pudełko dostaną gracze, którzy dorzucą przynajmniej

65 dolarów. Za szpanerską edycję limitowaną, w której znalazła się między innymi wydrukowana na materiale mapa, trzeba było dać minimum 140.

W sierpniu Brennecke spotkał się z właścicielami Obsidiana i przedstawił im kompleksową propozycję. Ich gra miała być, jak powiedział, „D&D bez pierdzielenia". „Project Eternity" miał powybierać najlepsze kąski z uwielbianych przez wszystkich oldskulowych RPG, lecz porzucić te elementy, które po dziesięciu latach technicznych innowacji na polu produkcji gier wydawały się przestarzałe. Gdy przeszli do budżetu, Brennecke oświadczył, że powinni wyznaczyć cel na 1 milion 100 tysięcy, lecz skrycie wierzył, że uda im się dobić do dwóch baniek. „Pracownicy studia Obsidian chcą zrobić tę grę" – napisał. Właściciele się z nim zgodzili. Dlatego pozwolili Brennecke'emu zebrać niewielki zespół i w październiku rozpocząć kampanię na Kickstarterze.

To wtedy Brennecke wyciągnął Josha Sawyera z ponurego świata nieustannie domagającego się klecenia kolejnych propozycji i poprosił go o zajęcie się projektowaniem gry. Ustalono, że „Project Eternity" zostanie osadzony w wymyślonym od nowa świecie fantasy. Lecz jak miałby on wyglądać? Brennecke uważał, że fajnie byłoby osnuć fabułę wokół ludzkiej duszy, dlatego Sayer potraktował ten pomysł jako punkt wyjścia. Lecz w świecie „Eternity" dusze nie byłyby jedynie metafizycznymi ideami, ale namacalnymi źródłami napędzającej ludzi energii. Głównym bohaterem miał zostać utalentowany Widzący, potrafiący zajrzeć człowiekowi w duszę i odczytać jego wspomnienia. „Obmyśliłem koncept postaci – opowiadał Sawyer – ale musieliśmy ustalić, dokąd z tego punktu wyjścia się udamy. Musieliśmy to rozgryźć".

Gracz miał zacząć od spersonalizowania swojego bohatera. Podstawą był wybór klasy (wojownik, paladyn, czarownik i tak dalej), rasy (tradycyjne klimaty fantasy, czyli ludzie, elfy i jakieś stworzone specjalnie na potrzeby tej gry, jak obdarzeni niebiańską mocą Boscy) oraz paru umiejętności i zaklęć. Następnie wyruszało się do zachęcającego do eksploracji świata Eory, gdzie można było podjąć się pobocznych questów, rekrutować towarzyszy i walczyć z potworami przy pomocy pozyskiwanego po drodze ekwipunku i broni. Bitwy miały toczyć się w czasie rzeczywistym, lecz w stylu znanym ze starych RPG, czyli w każdej chwili można było zatrzymać grę, oddalić obraz i przemyśleć strategię. I tak jak dawniej, gra wyszłaby tylko na komputery. Żadnych konsol. „Eternity", jak założyła sobie ekipa Obsidiana, czerpałaby garściami z tego, co „Baldur's Gate", „Icewind Dale" i „Planescape: Torment" miały najlepszego do zaoferowania, ale wymieszałoby to wszystko, otrzymując prawdziwie smakowity gulasz.

Przez parę następnych tygodni Adam Brennecke i Josh Sawyer spotykali się codziennie z niedużym kickstarterowym zespołem. Ślęczeli nad każdym słowem, nad każdym zrzutem ekranu i nad każdą sekundą przygotowywanej wideo prezentacji. Mocowali się z wątpliwościami, jakie tuż przed sfinalizowaniem projektu dopadały niektórych właścicieli Obsidiana – „Czy to faktycznie taki dobry pomysł?", „A co, jeśli nikt nie da nawet dolara?" – i rankiem dziesiątego września 2012 roku na stronie internetowej Obsidiana rozpoczęli odliczanie, obiecując, że za cztery dni ogłoszą coś naprawdę dużego. „Nareszcie stanęliśmy przed szansą obejścia dotychczasowego modelu wydawniczego i pozyskania bezpośredniego finansowania prosto od ludzi, którzy chcieli zagrać w RPG wyprodukowane przez studio Obsidian – napisał wtedy do mnie w mejlu Chris Avellone. – Wolę, aby to gracze byli moimi szefami, bo wysłuchiwanie ich opinii wydaje mi się atrakcyjniejszą perspektywą niż rozmowa z ludźmi oderwanymi od procesu tworzenia gry, od gatunku oraz, mówiąc zupełnie szczerze, pozbawionych długoterminowego przywiązania do tytułu".

Mniej więcej w tym samym czasie inna ekipa wydzielona z Obsidiana pracowała nad propozycją dla dużego rosyjskiego wydawcy Mail.Ru, jednej z największych firm internetowych we wschodniej Europie. Mail.Ru od jakiegoś czasu przypatrywało się uważnie sukcesowi „World of Tanks", która to gra przyniosła setki milionów dolarów zysku rocznie, głównie z Europy oraz Azji. Dlatego Rosjanie sami nabrali ochoty na wydanie podobnej pozycji. I choć wieloosobowe sieciowe gry o czołgach nie za bardzo mieściły się w sferze kompetencji i zainteresowań Obsidiana – jak powiedział Urquhart: jego firma to „chłopcy zafiksowani na punkcie RPG" – właściciele dostrzegli szansę na zapewnienie sobie stałego i pewnego źródła dochodu, dlatego wymyślili sobie projekt, który z czasem przeistoczy się w grę „Armored Warfare". Pod koniec 2012 roku okazało się, że tytuł ten faktycznie pomógł firmie zbudować zaplecze finansowe i Obsidian nie kładł na szalę absolutnie wszystkiego, decydując się na ryzykowną kampanię na Kickstarterze.

Tylko parę istotnych rzeczy.

W piątek 14 września 2012 roku grupa pracowników Obsidiana obsiadła biurko Adama Brennecke'ego, czekając, aż zegar wybije 10.00. Godzinę wcześniej obleciał ich strach, bo na ekranie komputera Brennecke'ego wyskoczył komunikat napisany dużym, czerwonym fontem, który ostrzegał, że pojawił się

„problem z kampanią", ale wystarczył jeden telefon do biura Kickstartera i sprawa została wyjaśniona na czas.

Równo o 10.00 Brennecke nacisnął odpowiedni przycisk. Kiedy strona się załadowała, na liczniku mieli już 800 dolarów. Jakim, cholera, cudem? Brennecke odświeżył witrynę. Mieli już ponad 2700. A potem pięć tysięcy. Po minucie przebili pięciocyfrową liczbę.

Gdybyście weszli do biur Obsidian Entertainment 14 września 2012 roku, moglibyście nie uwierzyć, że znaleźliście się w studio developerskim zajmującym się produkcją gier, bo mało kto się wtedy tym zajmował. Zastalibyście raczej tuziny ludzi klepiących klawisz F5 na swoich klawiaturach i obserwujących, jak zrzutka na „Project Eternity" rośnie o kilkaset dolarów na minutę. Po południu, kiedy zorientowano się, że nikt dzisiaj nie będzie w stanie zrobić niczego konstruktywnego, Feargus Urquhart zebrał część personelu i wyprawił się z nimi do mieszczącej się po drugiej stronie ulicy restauracji Dave & Buster's, gdzie zamówili kolejkę piwa i gapili się milcząco na telefony, odświeżając stronę Kickstartera. Pod koniec dnia mieli 700 tysięcy.

Parę następnych tygodni było istną zawieruchą – zbiórka funduszy, aktualizacje, wywiady. „Project Eternity" przekroczył swój podstawowy cel miliona stu tysięcy zaledwie po jednym dniu od rozpoczęcia kampanii, lecz Urquhart i jego ekipa nie mieli zamiaru zadowalać się minimum i chcieli zebrać tyle pieniędzy, ile to możliwe. Okazalsza suma niby nie przekładała się bezpośrednio na jakość gry, lecz oznaczała, że byliby w stanie zatrudnić nowych ludzi i poświęcić na ten projekt więcej czasu (co jednak... przełożyłoby się bezpośrednio na jakość gry).

Podczas gdy Brennecke składał do kupy regularne aktualizacje z tego, co działo się na Kickstarterze, reszta ekipy główkowała intensywnie nad kolejnymi progami, czyli dodatkowymi funkcjami, które dodadzą do gry, kiedy przekroczą kolejne z góry ustalone sumy. Nie było to łatwe – bynajmniej. Nie można przewidzieć, ile dodatkowa funkcja będzie kosztować, zanim nie skieruje się gry do produkcji, dlatego musieli dokonać rachunku na oko. Na przykład Feargus Urquhart chciał dodać do „Eternity" jeszcze jedno główne miasto; lecz jak jego zespół mógł ocenić, ile zajmie im budowa drugiego miasta, skoro jeszcze nie zaczęli pierwszego? Dlatego zgadywali, że jeśli przebiją trzy i pół miliona, wtedy uda im się dorzucić jeszcze jedno miasto.

16 października 2012 roku, ostatniego dnia kampanii na Kickstarterze, zespół Obsidian Entertainment zorganizował imprezę, na której miano świętować odniesiony sukces. Cała firma zebrała się w salce konferencyjnej – zupełnie jak przed siedmioma miesiącami, po otrzymaniu wieści o bolesnej kasacji „Stormlands" – i transmitowała relacje na żywo przez zamontowaną specjalnie w tym celu kamerę internetową. Pili, śpiewali i patrzyli, jak płyną dolary. Kiedy licznik pokazał zero, mieli na koncie 3 986 794 dolary, czyli niemal cztery razy więcej niż ustalony cel i dwa razy tyle, ile marzyło się największemu optymiście z ekipy, Adamowi Brennecke'emu. Dodając do tego wpłaty przez PayPal i stronę Obsidiana, ostateczny budżet gry sięgnął około 5 milionów i 300 tysięcy*.

* Spełnienie danych na Kickstarterze obietnic i wysyłka koszulek czy grafik miała kosztować kilkaset tysięcy, czyli rzeczywisty budżet był bliższy sumie czterech i pół miliona.

Firma Urquharta zaryzykowała, ufając, że fani będą skłonni wydać niemałe pieniądze na klasyczne RPG, na które wydawcy nigdy nie daliby pieniędzy. I tak się stało. Zaledwie w ciągu sześciu miesięcy dzięki „Armored Warfare" i „Project Eternity" trajektoria Obsidiana całkowicie zmieniła swój kierunek. Firma nie znajdowała się już dłużej na krawędzi upadku. Studio nareszcie mogło robić, co tylko chciało, a nie to, czego chcieli wydawcy.

Pozostało tylko wyprodukować grę.

Tydzień po zakończeniu kampanii, kiedy osiadł kurz i minęły kace, Josh Sawyer wypuścił krótki filmik skierowany do wspierających. „Koniec Kickstartera – powiedział. – Dzięki. Czas harować".

Harówka, zarówno dla Sawyera, jak i dla reszty firmy, oznaczała początek fazy preprodukcji, okresu poszukiwania odpowiedzi na podstawowe pytania o kształt „Eternity". Ekipa Obsidiana była pewna, że chce zrobić grę w stylu „Baldur's Gate", lecz skoro nie mogła wykorzystać reguł świata Dungeons & Dragons, jak się będą prezentowały ich postacie? Jakie umiejętności wyróżnią każdą klasę? Jak będzie wyglądał system walki? Ile questów powinni udostępnić? Jak rozległy ma być świat? Jakich technik graficznych użyją artyści? Kto napisze fabułę? Jak licznej ekipy potrzebowali? Kiedy mieli zamiar wypuścić tę grę?

Rolę dyrektora projektu, którą odgrywał już przy „Stormlands", wziął na siebie Josh Sawyer, miłośnik historii i zapalony cyklista z wytatuowanymi na obu ramionach poetyckimi wersami. Koledzy opisują go jako człowieka o klarownej wizji i tendencji do kurczowego się jej trzymania, choć niekiedy zdarza mu się przez to nadepnąć komuś na odcisk. „Josh może się pochwalić zdecydowanie najwyższym odsetkiem właściwych decyzji – mówił Bobby Null, główny designer leveli. – Ma rację w 80–85 procentach [przypadków]... Kiedy musi, walczy tak długo, jak trzeba, co jest niekiedy trudne, bo przecież mówimy o niemałych sumach pieniędzy". Często jego oponentem z przeciwnego narożnika był Adam Brennecke, jednocześnie pełniący funkcje producenta wykonawczego i głównego programisty. Brennecke, wyluzowany entuzjasta piłki nożnej, obdarzony niezwykle ekspresyjnymi brwiami, lubił opisywać siebie jako „faceta klej", osobę odpowiedzialną za upewnienie się, że wszystkie kawałki „Eternity" będą do siebie pasować. Odpowiadał również za budżet. Przez pierwszych kilka tygodni po zakończeniu kampanii na Kickstarterze jego zadaniem było ocenienie, jakie kwoty będą potrzebne firmie na dany etap produkcji, co czyniło go niejako naturalnym wrogiem Sawyera, który starał się przemycić i wcisnąć jak najwięcej ambitnych pomysłów.

We wczesnej fazie preprodukcji Sawyer twardo obstawał przy swoim, kiedy chodziło o ważkie decyzje, a szczególnie rozmiar przygotowywanej gry. Stare tytuły korzystające z Infinity Engine, w które zespół grywał wolnymi popołudniami dla inspiracji, oferowały światy dzielone na ekrany z osobnymi mapami, z których każda wypełniona była rozmaitymi przedmiotami i potyczkami. Na największą z nich, „Baldur's Gate 2", składało się niemalże 200 różnych plansz. Żeby móc zaplanować rozpiętość „Project Eternity", Sawyer i Brennecke musieli ustalić, ile takich map mogłaby zawierać nowa gra. Brennecke powiedział 120, ale Sawyer nie chciał o tym słyszeć; nalegał na 150 i nie miał zamiaru ustąpić, choć zdawał sobie sprawę, że będą musieli ponieść większe koszta. „Relację między produkcją a reżyserią postrzegam jako intencjonalnie opartą na lekkim antagonizmie – mówił Sawyer. – Nie chodzi o wrogość, ale na pewnym poziomie reżyser myśli »Chcę to zrobić, wypiszę czek«, ale książeczka czekowa zawsze znajduje się u producenta".

Dzięki kampanii crowdfundingowej Brennecke miał w owej książeczce niemal cztery miliony, co – jak na Kickstartera – było naprawdę dużą sumą. Lecz w porównaniu z budżetami dużych gier, które sięgały kilkuset milionów dolarów, nie wydawało się to znowu aż tak wiele. Jeśli policzyć standardową stawkę dziesięciu tysięcy na miesiąc na osobę, budżet „Eternity" pozwalał mniej więcej na opłacenie dziesięciu miesięcy pracy 40-osobowego teamu. Albo o połowę mniejszego i ślęczącego nad grą dwa razy dłużej. Cztery bańki pozwalały też na oddelegowanie do tego zadania dwójki ludzi na 200 miesięcy, choć akurat wspierający z Kickstartera zapewne nie mieliby ochoty czekać 17 lat na swoją grę.

Wszystko to były jednak tylko wyliczenia na papierze, a prawdziwe życie weryfikowało podobne rachunki. Ekipa developerska miała być sukcesywnie poszerzana zależnie od potrzeb, a weryfikację stanu budżetu przeprowadzano co miesiąc. Brennecke miał rozpisać dynamiczny grafik, taki, który mógłby się zmienić nawet z dnia na dzień, zależnie od tempa pracy zespołu. Plan produkcji zwykle jest plastyczny, ponieważ należy wziąć pod uwagę konieczność naniesienia poprawek, ludzki błąd i prosty fakt, że wena przychodzi i odchodzi. „Na dodatek – mówił Brennecke – oczekuje się, że z czasem będziemy coraz lepsi i bardziej wydajni, bo i narzędzia [developerskie] są stale ulepszane".

Ilość dostępnych map robiła ogromną różnicę. Stworzenie 150 zamiast 120 oznaczało kilka dodatkowych miesięcy wytężonej pracy, do czego spęczniałby grafik, a z kiesy Obsidiana wypłynęłoby mnóstwo pieniędzy. Lecz Sawyer nie miał zamiaru składać broni. „Patrząc z dzisiejszej perspektywy, stwierdzam że to dlatego nasze gry są tym, czym są – powiedział Brennecke. – Dzięki szalonym decyzjom, podejmowanym na zasadzie: »Damy radę, tylko musimy jeszcze wymyślić jak«".

Podczas gdy Brennecke i Sawyer toczyli bój o skalę „Project Eternity", dział artystyczny napotkał swoje własne problemy. Przez lata zespół ten korzystał do grafiki 3D z programu Softimage, lecz do 2012 roku zdążył się on już zestarzeć na tyle, że brakowało mu pewnych istotnych funkcji, którymi mogła się pochwalić konkurencja (w 2014 roku zaprzestano jego aktualizowania). Aby zmodernizować swój pion artystyczny i animacyjny, niektórzy właściciele Obsidiana razem z Robem Neslerem, dyrektorem artystycznym, zdecydowali o przesiadce na Mayę, popularniejsze narzędzie do grafiki 3D, które gładko współpracowało z silnikiem przygotowywanej przez studio gry, zmodyfikowaną wersją Unity*.

Nesler wiedział, że na dłuższą metę była to dobra decyzja, ale na razie będą musieli się trochę namęczyć. Zanim zespół nauczy się, jak efektywnie korzystać z nowego oprogramowania, miną tygodnie, co oznaczało, że wczesna faza produkcji rozpocznie się z poślizgiem. „Ludzie zwykli mówić: »Ej, to

* Silnik, o którym napiszę bardziej szczegółowo w rozdziale szóstym, jest niczym innym jak zestawem kodów wielokrotnego użytku pomagających developerom robić gry. Unity to wyprodukowany przez zewnętrzną firmę silnik powszechnie wykorzystywany przez niezależne studia, które wykupiły na niego licencję.

przecież tylko nowy software, nauczycie się w trymiga« – mówił Nesler. – Lecz osiągnięcie poziomu mistrzostwa i płynności, bycie zdolnym do precyzyjnego określenia, jak długo zajmie dane zadanie, jest tożsame z wyuczeniem się umiejętności pozwalających sprawnie rozwiązywać napotkane problemy... A to wymaga czasu i mówimy o miesiącach, nawet latach, żeby być na tyle dobrym, aby potrafić odpowiedzieć: »Zajmie mi to tyle i tyle«, na pytanie »Ile ci nad tym zejdzie?«".

Bez możliwości ocenienia długości czasu koniecznego do wypełnienia podstawowych zadań artystycznych producenci nie byli w stanie ułożyć precyzyjnego grafiku, bez którego nie dało się ustalić, ile pieniędzy będzie kosztował projekt. Cztery miliony zdadzą się na nic, jeśli zespołowi zbudowanie jednej mapy zajmie sześć miesięcy. Gdyby pracowali z wydawcą, mogliby spróbować renegocjować umowę i wydębić dodatkowe fundusze, ale przy „Eternity" takiej opcji nie było. „Budżet był sztywny – powiedział Justin Bell, dyrektor dźwięku. – Nie możemy napisać do wspierających: »Dajcie nam więcej pieniędzy«, nie zostałoby to zbyt dobrze przyjęte. Dlatego nie mieliśmy wielu możliwości".

Z powodu nagłego przestawienia się na Mayę – i braku doświadczenia zespołu artystycznego przy produkcji izometrycznych RPG – minęła dłuższa chwila, zanim wczesne prototypy „Eternity" zaczęły wyglądać tak, jak powinny. Z początku były zbyt ciemne, rozmazane i za bardzo różniące się od starych gier wyprodukowanych przy pomocy Infinity Engine. Po gorączkowych dyskusjach i długich okresach iteracji zespół nauczył się paru estetycznych zasad, których należało przestrzegać przy produkcji takiej gry jak ta. Nie powinni na przykład używać wysokiej trawy, bo zasłoni ona okręgi wyboru, które pojawiają się pod głównymi bohaterami „Eternity". Niższe źdźbła umożliwią graczowi lepszy ogląd sytuacji. Inna zasada: podłoże powinno być tak płaskie, jak to tylko możliwe. Mapy z różnymi poziomami wysokości były bowiem szczególnie zdradliwe. Zwykle rozpoczynało się z południowej lub zachodniej sekcji ekranu i poruszało się na północ lub wschód i mapa musiała być do tego dostosowana. A jeśli w pomieszczeniu znajdowały się schody prowadzące na wyższe piętro i w kierunku północnym, można było poczuć się cokolwiek zdezorientowanym, jakby się weszło prosto do obrazu M.C. Eschera.

Kolejne miesiące po zakończeniu kampanii na Kickstarterze naznaczone były niekończącymi się bataliami stale poszerzającego się zespołu odpowiedzialnego za „Project Eternity" dotyczącymi podobnych kwestii, co zaowocowało ograniczeniem skali projektu i pozbyciem się paru funkcji podczas prób zoptymalizowania procesu budowy obszaru gry. „Jeśli chodzi o gry, a szczególnie takie, które ma wyróżniać »czynnik fajności«, trzeba w nie zagrać, aby się przekonać o jego obecności lub braku – mówił Brennecke. – Myśli się wtedy: »Coś tu nie gra, ale co?«. I wtedy wkraczamy Josh i ja, siadamy i szczegółowo analizujemy, co to takiego".

Po ukończeniu paru technicznych prototypów pierwszym większym celem zespołu było wyodrębnienie „segmentu pionowego", czyli krótkiego wideo zaprojektowanego tak, aby jak najbardziej przypominał końcowy produkt. Tradycyjny model produkcji, ten finansowany przez wydawcę, wymagał, aby był on spektakularny, bo jeśli się nie spodoba, istnieje ryzyko, że studio nie dostanie pieniędzy. „Gdy skupiasz się na wydawcy, bywa tak, że [umyślnie] robisz pewne rzeczy źle – powiedział Bobby Null, główny designer leveli. – Taka zasłona dymna i preparowanie pokazówki miało na celu zaimponowanie wydawcy na tyle, że dalej płacił rachunki". Ale przy okazji „Eternity" zespół nie musiał nikogo mamić. Czeki zostały już wystawione. Mogli podejść do przygotowania segmentu pionowego, jak to mówili, „właściwie", rysując modele i projektując obszary przy użyciu tych samych metod, których użyją potem do produkcji właściwej gry, co pomoże im zaoszczędzić czas i pieniądze.

Mimo że nie stał im nad głową żaden duży wydawca domagający się ciągłych raportów o postępach, lecz Obsidian i tak czuł się zobowiązany dostarczać swoim 74 tysiącom wspierających z Kickstartera regularne aktualizacje. Co więcej, zaletą komunikowania się bezpośrednio z fanami była otwartość i szczerość bez obawy, że zrujnuje się starannie przygotowaną kampanię PR wydawcy. Wadą była za to konieczność utrzymania tego poziomu szczerości i otwartości od pierwszego do ostatniego dnia produkcji.

Co tydzień albo dwa ekipa Obsidiana zamieszczała nową aktualizację zawierającą szczegóły na temat swoich działań, dzieliła się kolejnymi ekstrawaganckimi grafikami koncepcyjnymi i błyskotliwszymi wyimkami z kwestii dialogowych. Niektóre z nich były naprawdę zakulisowe, bo publikowano również zdjęcia arkuszy kalkulacyjnych (arkuszy kalkulacyjnych!) i ekstensywne objaśnienia systemu walki czy budowania postaci. Strategia ta miała na celu błyskawiczne otrzymywanie informacji zwrotnych, co bywało jednak trudne do przetrawienia. „Szybko się człowiek uodparnia" – stwierdził Kaz Aruga, concept artist.

Developerzy pracujący przy „Project Eternity", tak jak znaczna część ludzi z branży, przywykli do samotnej harówki, bo komentarze z zewnątrz docierały do studia jedynie, kiedy wypuszczano nowy zwiastun albo gdy firma wystawiała się na targach. Przy Kickstarterze zespół musiał jednak przygotować się na ciągłą krytykę, co pomagało usprawnić grę w sposób skuteczniejszy niż przy poprzednich projektach. Josh Sawyer, który praktycznie codziennie sprawdzał forum dyskusyjne dla wspierających, cały czas chłonął komentarze graczy i sugerował się nimi do tego stopnia, że kazał przerwać pracę nad całym systemem, kiedy przeczytał mocną argumentację, czemu nie powinni z niego korzystać (jak potem powiedział: „System określający wytrzymałość ekwipunku byłby uciążliwy i nudny").

Niektórzy wspierający byli wygadani i wymagający, pytali nawet o zwrot pieniędzy, kiedy przestał im się podobać kierunek, w jakim zmierzało „Eternity". Inni byli energiczny, konstruktywni i wyrozumiali. Paru posłało nawet do biura Obsidiana paczki ze słodkościami. „A to akurat było naprawdę fajne – powiedział mi Darren Monahan, jeden ze współwłaścicieli Obsidiana. – Czuliśmy się, jakby nad grą pracowało z nami 300, może 400 innych ludzi, którzy przecież tak naprawdę nad nią nie pracowali".

Ekipa odpowiedzialna za „Eternity" ukończyła segment pionowy w połowie 2013 roku i przestawiła się z preprodukcji na produkcję; to w tej fazie miała powstać większa część gry. Artyści zdążyli się już zapoznać z narzędziami i pipeline'ami. Josh Sawyer i pozostali designerzy zaprojektowali już systemy, takie jak rzucanie zaklęć i wytwarzanie przedmiotów, a programiści opracowali podstawowe funkcje, takie jak ruch, walka i zarządzanie zawartością plecaka. Designerzy zajmujący się konstrukcją leveli zdążyli już ukończyć zarys i szkice większości obszarów. Ale i tak byli w tyle.

Największym problemem „Project Eternity" była fabuła, której złożenie do kupy szło wolniej, niż ktokolwiek z zespołu się spodziewał. Sawyer i Brennecke powierzyli rozpisanie jej głównej osi Ericowi Fenstermakerowi, scenarzyście, który pracował w Obsidianie od 2005 roku. Kłopot polegał na tym, że Fenstermaker był przypisany jako lead narrative designer do „South Parku: Kijka prawdy", gry, która akurat przechodziła do rąk innego wydawcy i również miała swoje problemy. A jako że „Eternity" miało wyjść później, priorytetem pozostawał dla niego „South Park".

Fenstermaker miał ambitne pomysły, a zespół opisał już niemały kawał świata przedstawionego, ale było jasne jak słońce, że jak najszybciej należało dokończyć fabułę i dialogi. Dlatego w listopadzie 2013 roku do współpracy zaproszono Carrie Patel, powieściopisarkę bez wcześniejszego doświadczenia w branży gier. Została pierwszą etatową scenarzystką „Eternity". „Nie było to zadanie łatwe, bo do fabuły zabrano się za późno – mówiła. – Całą historię skompilowano z paru luźno ze sobą powiązanych treatmentów przygotowanych przez różne osoby na etapie preprodukcji i starano się wycisnąć z nich jak najwięcej i złożyć w spójną całość. Było to nie lada wyzwanie, z którym nie musielibyśmy się konfrontować, gdyby ktoś powiedział: »A może po prostu napiszemy fabułę od nowa?«".

Ale sama zmiana branży wydała się Patel fascynująca. Praca nad scenariuszem do gry była doświadczeniem zupełnie innym niż pisanie powieści, gdzie historia podążała linearnym torem. Gra taka jak „Eternity" zmuszała autora do spojrzenia na rozwijającą się fabułę nie jak na rozwidlające się drogi, ale drzewa, po których gałęziach poruszają się gracze. Praktycznie każda konwersacja w „Eternity" umożliwiała wybór kwestii i tocząca się opowieść musiała wziąć pod uwagę dostępne możliwości. Na przykład w późniejszej fazie rozgrywki gracz musi zdecydować, które bóstwo poprze podczas konfrontacji ze złym kapłanem Thaosem. Patel i pozostali scenarzyści musieli wymyślić dialogi do każdego scenariusza, choć gracz mógł zobaczyć tylko ten wybrany przez siebie.

Pod koniec 2013 roku Obsidian zdecydował się na publikację zwiastuna, który miał dać światu przedsmak tego, co szykowało studio. Adam Brennecke zabrał się do montażu, a artysta koncepcyjny Kaz Aruga otrzymał zadanie zaprojektowania logo. Aruga również dopiero niedawno trafił do gier, bo wcześniej zajmował się kreskówkami osadzonymi w świecie „Gwiezdnych wojen", i sama myśl o „Eternity" wydawała mu się cokolwiek przerażająca. Pracował dla Obsidiana niecały rok, a wymyślił jedną z najważniejszych rzeczy: grafikę, która będzie towarzyszyła grze i wszystkim materiałom marketingowym przez wszystkie kolejne lata.

A była to niezwykle mozolna robota. Szefowie różnych działów Obsidiana codziennie dzielili się z Arugą, nierzadko sprzecznymi, opiniami, dlatego nieustannie zastanawiał się, co takiego mógłby zrobić, aby zadowolić wszystkich. „Jakby mnie wrzucono do szybkowaru – mówił. – Była to dla mnie nie lada szkoła życia". Aruga wykonał ponad 100 szkiców, zanim narysował logo, które podobało się całej firmie.

10 grudnia 2013 roku Brandon Adler, kierownik produkcji, opublikował na Kickstarterze kolejną aktualizację. Napisał: „Dzięki ciężkiej pracy zespołu odpowiedzialnego za »Project Eternity« możemy z dumą zaprezentować nasz pierwszy trailer z materiałem z gry". Zwiastunowi zmontowanego akompaniował uroczysty chorał. Czarodzieje razili płomieniami ogromne

pająki. Ogr uderzał młotem drużynę poszukiwaczy. Ogromny smok pluł kulami ognia. Pod koniec pojawiało się logo Arugi: wysokie onyksowe kolumny górujące nad nowym, oficjalnym tytułem gry: „Pillars of Eternity".

Ludzie byli zachwyceni. „Pillars of Eternity" wyglądało jak żywcem wyciągnięte z początku zeszłej dekady, przypominało „Baldur's Gate" i stare gry na silniku Infinity Engine, których fanom brakowało od dobrych dziesięciu lat, tyle że miało dużo ładniejszą i ostrzejszą grafikę. „O ja pierdzielę" – napisał jeden ze wspierających. „Sceny wewnątrz wyglądają niesamowicie!" – dodał inny. – Znaczy te na zewnątrz też".

Podniecona pozytywnymi reakcjami ekipa „Eternity" wkroczyła w 2014 rok, czując, że projekt nabrał impetu, choć czekający ich nawał pracy nie nastrajał optymistycznie. Grafik przygotowany przez Brennecke'ego przewidywał premierę tytułu w listopadzie, a przed nimi był do ukończenia jeszcze spory kawał gry. Nawet bez fikuśnego, trójwymiarowego świata „Pillars of Eternity" i tak rozrosło się do gargantuicznego rozmiaru, głównie z powodu wydanego przez Josha Sawyera polecenia, że jednak będą pracowali nad 150 mapami.

Zwykle, kiedy dana gra się rozrasta i istnieje ryzyko zawalenia terminu, studio próbuje obciąć niektóre funkcje bądź odrzucić część lokacji, które nie wydają się dla gry kluczowe. Lecz Adam Brennecke miał przy „Pillars of Eternity" problem innego rodzaju: Obsidian zdążył już złożyć swoim fanom obietnicę. Podczas trwania kampanii developerzy z wielką pompą ogłosili dodatkowy obszar podziemi, na który miało się złożyć 15 poziomów. I teraz, bez względu na to, ile nocy mieliby zarwać, musieli go skonstruować. No i dochodziła jeszcze budowa drugiego miasta. Obsidian ukończył już pierwsze – Zatokę

Buntu – i wyglądało ono fantastycznie. Było rozległe i wielowarstwowe, a ponadto pełniło w grze istotną funkcję. A teraz po tym, jak developerzy mieli już za sobą zawiły proces projektowania i modelowania rozmaitych dzielnic Zatoki Buntu, sama myśl o konieczności konstrukcji drugiego miasta przyprawiała ich o mdłości. „Dosłownie każdy z nas powtarzał: »Mogliśmy sobie odpuścić«" – opowiadał Feargus Urquhart. – Bo nie było to konieczne".

„Dorobienie kolejnych dzielnic do gotowego już miasta prawdopodobnie byłoby łatwiejsze – mówił Josh Sawyer. – Chodziło też o tempo, bo po przejściu całej Zatoki Buntu szło się kawałek dzikimi ostępami i wyrastało następne miasto. Człowiek mógł pomyśleć: »Ej, to trzeci akt, zabierzcie mnie, kurwa, stąd«". Tak czy inaczej, dali słowo. Drugie miasto musiało się tam pojawić, dlatego pobudowano Bliźniacze Wiązy. Zespół Obsidiana zdawał sobie sprawę, że w grze muszą pojawić się wszystkie obiecane graczom na Kickstarterze elementy, bo inaczej poczują się oszukani.

W maju 2014 roku Obsidian znowu musiał zmienić kierunek. Jako że studiu udało się zawrzeć umowę z wydawcą, firmą Paradox, która miała pomóc z PR-em i marketingiem, ktoś musiał pojechać na E3, doroczne targi gier, gdzie developerzy przechwalają się nowymi projektami. Obecność na prestiżowym wydarzeniu była dla „Pillars of Eternity" czymś naprawdę dużym, lecz wiązała się nierozerwalnie z wymogiem spędzenia paru kolejnych tygodni na intensywnej pracy nad w pełni funkcjonalną – i na tyle wypolerowaną, aby uchodzić za ostateczną wersję – prezentacją demonstracyjną.

Zdecydowano jednak, że przygotowane na E3 demo będzie pokazywane jedynie na sesjach za zamkniętymi drzwiami, gdzie developerzy z Obsidiana będą sterować myszką; nie chciano jeszcze wystawiać gry na halę, aby mogli w nią zagrać wszyscy chętni. Tym sposobem zapobiegnięto ryzyku, że gracze natkną się na jakieś błędy albo że coś się wykrzaczy, jeśli nacisną nie ten przycisk. Ponadto Adam Brennecke zdecydował, że demo będzie zawierało fragment gry, nad którym i tak jeszcze musiano popracować. „Moja polityka dotycząca E3 i segmentu pionowego przewidywała, że pokażemy coś, co i tak znajdzie się w grze, aby nasza praca nie poszła na marne – mówił mi. – Widywałem już na E3 dema, które ostatecznie nie miały nic wspólnego z ukończoną grą. [Pomyśleliśmy] »Po co to robimy? To przecież strata czasu«".

Brennecke był zdeterminowany, aby przygotować na E3 pierwsze pół godziny gry, gdzie główny bohater „Pillars of Eternity" podróżuje przez las z karawaną nieznajomych. Natrafiają jednak na zasadzkę i protagonista musi salwować się ucieczką do pobliskiego labiryntu jaskiń, gdzie (on albo ona) pokonuje potwory, prześlizguje się przez pułapki i natyka na grupę wyznawców tajemniczego kultu przeprowadzających niepokojący rytuał. Sekcja ta oferowała fabułę, walkę i trzymające za gardło zakończenie. Innymi słowy, było to demo idealne. „[Powiedziałem] »Tylko to, do jasnej cholery, wypolerujmy« – mówił Brennecke. – Nie stracimy w ten sposób ani chwili. To początek gry wymaga największej uwagi, dlatego polerujmy, niech błyszczy jak psu jajca"*.

Podczas E3 Brennecke i jego zespół spędzili trzy bite dni na niewielkim, gorącym stoisku, co pół godziny powtarzając

* „Polerowanie" w branżowym żargonie oznacza eliminację drobnych błędów, dostrajanie gameplaya i wszystkie pomniejsze rzeczy, które czynią obcowanie z grą łatwiejszym i intuicyjnym.

te same, wyuczone formułki kolejnym grupkom dziennikarzy. Monotonia się jednak opłaciła i o grze prasa pisała chętnie i obszernie. Reporterom – szczególnie tym, którzy grali i kochali tytuły podobne do „Baldur's Gate" – od razu zaimponował potencjał „Pillars of Eternity", a jeden z nich napisał na stronie PCWorld: „Nie wątpię, że gra będzie znakomita, o ile Obsidianowi uda się uniknąć ich zwyczajowych potknięć: błędów, urywających się questów et cetera".

Po E3 ekipa od „Pillars" musiała przygotować jeszcze jedną dużą wersję gry, tym razem dla szerszej publiczności: betę dla wspierających. Brennecke i Sawyer chcieli pokazać zdatne do grania „Pillars of Eternity" na Gamescomie, niemieckich targach, na które co roku ciągnęły dziesiątki tysięcy europejskich graczy. Uznali jednak, że udostępnienie gry w pierwszej kolejności uczestnikom imprezy nie będzie fair w stosunku do wspierających, tym, którzy ten projekt sfinansowali. Zespół uznał, że uczciwie będzie dać im w tym czasie dostęp do demo. Ale oznaczało to dotrzymanie niełatwego terminu: 18 sierpnia 2014 roku.

Dwa miesiące po E3 upłynęły pod znakiem długich nadgodzin – crunchu – jako że zespół każdy wieczór spędzał w biurze, usiłując domknąć wszystko, co potrzebne do bety dla wspierających. Gdy na horyzoncie zamajaczył wywołujący lęk deadline, Adam Brennecke wiedział, że gra nie jest jeszcze na odpowiednim etapie i – kiedy Obsidian udostępnił ją graczom z Kickstartera – ludzie od razu rzucili im się do gardeł. „Niestety, spotkaliśmy się z negatywnymi opiniami, bo gra była pełna usterek – powiedział Brennecke. – Myślę, że [beta] potrzebowała jeszcze kolejnego miesiąca, żeby stać się naprawdę dobrym produktem". Brakowało chociażby opisów przedmiotów.

Siły poszczególnych przeciwników były źle zrównoważone. Modele postaci znikały, kiedy gracz prowadził swoją drużynę do podziemi. Ogólnie wspierający byli zadowoleni z klimatu gry i mechaniki rozgrywki, lecz beta była tak niestabilna, że pozostawiła po sobie gorzki posmak.

We wrześniu 2014 roku większość zespołu „Pillars of Eternity" wiedziała, że wysyłka gry jeszcze przed końcem roku będzie trudna. Nie chodziło jedynie o betę; całość wymagała jeszcze sporego nakładu pracy. Obsidian musiał polerować, optymalizować i posiedzieć jeszcze nad wyeliminowaniem błędów, aby upewnić się, że wszystkie aspekty gry są interesujące pod względem czysto rozrywkowym. „Wszyscy patrzą po sobie: »Nie. Nie jesteśmy zbyt blisko celu. Jeszcze nie« – opowiadał Justin Bell, kierownik dźwięku. – Niezbędne jest zaoferowanie graczowi doświadczenia totalnego od pierwszej do ostatniej minuty. A my byliśmy od tego dalecy".

Adam Brennecke i Josh Sawyer poprosili Feargusa Urquharta o prędkie spotkanie. Umówili się na lunch w Cheesecake Factory, jednej z ulubionych knajp tego ostatniego, i wyjaśnili, że próba wydania gry w listopadzie zakończy się katastrofą. Zespół potrzebował więcej czasu. Owszem, już zdążyli się wyprztykać z pieniędzy zebranych na Kickstarterze i musieliby sięgnąć do swojej rezerwy, lecz przy grach takich, jak „Pillars of Eternity" – jak do tej pory najważniejszym tytule wyprodukowanym przez Obsidiana – dodatkowa inwestycja wydawała się koniecznością. Urquhart nie chciał się na takie rozwiązanie zgodzić, lecz Brennecke i Sawyer nie odpuszczali. Już dokonali wyboru i wytrwale obstawali przy swoim. „Feargus spojrzał na nas uważnie – opowiadał potem Brennecke – i powiedział: »Jeśli ta gra nie wyjdzie do marca, obaj wylatujecie zaraz po tym projekcie«". – Brennecke śmieje się, przypominając sobie towarzyszącą im presję. – „Okej, damy radę".

Zwykle wszystko układa się dopiero na chwilę przed terminem, o czym może zaświadczyć bodaj każdy, kto pracował przy grach. Tych kilka finałowych godzin jest szczególnych. Ostatnie miesiące i tygodnie poświęcone na produkcję upływają w niemiłosiernym chaosie, kiedy członkowie zespołu uwijają się, aby wypolerować i przetestować grę, rozpaczliwie dorzucając kolejne funkcje, które dopiero co przyszły im do głowy. I nagle coś zaczyna działać. Może chodzi o efekty graficzne albo plumkające dźwięki lub idealną optymalizację, dzięki której klatki wyświetlają się ze stabilną częstotliwością. A zwykle idzie o to wszystko naraz: to ten przenajświętszy moment, kiedy osobne części zaczynają ze sobą współgrać i tworzą jednolitą rzecz, która nareszcie wydaje się kompletna.

Na ostatniej prostej cały zespół „Pillars of Eternity" ślęczał całymi dniami i nocami, aby wypchnąć grę ze studia. Ze względu na sam jej ogrom szpachlowanie licznych rys okazało się szczególnie uciążliwe. Testerzy mający upewnić się, że gra spełnia wymogi jakościowe, musieli przejść ją od początku do samego końca, co mogło zabrać łącznie 70, albo i 80 godzin, bo oddelegowany do tego zadania zespół starał się dać grze ostro w kość. Oczywiście wiedziano, że niemożliwe będzie znalezienie i wyeliminowanie wszystkich usterek. Programiści musieli zrobić wszystko, na co było ich stać w tym momencie, a po ukazaniu się gry, kiedy użytkownicy zaczęli nadsyłać swoje uwagi i komentarze, brać ciągłe nadgodziny, aby załatać resztę*.

* Szczególnie duży i skądinąd osobliwy błąd odkryto parę dni po premierze „Pillars of Eternity". Statystyki postaci ulegały wymazaniu, jeśli gracz przed

Obsidian nie musiał martwić się o konsole – „Pillars of Eternity" przeznaczono wyłącznie na komputery – lecz optymalizacja programu, aby działał na przeróżnych rodzajach sprzętu, stanowiła nie lada wyzwanie. „Mieliśmy spore problemy z pamięcią – mówił potem Brennecke. – Gra potrzebowała sporej jej ilości, dlatego musieliśmy opracować taki sposób, aby działała płynnie na rozmaitych maszynach". Opóźnienie premiery do marca 2015 roku kosztowało ostatecznie dodatkowe półtora miliona z budżetu studia, lecz było to dobre posunięcie. Dodatkowy czas – i wzmożony crunch całego zespołu – pozwolił wypuścić znacznie lepiej wypolerowaną grę.

26 marca 2015 roku Obsidian rozesłał „Pillars of Eternity". Krytycy byli zachwyceni. „To najbardziej wciągające i satysfakcjonujące RPG, w jakie grałem na PC od lat" – pisał jeden z recenzujących*. Nie licząc wspierających z Kickstartera, w ciągu pierwszego roku studio Obsidian sprzedało ponad 700 tysięcy egzemplarzy gry, co przekroczyło i tak śmiałe oczekiwania i przypieczętowało decyzję o rychłym rozpoczęciu prac nad sequelem. „Szczególnie fajne było w tym wszystkim to, że projekt ten był szczerym marzeniem całej firmy – powiedział Justin Bell. – Nie bez znaczenia pozostawała też sprawa »Stormlands«, bo gra była poniekąd kontynuacją naprawdę gównianego rozdziału historii Obsidiana. I wszyscy byliśmy super, über-nakręceni, aby stworzyć coś tak wyjątkowego, jak to możliwe, choćby i nawet samą siłą woli".

---

wyposażeniem swojego bohatera kliknął dwukrotnie na dany przedmiot. Jak mówił Josh Sawyer: „Czasem bywa tak, że kiedy gra pójdzie już w świat pojawia się błąd i człowiek zastanawia się, jakim cudem coś takiego mu umknęło".

* Andy Kelly, *Recenzja „Pillars of Eternity"*, PC Gamer, 26 marca 2015.

Ale praca nad „Pillars of Eternity" nie zakończyła się z chwilą wysyłki gry. Zespół spędził kolejne miesiące na naprawianiu usterek i przygotowywaniu dwuczęściowego dodatku „Białego marszu", a Sawyer przez rok ślęczał nad łatkami poprawiającymi wyważenie rozgrywki, dostosowując atrybuty i umiejętności poszczególnych klas na podstawie uwag graczy. Studio utrzymywało stały kontakt ze wspierającymi z Kickstartera, informując ich na bieżąco o przygotowywanych łatkach i innych projektach Obsidiana. „Jako że 80 tysięcy ludzi powiedziało nam, że chcą, aby ta gra się ukazała i dało nam nowe życie, potraktowaliśmy ich z ogromnym szacunkiem. Wiele dla nas znaczyło, że zdecydowali się powierzyć nam tyle pieniędzy – mówił Rob Nesler. – Towarzyszyła temu pewna bezwarunkowa szczerość, którą mieliśmy nadzieję pielęgnować".

Wydawszy zaledwie niecałe sześć baniek, Obsidian Entertainment wypuściło na rynek jedną z najlepszych RPG 2015 roku, grę, która zdobyła parę nagród i pomogła zapewnić przyszłość firmy jako niezależnego studia. Innymi słowy, udało im się zażegnać katastrofę. No i stworzyć należącą do nich, a nie jakiegoś dużego wydawcy (Paradox, które pomogło z marketingiem, dystrybucją i lokalizacją, nie posiadało żadnych praw do gry) własność intelektualną; przy Obsidianie zostały prawa i zyski.

Gdy zespół wychylał kolejne drinki podczas wystawnego bankietu z okazji premiery gry, który urządzono w klubie nocnym Costa Mesa, Urquhart zwrócił się do zebranych i zwierzył się ze swojej dumy. Blisko trzy lata wcześniej, niemal co do dnia, musiał wylać kilkudziesięciu pracowników, a teraz mieli powody do świętowania. Ryzyko się opłaciło. Zwyciężyli. Po latach niepewności i zależności od innych firm Obsidian nareszcie mógł stanąć na własnych nogach.

Latem 2016 roku, kiedy na potrzeby tej książki odwiedziłem siedzibę studia, akurat przygotowywano się do rozpoczęcia kolejnej kampanii crowdfundingowej, której celem była kontynuacja „Pillars of Eternity". Miałem okazję zobaczyć wczesny zwiastun, na którym ogromne bóstwo niszczyło twierdzę Caed Nua, dobrze znaną fanom pierwszej części. Słuchałem, jak developerzy z Obsidiana wykłócają się co do kształtu gry i próbują znaleźć porozumienie odnośnie do kierunku, w którym powinien podążyć sequel i jak podejść do drugiej kampanii. Tym razem, zamiast na Kickstartera, studio zdecydowało się postawić na Fig, platformę crowdfundingową, którą pomógł stworzyć Feargus Urquhart.

Obsidian chciał raz jeszcze pójść tą drogą nie tylko, żeby pomnożyć zyski z poprzedniej odsłony; chodziło również o utrzymanie ducha aktywnej społeczności. O ile wspierający potrafili być czasem irytujący, developerzy pracujący nad „Pillars of Eternity" przywykli do interakcji z fanami i otrzymywania na bieżąco ich uwag. Przy „Pillars of Eternity II" mieli zamiar przyjąć podobną postawę, choć nie spodziewali się podobnie spektakularnego sukcesu. „O ile możemy znowu prosić o pieniądze – powiedział mi Urquhart – nie liczymy na to, że ludzie ponownie zareagują z takim entuzjazmem".

Sześć miesięcy później, 26 stycznia 2017 roku, Obsidian odpalił na Fig kampanię z progiem miliona stu tysięcy. „Pillars of Eternity II" sfinansowano po 24 godzinach i 57 minutach. Ogółem zebrano 4 407 598 dolarów, niemal pół miliona więcej niż przy poprzedniej grze. Tym razem nie obiecano drugiego miasta.

Studio Obsidian nie rozwiązało tym samym wszystkich trapiących firmę kwestii finansowych. Niedługo po rozpoczęciu kampanii na Fig studio ogłosiło koniec współpracy z Mail.Ru przy grze „Armored Warfare", co doprowadziło do częściowych zwolnień w zespole przydzielonym do tego tytułu. Lecz dla Feargusa Urquharta i jego ekipy developerskiej rozgryzienie, jak zdobyć środki na własną grę wideo, nie stanowiło już dłużej problemu.

2

UNCHARTED 4

Gra wideo, tak jak każde dzieło sztuki, jest odbiciem swoich twórców. „The Legend of Zelda" zrodziło się z dziecięcych wspomnień Shigeru Miyamoto o łażeniu po jaskiniach. „Doom" to dalekie echo kampanii „Dungeons & Dragons" rozegranej przez Johna Romero i Johna Carmacka, którzy pozwolili, aby ich fikcyjny świat opanowały demony. A „Uncharted 4", ostatnia odsłona utrzymanej w klimacie „Indiany Jonesa" przygodowej gry akcji z zadziornym Nathanem Drakiem w roli głównej, to opowieść o człowieku, który spędza zbyt dużo czasu w pracy.

Naughty Dog, studio developerskie odpowiedzialne za „Uncharted", łączyło z nieogolonym bohaterem więcej niż inicjały. Firma słynęła bowiem w branży z dwóch rzeczy. Pierwsza to reputacja, jaką cieszył się tamtejszy zespół, nie tylko ze względu na jego niesamowity talent do opowiadania historii najwyższej próby, ale i dopieszczanie swoich gier tak, że wyglądały wręcz nieprzyzwoicie starannie i konkurencja głośno zastanawiała się, jakąż to czarną magią para się studio. Druga to uczynienie crunchu standardem. Aby stworzyć takie tytuły, jak „Uncharted" czy „The Last of Us" pracownicy Naughty Dog harowali naprawdę ciężko, niekiedy – podczas niemiłosiernie przedłużonych nadgodzin, które narzucano przed każdym developerskim kamieniem milowym – siedząc za biurkiem do drugiej czy trzeciej w nocy. Oczywiście wszystkie studia siedzą po godzinach, lecz niewiele z nich ma takie jazdy po bandzie, jak Naughty Dog.

Na początku „Uncharted 4" dowiadujemy się, że Nathan Drake dał już sobie spokój z wysokooktanowymi gonitwami za skarbami i poddał się nudnej rutynie, wieczorami jedząc kluski i grając w gry wideo ze swoją żoną Eleną. Lecz szybko przypomina się graczowi w pamiętnej scenie strzelania z zabawkowego pistoletu do ustawionych na strychu celów, że Drake'owi brakuje adrenalinowego kopniaka, który dostarczała mu dawna profesja. Kiedy po wieloletniej absencji nagle zjawia się jego brat, to tylko kwestia czasu, zanim Nathan zostaje wciągnięty w nową przygodę ze skarbami w tle. A wtedy zaczyna kłamać. I ryzykować życie. Siłując się z niezaprzeczalną prawdą, że jest uzależniony od dreszczyku niebezpieczeństwa, Drake coraz bardziej oddala się od Eleny, narażając ich związek na szwank. „Uncharted 4" opowiada o tajnym pirackim stowarzyszeniu kryjącym się przed spojrzeniem historii, ale porusza też bardziej uniwersalny temat: Jak podążać za marzeniami, nie niszcząc przy tym swojego związku?

„Czasem tak bywa, że życiowa pasja zderza się z miłością – mówił Neil Druckmann, współreżyser gry – i nie zawsze rzeczy te idą w parze. Szczególnie w naszej branży, bo spora część ludzi zaczyna robić gry dlatego, że je kocha i praca daje nam poczucie, że możemy przesunąć granicę i poświęcić się jej w większym stopniu. Ale kiedy człowiek przestaje się pilnować, kiedy przestaje być ostrożny, może przez to zniszczyć sobie życie osobiste. Czerpaliśmy zresztą z tego, co spotkało nas samych".

A zdawałoby się, że mając za sobą doświadczenia wyniesione z pracy nad trzema poprzednimi odsłonami serii, „Uncharted 4" będzie dla Naughty Dog spacerkiem po parkowej ścieżce. Lecz kiedy do tego wszystkiego doszła zmiana reżysera, spore zmiany, napięty grafik i długie miesiące crunchu, zespół czuł się, jakby podchodził pod górę Kilimandżaro. Innymi słowy: jednym z przewijających się przez cykl gagów jest motyw, że za każdym razem, gdy Nathan Drake skacze na dach albo klif, ten prawdopodobnie się zapadnie. Pod koniec prac developerskich nad „Uncharted 4" każdy w Naughty Dog mógł zaświadczyć, że zna to uczucie aż za dobrze.

Pierwsze „Uncharted" było nietypowym posunięciem ze strony studia. Firma założona w 1984 roku przez dwóch przyjaciół z dzieciństwa, Jasona Rubina i Andy'ego Gavina, przez niemal 20 lat zajmowała się grami platformowymi, takimi jak „Crash Bandicoot" czy „Jak & Daxter", które rozrosły się do ikonicznych serii na PlayStation*. W 2001 roku Sony wykupiło Naughty Dog, a kilka lat później zleciło studiu przygotowanie gry na nową konsolę PlayStation 3. Pod przywództwem zaprawionej w bojach Amy Hennig firma rozpoczęła pracę nad czymś, czego do tej pory nie robiła: pulpową grą przygodową zainspirowaną globtroterskimi eskapadami Indiany Jonesa. Gracz miał sterować Nathanem Drakiem, szukać skarbów i rozwiązywać zagadki w przeróżnych miejscach na całym świecie.

Był to ambitny ruch. Dla każdego studia stworzenie nowej marki jest zawsze sporo trudniejsze niż opracowanie sequela, szczególnie kiedy nie ma się fundamentu, na którym można by

* Gra platformowa polega zwykle na przeskakiwaniu przez przeszkody. Jak w „Super Mario Bros." albo „Superprzygodzie hydraulika".

coś zbudować. A praca na zupełnie nowej platformie – zwłaszcza takiej jak PS3 z jej tajemniczym procesorem Cell – komplikowała sprawę*. Dlatego studio dokooptowało do zespołu paru nowych i utalentowanych pracowników o hollywoodzkim rodowodzie, ale z niewielkim doświadczeniem w branży gier, co zaowocowało kolejnym atakiem czkawki, bo reszta ekipy Naughty Dog musiała objaśnić nowym niuanse działania grafiki generowanej w czasie rzeczywistym.

Podczas szczególnie ciężkich chwil ślęczenia nad „Uncharted" Bruce Straley, dyrektor artystyczny studia, wybywał do zespołu projektowego, żeby ponarzekać sobie wspólnie z kolegami. Straley robił gry od lat 90. i był rozdrażniony tym, co działo się przy aktualnym projekcie, i potrzebował wentyla, aby spuścić powietrze. Niebawem regularnie chodził na lunch z paroma designerami, w tym urodzonym w Izraelu dwudziestoparolatkiem o imieniu Neil Druckmann, który zaczynał w Naughty Dog zaledwie kilka lat wcześniej jako programista na stażu. Druckmann był wschodzącą gwiazdą studia. Miał ciemne włosy, oliwkową cerę, niesforny, opadający na czoło kosmyk i głowę do konstruowania fabuł. Choć na liście płac „Uncharted" pojawił się ostatecznie jedynie jako designer, Druckmann pomógł napisać Hennig scenariusz.

No i szybko zaprzyjaźnił się ze Straleyem. Przerzucali się pomysłami na projekty, dzielili opiniami na temat polityki firmy

---

* Ze względu na niestandardowy sposób przetwarzania danych wykorzystany w PlayStation 3 procesor Cell nie cieszył się wśród inżynierów dobrą sławą. Różni developerzy przez lata po premierze konsoli krytykowali jego architekturę, a dyrektor wykonawczy Valve, Gabe Newell, nazwał go w wywiadzie dla magazynu „Edge" z 2007 roku „stratą czasu". Trzy lata później, może jako akt mea culpa, Newell ogłosił podczas konferencji prasowej Sony, że „Portal 2" wyjdzie na PS3.

i analizowali gry, które akurat mieli pod ręką, próbując ustalić, czym dany etap przyciąga użytkownika. „Zaczęliśmy grać z domu przez sieć, dlatego dalej mogliśmy ze sobą rozmawiać i wymieniać się pomysłami, nawet siedząc na multiplayerze – mówił Straley. – Tym samym zaczęły się między nami formować bliskie relacje zawodowe".

„Uncharted" ukazało się w 2007 roku. Niedługo potem Naughty Dog awansowało Straleya na reżysera kolejnej gry (do spółki z Amy Hennig, która została dyrektorem kreatywnym), dając mu tym samym większą kontrolę nad „Uncharted 2", które wyszło w 2009 roku. Następnie lwią część studia oddelegowano do pracy nad „Uncharted 3", ale Straley i Druckmann chcieli spróbować czegoś nowego i oddzielili się od ekipy. I kiedy trzecia część serii o Nathanie trafiła w listopadzie 2011 roku na sklepowe półki, ci dwaj pracowali nad swoim pierwszym projektem jako współreżyserzy; była to postapokaliptyczna opowieść zatytułowana „The Last of Us".

Było to radykalne odcięcie się od serii „Uncharted". O ile tamten cykl czerpał garściami z przygód Tintina, „The Last of Us" miało klimat zbliżony do *Drogi* Cormaca McCarthy'ego i podczas gdy gry z Drakiem były lekkie i zabawne, ta rozpoczynała się od sceny, gdzie żołnierze zabijają 12-letnią córkę głównego bohatera. Lecz celem „The Last of Us" nie było wywołanie u gracza łez. Straley i Druckmann oglądali filmy, takie jak *To nie jest kraj dla starych ludzi*, i zastanawiali się, czemu gry wideo zwykle wykazują się subtelnością godną uderzenia dwuręcznym młotem. Dlaczego, dumali, bohaterowie nie mogliby pozostawić niektórych myśli niewypowiedzianymi? Zaludnione przez zainfekowane tajemniczą chorobą zombie, zrujnowane bezdroża Ameryki miały w ich grze służyć jako tło dla historii dwojga głównych postaci. Każda scena i każde spotkanie miało pogłębić relacje Joela, szpakowatego najemnika, i Ellie, nastoletniej dziewczyny, która w trakcie podróży staje się jego zastępczą córką. Podczas gdy inne gry od razu rzuciłyby się człowiekowi do gardła – „Wow, Ellie, niechybnie wypełnisz emocjonalną pustkę pozostawioną przez moje zmarłe dziecko!" – „The Last of Us" zaufało graczom na tyle, żeby sami wypełnili białe plamy scenariusza i dopowiedzieli sobie resztę.

Oczywiście łatwiej powiedzieć sobie, że chce się snuć subtelną historię, niż, no, faktycznie ją opowiedzieć. Po raz drugi w tej dekadzie Bruce Straley i Neil Druckmann odkryli, że praca nad zupełnie nową własnością intelektualną potrafi być wycieńczająca. Aż do samego końca obawiali się, że „The Last of Us" okaże się katastrofą. Był to, jak mówił Straley, „najtrudniejszy projekt, nad którym w życiu pracowałem". Często skakali sobie do oczu, próbując ustalić, jak zrównoważyć przejmujące emocjonalne sceny z brutalnym strzelaniem do zombie. Męczyli się ze wszystkim, od systemu używania osłon do finału tej historii. Pierwsi testerzy zasugerowali, aby dodać więcej elementów typowych dla gier wideo – takich jak walki z bossami, supermocne bronie, zróżnicowane klasy przeciwników – ale Straley i Druckmann obstawali przy swojej wizji, choć ostrzegano ich, że recenzje mogą być słabe.

Lecz nie były. Kiedy w czerwcu 2013 roku „The Last of Us" nareszcie się ukazało, fani i krytycy nie mogli przestać piać z zachwytu. Gra okazała się największym sukcesem w historii Naughty Dog, dzięki czemu Straley i Druckmann dorobili się statusu istnych gwiazd rocka w branży developerskiej, co zapewniło im stanowiska kierowników projektu na tak długo, jak tylko chcieli.

W tym czasie, od 2011 do 2014 roku, Amy Hennig harowała ze swoim zespołem przy „Uncharted 4". Krążyły pomysły, jak podkręcić atrakcyjność sequela. Myśleli o dodaniu jakiegoś pojazdu, to po pierwsze. Może jeszcze hak wspinaczkowy. I – co szczególnie zadziwiające – chcieli, aby przez połowę gry Nathan ani razu nie sięgnął po broń. Krytycy wytykali poprzednim odsłonom serii pewien scenariuszowy dysonans, bo w przerywnikach Drake był przyjaznym, lubiącym dobrą zabawę bohaterem, a podczas rozgrywki potrafił bez mrugnięcia okiem wykosić tysiące żołnierzy przeciwnika. Hennig i jej ekipa pomyśleli, że to interesujący twist, aby Nathan na jakiś czas używał wyłącznie pięści, i w ten sposób pokaże się, że psotny poszukiwacz przygód istotnie się zmienił.

„Uncharted 4", tak jak założyła sobie Hennig, miało zaprezentować światu starego partnera Drake'a, niejakiego Sama. Nie poznaliśmy go do tej pory, bo przez 15 lat Nathan myślał, że zginął po tym, jak nie wyszła im wspólna ucieczka z panamskiego więzienia. Hennig wymyśliła sobie tę postać jako głównego wroga naszego bohatera, który nadal ma żal do Drake'a za to, że zostawił go przed laty na pewną śmierć. Rozwój fabuły przewidywał dalsze usilne próby odcięcia się Nathana od przeszłości poszukiwacza skarbów oraz niemałą rewelację – Sam okazał się bowiem jego bratem. Ostatecznie dochodziło do pogodzenia się obu mężczyzn, którzy wystąpili razem przeciwko prawdziwemu antagoniście, podłemu złodziejowi o imieniu Rafe (głosu użyczył mu Alan Tudyk), który siedział za kratami razem z Samem.

Ale „Uncharted 4" stanowiło dla Naughty Dog nie lada wyzwanie. Pomysł, że studio podzieli się na osobne zespoły i będzie równolegle pracować nad dwoma różnymi tytułami, okazał się trudny do zrealizowania i przez cały 2012 i 2013 rok ekipa „The Last of Us" przeciągała do siebie coraz więcej i więcej developerów przydzielonych do „Uncharted 4", przez co Hennig ostatecznie została tylko z niezbędnym personelem. „Byliśmy przekonani, że mamy pod ręką dwa pełnoprawne zespoły – mówił Evan Wells, współprezes Naughty Dog – ale ludzie ciągle przechodzili z jednej ekipy do drugiej i nie nadążaliśmy z zatrudnianiem nowych na tyle szybko, aby wyrobić się z kolejnymi etapami prac nad rozbudową z założenia niemałej przecież gry. Mieliśmy góra półtora zespołu, a może raczej powinienem powiedzieć: jeden pełny i ćwierć".

Na początku 2014 roku, kiedy Neil Druckmann i Bruce Straley zakończyli pracę nad dodatkiem do „The Last of Us" zatytułowanym „Left Behind", studio ogłosiło stan wyjątkowy i zwołało serię spotkań mających na celu zdiagnozowanie problemu z „Uncharted 4". Istnieją sprzeczne relacje odnośnie do tego, co stało się dalej. Niektórzy twierdzą, że zespół oddelegowany do kolejnej części serii o Nathanie Drake'u nie otrzymał niezbędnych, mogących zapewnić mu przetrwanie środków i personelu, bo „The Last of Us" i „Left Behind" pochłonęły prawie całą uwagę Naughty Dog. Amy Hennig miała kłopot z podejmowaniem decyzji i rodząca się w bólach gra nie wyglądała najlepiej. Część zespołu narzekała, że brakowało spójnego i konsekwentnego kierunku reżyserii. Inni utrzymywali z kolei, że to całkowicie zrozumiałe, zważywszy na niezbyt liczny zespół, że wszystko było jeszcze w powijakach.

Lecz jedno jest pewne: w marcu 2014 roku, po spotkaniu ze współprezesami Naughty Dog, Wellsem i Christophe'em Balestrą, Amy Hennig wyszła ze studia i już nie wróciła. Niedługo potem odszedł także jej bliski współpracownik, Justin Richmond, oraz paru weteranów z otoczenia byłej już dyrektor. „Czasem tak po prostu bywa na różnych poziomach hierarchii – komentował Wells. – Nam przydarzyło się akurat w ten sposób, na wysokich stołkach. Ale miewamy przetasowania z różnych powodów. Amy to moja przyjaciółka, naprawdę za nią tęsknię i życzę jej jak najlepiej, lecz nie układało się nam. Dlatego każde poszło w swoją stronę i musiało jakoś pozbierać się do kupy".

Na drugi dzień po odejściu Hennig IGN, strona internetowa zajmująca się grami, powołując się na anonimowe źródła, donosiła, że to Neil Druckmann i Bruce Straley wypchnęli ją z firmy. Lecz szefowie Naughty Dog żarliwie zaprzeczali podobnym insynuacjom, określając opublikowany materiał mianem „nieprofesjonalnego niedoinformowania". Studio powstrzymało się od dalszych komentarzy, a sama Hennig milczała na temat powodów swojego odejścia. „Opublikowane przez prasę plotki mocno nas zabolały, zobaczyliśmy bowiem nazwiska naszych ludzi pojawiające się w kontekście czegoś, z czym nie mieli styczności" – powiedział mi później Wells.

Ale parę osób, które pracowały dla Naughty Dog, potwierdziło, że Druckmann i Straley przestali się dogadywać z Hennig i mieli kompletnie odmienne wizje co do kierunku, jaki należało obrać przy kontynuowaniu serii „Uncharted". Zanim odeszła – jak twierdziły osoby zaznajomione z treścią dokumentu – Hennig podpisała ze studiem klauzulę poufności zabraniającą zarówno jej, jak i firmie wygłaszać publicznie negatywne komentarze na temat tego, co zaszło między stronami. Hennig odmówiła mojej prośbie odbycia rozmowy na potrzeby tej książki.

Niedługo po odejściu Hennig Evan Wells i Christophe Balestra zaprosili Neila Druckmanna i Bruce'a Straleya na spotkanie, aby powiadomić ich o zaistniałej sytuacji. Straley, kiedy zrozumiał, co się dzieje, poczuł, jak potem opisywał, „ssanie w żołądku". „Chyba rzuciłem wtedy: »Co robimy? Kto pociągnie ten projekt?« – wspominał. – Odpowiedzieli, skądinąd nerwowo: »I do tego jesteście nam potrzebni wy«". Po ogromnym sukcesie krytycznym i komercyjnym, jaki odniosło „The Last of Us", Druckmann i Straley byli złotymi chłopcami studia. Ale musieli zadać sobie poważne pytanie: Czy chcieli spędzić kolejny rok swojego życia z Nathanem Drakiem?

Odpowiedź nie była jednak łatwa. Reżyserski duet myślał, że skończył z „Uncharted" na dobre i obaj chcieli zająć się innymi grami – bawili się już nawet prototypami sequela „The Last of Us" – a Straley czuł się kompletnie wypalony. „Dopiero co ukończyłem pracę nad jednym z najtrudniejszych projektów, nie, nad najtrudniejszym projektem w swoim życiu, jakim ostatecznie okazało się »The Last of Us«" – mówił. Chciał kolejne miesiące poświęcić na wypoczynek, pracę nad prototypami i burzę mózgów bez stresu powiązanego ze sztywnymi terminami. A przestawienie się na „Uncharted 4", które rozgrzebano przeszło dwa lata wcześniej i które miało ukazać się zaledwie rok później, w 2015, było jak przebiegnięcie maratonu i niezwłoczne przystąpienie do letniej olimpiady.

Ale czy mieli jakiś wybór?

„Trzeba było ratować tę grę – powiedział Straley. – Była w opłakanym stanie, brakowało sprawnej komunikacji, pipeline nie został określony, zespół był zdezorganizowany. Nie wydawało się, że cokolwiek idzie tak, jak powinno... I jak się z tym czułem? Niezbyt dobrze. Znalazłem się w mało komfortowej pozycji, ale wierzę w nazwę Naughty Dog. Wierzę w tę ekipę". Straleyowi wydawało się, że wskoczą z Druckmannem na pokład na zaledwie kilka miesięcy, skierują tę łajbę na odpowiedni kurs, zejdą na ląd i będą pracować nad innymi projektami, pozwalając przejąć ster innym kierownikom produkcji, kiedy już okręt nabierze wiatru w żagle.

Zanim przyjęli propozycję, postawili jednak pewien warunek: chcieli mieć pełną kontrolę artystyczną. Nie interesowało ich dokańczanie historii rozpoczętej przez Hennig. I choć postanowili zachować pewne postacie (jak Sam i Rafe) oraz gotowe obszary (spore kawałki Szkocji i Madagaskaru), zdecydowali się przekreślić mnóstwo wykonanej do tej pory pracy. Chcieli wyrzucić całe mnóstwo przerywników, nagranych kwestii dialogowych i animacji, na co studio wydało miliony. Chcieli sami obsadzić główne role, co oznaczało rezygnację z Alana Tudyka i innych aktorów, którzy już zarejestrowali swoje kwestie. Czy naprawdę tego chciało Naughty Dog?

„Tak, zróbcie to" – powiedzieli Wells i Balestra.

Druckmann i Straley niezwłocznie podjęli decyzję, która – jak sądzili – może wywołać niemałe kontrowersje: „Uncharted 4" miało być ostatnią grą z serii; a przynajmniej ostatnią grą z serii z Nathanem Drakiem. Studio rozważało taką możliwość jeszcze za rządów Hennig, lecz dopiero teraz oficjalnie podjęto decyzję. „Przyjrzeliśmy się poprzednim tytułom – opowiadał Druckmann – ich fabułom i losom Nathana Drake'a, oceniając, co jeszcze pozostało do opowiedzenia. I jedyne, co przyszło nam do głowy, to finał. Tylko jak mogliśmy się go pozbyć?".

Było to posunięcie, na które mogły sobie pozwolić nieliczne studia. Jaki szanujący się wydawca zakończyłby przynoszącą kokosy serię, która nadal znajdowała się na szczycie? Jak się okazało, Sony. Naznaczone sukcesami lata zapewniły Naughty Dog taki prestiż, że firma mogła robić to, na co przyszła jej ochota, nawet jeśli miałoby to oznaczać pożegnanie się z Nathanem Drakiem na dobre. Sony mogło oczywiście nadal produkować gry z serii „Uncharted" z innymi postaciami.

Produkcja „Uncharted 4" trwała już około dwóch lat. Jednak Straley i Druckmann zmienili tak dużo w grze, że wydawało się, jakby dwaj reżyserzy rozpoczęli wszystko od nowa. „Sytuacja wydawała się beznadziejna – mówił Straley. – Nie mogliśmy po prostu zacząć od środka, to była część problemu. Nie odpowiadały nam bowiem ani gameplay, ani fabuła, jedno i drugie wymagało mnóstwa pracy. Mieliśmy czerwony alarm na wszystkich frontach, panikę, szaleństwo. Włączył się nam tryb »Jak my, do diabła, to zrobimy?«. Po tym jak dało nam popalić »The Last of Us«, rozpoczęliśmy kolejny crunch".

Obaj reżyserzy często mówili o tak zwanym „karmieniu bestii", który to termin zapożyczyli z książki Pixara *Creativity Inc.*. Odnosił się on do niezaspokojonego głodu pracy. Jako że „The Last of Us" już domknięto, nad „Uncharted 4" nareszcie mogło się pochylić prawie 200 ludzi. I każdy miał pełne ręce roboty. Jak Straley i Druckmann tylko przejęli projekt, musieli podjąć kilka pośpiesznych decyzji. Tak, zachowają Szkocję i Madagaskar. Tak, zostawią sekwencję w panamskim więzieniu. Następnie reżyserzy spotkali się z szefami poszczególnych działów – artystycznego, projektowego, programistycznego i tak dalej – aby upewnić się, że ich zespoły nadal są gotowe do codziennej pracy mimo panującego młyna.

„To był naprawdę stresujący okres – mówił Druckmann. – Czasem człowiek czuł się, jakby nie starczało mu czasu na zastanowienie się nad swoimi wyborami, a jednak trzeba było ich dokonać, mimo że miało się jedynie, dajmy na to, 80 procent racji. Lecz tak było lepiej, bo jeśli zastanawialibyśmy się dłużej, zespół siedziałby bezczynnie, czekając na daną sekcję".

Spora część ekipy Naughty Dog – zwłaszcza ci, którzy ślęczeli nad „Uncharted 4" od samego początku – miała dość nagłych zmian, czuła się wypalona. Do pewnego stopnia uspokajające było zapewnienie, że Straley i Druckmann obiecali zachować na tyle, na ile to możliwe, owoce dotychczasowej pracy zespołu, ale jednak myśl o zmarnowanych latach przyprawiała niektórych o mdłości.

„Podejmowane decyzje były dla nas niekiedy jak cios prosto w serce – mówił Jeremy Yates, szef działu animacji. – Nie mogliśmy uwierzyć, że wycinają coś, nad czym ja czy ktoś inny siedział, dosłownie, całe miesiące. Nie przyjmowaliśmy zmian łatwo, lecz za każdym razem, gdy do nich dochodziło, należało być ze sobą szczerym i spojrzeć na sprawę chłodno, a wtedy wiedziało się, że to dobra decyzja. Gra była dzięki temu lepsza. Spójniejsza, klarowniejsza".

„Wszystko poszło względnie nieźle [i] szybko – powiedział Tate Mosesian, główny artysta poziomów. – Mieli dokładny, spójny plan i przedstawili go zespołowi, co pomogło nam nabrać pewności siebie. O ile było nam trochę smutno, że odchodzą ludzie od tak dawna związani z tą serią, widzieliśmy rozciągającą się przed nami przyszłość i światełko na końcu tunelu".

Przez kilka kolejnych tygodni Straley i Druckmann przesiadywali w salce konferencyjnej i gapili się na fiszki, usiłując sklecić nową wersję fabuły „Uncharted 4". Zdecydowali, że brat

Nathana, Sam, nie będzie jednowymiarowym zbirem. Posłużył im raczej jako istny kusiciel, ktoś, kto wyciąga Drake'a z jego domowego zacisza i zachęca do powrotu do pogoni za skarbami. Zatrzymali także antagonistę, Rafe'a, którego przerobili jednak na bogatego i rozpieszczonego gówniarza motywowanego zazdrością o sukcesy Nathana. Do swoich dyskusji Straley i Druckmann zapraszali coraz to innych designerów i współscenarzystów, aby pomogli im ułożyć całą tę opowieść, co miało również na celu ostrożne wybadanie, kto mógłby ewentualnie zastąpić ich obu na reżyserskich stołkach, jeśli zdecydowaliby się ostatecznie porzucić projekt.

Przez całe tygodnie widywali się praktycznie tylko w rzeczonej salce, gdzie przypinali kolejne fiszki do dużej tablicy, która stała się ich biblią „Uncharted 4". Na każdej karteczce zapisano luźny pomysł fabularny albo zarys sceny – na przykład jedną z pojawiających się w trakcie gry sekwencji zatytułowano po prostu „widowiskowy pościg" – które po odpowiednim ułożeniu miały opowiedzieć całą historię. „Nigdy nie zdarzało nam się usiąść i napisać całego scenariusza gry od początku do końca – powiedział Josh Scherr, scenarzysta, który uczestniczył w wielu spotkaniach ze Straleyem i Druckmannem. – Tak się nigdy nie dzieje i istnieje ku temu pewien powód. Proces prac nad grą można określić mianem iteracyjnego i jeśli szykujesz cały scenariusz, skończysz ze złamanym sercem, bo wszystko i tak się nieuchronnie pozmienia. A to gameplay nie będzie wyglądał tak, jak sobie założyłeś, a to wpadniesz po drodze na lepszy pomysł i tak dalej. Trzeba być jak najbardziej elastycznym".

Przez parę kolejnych tygodni Straley i Druckmann kompilowali dwugodzinną prezentację, która przedstawiała pokrótce ich wizję „Uncharted 4", po czym przedstawili ją reszcie

Naughty Dog. Jak tłumaczyli, miała to być opowieść o uzależnieniu. Na początku gry Nathan Drake miał dostać zwyczajną pracę i prowadzić spokojnie życie z Eleną, swoją długoletnią partnerką. Szybko okazuje się, że czuje spory niedosyt. Niedługo potem pojawiał się Sam, wciągając go w skomplikowaną intrygę i zabierając obu w podróż po świecie najeżoną agresywnymi strzelaninami i śmiertelnie niebezpiecznymi pościgami samochodowymi; u jej celu leżało pełne drogocennych kosztowności, zaginione pirackie miasto. Gracza chciano uraczyć zarówno stonowanymi flashbackami, jak i dużymi, wybuchowymi sekwencjami, jakich fani spodziewali się po „Uncharted". Drake okłamywałby Elenę, co ta by wreszcie odkryła, a finał miałby się rozegrać w zatopionej Libertalii, gdzie Nathan i towarzysze odkryliby, że ta domniemana piracka utopia była tak naprawdę przystanią dla chciwości i paranoi.

Miała to być duża gra, większa niż wszystko, co Naughty Dog do tej pory zrobiło, a studio nadal zamierzało wypuścić ją na jesieni 2015 roku, czyli za półtora roku. Developerzy cieszyli się, że mają pod ręką mapę, dzięki której widzieli, jak ostatecznie będzie wyglądało „Uncharted 4", ale przytłaczała ich myśl o czekającym nawale pracy. „Niektórzy byli wypaleni – mówił Druckmann. – Obawiali się skali i ambicji tego projektu. Trzeba było czasu, aby ich zainspirował".

Nadciągające E3 okazało się w tym przypadku bardzo pomocne. Studia zwykle traktowały targi jako niepotrzebne zawracanie głowy, imprezy istniejące jedynie dla marketingowego rozgłosu i pompy, lecz dla Naughty Dog był to ważny krok naprzód. Zwykle produkty firmy były wyczekiwanymi punktami programu podczas corocznej konferencji prasowej Sony i przeważnie pracownicy dziesiątkami pielgrzymowali z biur

Naughty Dog w Santa Monica do centrum konferencyjnego w Los Angeles, aby wziąć udział w imprezie. Każdego roku developerzy wyjeżdżali z E3 naelektryzowani reakcjami na nowe, atrakcyjne gry, które pokazywali.

Czerwcowa impreza z 2014 roku nie była wyjątkiem. Pod koniec konferencji prasowej PlayStation prezes Sony, Andrew House, wyszedł na scenę zaprezentować jeszcze jeden zwiastun i kiedy na ekranie pojawiły się słowa „Naughty Dog", fani oszaleli. Trailer pokazywał przedzierającego się przez dżunglę rannego Nathana Drake'a, a rozmowa prowadzona przez niego poza kadrem z wieloletnim partnerem Sullym stawiała sprawę jasno – miała to być ich ostatnia przygoda. I nagle pojawiał się tytuł: „Uncharted 4: Kres złodzieja".

Druckmann i Straley wiedzieli, że nie zabiją Nathana, ale chcieli, aby fani dopuszczali taką możliwość, bo generowało to niemały szum w branży. Developerzy z Naughty Dog przygotowywali się na wycieńczający cykl produkcyjny, przeczesując przy tym serwisy, takie jak YouTube czy NeoGAF, i nakręcając się czytaniem entuzjastycznych komentarzy.

Po powrocie od razu zabrano się do roboty, bo już w grudniu 2014 roku miała odbyć się pierwsza edycja nowego fanowskiego konwentu organizowanego przez Sony – PlayStation Experience (PSX). Aby go rozkręcić, zespół Naughty Dog zgodził się przygotować rozbudowane, grywalne demo „Uncharted 4", co oznaczało, że na podjęcie decyzji odnośnie do ostatecznego kształtu rozgrywki pozostało jedynie kilka miesięcy.

Naughty Dog, jak wiele innych doświadczonych firm, wyznawało zasadę, że nie sposób stwierdzić, czy dana część gry jest dobra, dopóki się w nią nie zagra. Dlatego też, jak wiele innych doświadczonych firm, stworzyło „szare pola" – zamknięte, samodzielne przestrzenie, gdzie wszystkie modele 3D są monochromatyczne i niedopracowane bez naniesionych tekstur – i przetestowało swoje pomysły, aby wyczuć, jak sprawdzają się podczas gry. Dla zespołu designerskiego zaletą posiadania takiego prototypu była możliwość eksperymentowania z nowymi pomysłami bez ryzykowania czasu i pieniędzy, lecz z drugiej strony niewiele rozwiązań przechodzi przez taką selekcję.

Za kadencji Amy Hennig studio bawiło się różnymi prototypowymi szarymi obszarami przygotowanymi z myślą o „Uncharted 4". Przetestowano na przykład mechanizm ślizgu, pozwalający Drake'owi śmignąć naprzód jak Mega Man, oraz projekty skał, do których Nathan mógł strzelić i potem wspiąć się przy pomocy dziur zrobionych przez kule. Sprawdzono też scenę we włoskim domu aukcyjnym, gdzie gracz mógł przełączać pomiędzy różnymi postaciami i szukać tropów nie tylko jako Drake, ale również wcielając się w jego towarzyszy, których celem była kradzież cennego artefaktu bez wzbudzania podejrzeń obecnych na miejscu ludzi. Podczas gali odbywającej się w rzeczonym domu Drake i Elena mieli tańczyć na parkiecie urządzonej z przepychem sali balowej i manewrować tak, aby zbliżyć się do artefaktu, w którym to celu gracz naciskał przyciski zgodnie z tempem muzyki, jak w grze rytmicznej (coś w stylu „Dance Dance Revolution", tyle że bez skakania). W teorii to był kapitalny pomysł, ale nie przekładał się na praktykę.

„Kiedy mówi się: »Okej, zróbmy sekwencję taneczną, będzie super«, często nie bierze się pod uwagę, że nie będzie ona pasowała do całej reszty, a musi być odpowiednio dopracowana i zabawna, aby usprawiedliwić jej istnienie – mówiła Emilia Schatz, główna designerka. – Dlatego musieliśmy z niej zrezygnować".

Zespół rozważał zastosowanie opracowanej mechaniki tańca na potrzeby jednej z pierwszych scen, kiedy Drake i Elena jedzą w domu kolację – miała ona przybliżyć obecny stan ich związku po trzech grach z serii – lecz ich pląsy okazały się zbyt dziwaczne. „No nie było to fajne – komentowała Schatz. – Celem tej sceny było zawiązanie relacji pomiędzy graczem a tymi ludźmi, zaprezentowanie panujących pomiędzy bohaterami relacji, a nie tańczącej znienacka w salonie pary". Później ktoś wpadł na pomysł, że Drake i Elena powinni zamiast tego grać na konsoli i po szybkich negocjacjach odnośnie do licencji Naughty Dog przemyciło do gry oryginalnego „Crasha Bandicoota", co zaowocowało całkiem uroczą sceną z przekomarzającymi się przy PlayStation 1 zakochanymi.

Bruce Straley i Neil Druckmann zdawali sobie sprawę, że wiele z tych wczesnych, prototypowych szarych obszarów nie zgrywa się z ich wizją. Straley uważał zresztą, że należy zaprojektować zestawy „kluczowych mechanik" albo – inaczej – podstawowych czynności, które gracz może wykonać w trakcie gry i ograniczyć je do tego, co niezbędne. „Przede wszystkim musiałem jednak ustalić, czym ma być ta kluczowa mechanika – mówił Straley – przebić się przez prototypy i zobaczyć, co zadziała, a co nie. Co daje radę. Co pasuje do czegoś innego". Dla niego istotna była przede wszystkim harmonia. Prototypy, oderwane jeden od drugiego, może i wyglądały na atrakcyjne jak scena na sali balowej, ale nie zawsze współgrały z klimatem gry. „Było tam parę rzeczy, które nazywam »theorycraftem«" – mówił Straley. – Chodzi o pomysły wyglądające dobrze na papierze albo kiedy gada się o nich przy lunchu na zasadzie: »A może by tak…«, ale kiedy próbuje się je zastosować w grze, szybko okazuje się, że do niczego się nie nadadzą".

Do podstawowego wachlarza ruchów znanych z poprzednich odsłon „Uncharted" – skakania, wspinania się, strzelania – Straley i jego zespół dobrał dwa główne prototypy i dorzucił je do swojej talii kluczowych mechanik. Pierwszy to sterowalna ciężarówka, z której kilkakrotnie rezygnowano i którą na powrót przez lata dorzucano do „Uncharted 4". Drugim była długa lina z przywiązanym do niej metalowym hakiem, dzięki której Drake mógł wspinać się na wysokości i huśtać nad przepaściami. Przechodziła ona rozmaite zmiany i w pewnym momencie ustalono, że gracz będzie musiał ją wyciągnąć, rozwinąć i wycelować w konkretne miejsce na mapie, co Straley uznał jednak za zbyt mozolne i czasochłonne, dlatego razem ze swoimi designerami szukali lepszego rozwiązania, aż doszli do tego, że udało im się podpiąć tę czynność pod pojedynczy przycisk, ale jedynie kiedy gracz znajdzie się w odpowiedniej lokacji*. „Dzięki temu korzystanie z liny stało się bardziej przystępne, szybsze i niezawodne – opowiadał Straley. – Haka jednak nie dało się wykorzystać w walce, ponieważ jego zastosowanie byłoby żmudne i uciążliwe, nie sposób korzystać z niego szybko. Nie byłoby też wystarczająco intuicyjne, a kiedy ktoś do ciebie strzela, chcesz móc działać szybko, bo inaczej znienawidzisz grę".

* Przy projektowaniu gier nawet tak pozornie proste pytanie jak: „Skąd wiadomo, kiedy da się użyć liny wspinaczkowej?", może być początkiem długiej dyskusji. Choć designerzy z Naughty Dog pierwotnie nie chcieli umieszczać na ekranie stosownej ikony podpowiadającej, że można wykorzystać linę – nie znosili typowych dla gier elementów interfejsu użytkownika (UI) – ale ostatecznie się ugięli. „Bez ikony ludzie bez przerwy naciskaliby przycisk – tłumaczył Kurt Margenau, lead designer. – »Mogę tam zarzucić linę? Nie, nie mogę«".

Chciano też położyć większy nacisk na skradanie, co sprawdziło się w „The Last of Us" i zdecydowano, że może pasować do „Uncharted 4". Wydawało się naturalne, że Nathan Drake powinien częściej przemykać i zdejmować po kryjomu wrogów, jednego po drugim, a nie szaleć z karabinem maszynowym. Lecz pozostawało jeszcze wiele pytań bez odpowiedzi. Jak powinien wyglądać layout typowego poziomu? Do jakiego stopnia należy otworzyć levele? Czy Drake będzie mógł zakradać się do przeciwników od tyłu i tak ich unieszkodliwiać? Jakiego rodzaju narzędzia przydadzą mu się do odwracania uwagi strażników i eliminowania ich bez wykrycia przez innych? Wiele etapów już ukończonych przez zespół „Uncharted 4" zostało dostosowanych do wcześniejszego założenia, że Drake przez dłuższy czas nie będzie używał broni palnej, z czego Straley i Druckmann całkowicie zrezygnowali. A skoro studio przygotowywało się do PlayStation Experience, gdzie po raz pierwszy miało pochwalić się fragmentem rozgrywki z nowej gry, trzeba było wprowadzić sporo dużych zmian.

Szczególnie ważne wydawało się pytanie, czy Neil Druckmann i Bruce Straley wyreżyserują przygotowywany tytuł? Przejście do nowego projektu prosto po niesłychanie męczącym cyklu produkcyjnym „The Last the Us" było – jak oceniał Erick Pangilinan – jeden z dwóch dyrektorów artystycznych: „niczym powrót z Afganistanu i natychmiastowy wylot do Iraku". Zarówno Druckmann, jak i Straley czuli się wyzuci z sił. „Pierwotnie myśleliśmy, że naszym zadaniem jest przygotować ludzi na stanowiska reżysera i dyrektora kreatywnego, a potem się wycofać – mówił Straley. – To nie miał być nasz projekt". Może wtedy zrobiliby sobie długie wakacje albo chociaż pracowali bez stresu nad prototypami, które chcieli zrobić, kiedy wypchnęli „The Last of Us".

Nigdy do tego nie doszło. PSX 2014 było coraz bliżej i stopniowo dochodziło do Straleya, że nie mogą odejść. Okazało się, że developerzy, którzy nadają się na stanowiska kierownicze, z różnych przyczyn nie są gotowi ich objąć. Straley czuł, że tylko on i jego kumpel są zdolni dostroić kluczowe mechaniki gry, chociażby wspinaczkę. Paru developerów spędziło kilka miesięcy nad skomplikowanym systemem, na który złożył się między innymi system śliskich i niestabilnych uchwytów. Ogrywany osobno wydawał się realistyczny i zabawny, ale w szerszym kontekście „Uncharted 4", kiedy próbowało się przeskoczyć z klifu na klif w trakcie dynamicznej potyczki, nie było chyba nic bardziej frustrującego niż śmiertelny upadek spowodowany naciśnięciem złego przycisku. Dlatego też Straley wstrzymał się z jego zastosowaniem, ku niezadowoleniu designerów, którzy spędzili długie miesiące na ściankach treningowych i badaniu technik wspinaczki wysokogórskiej.

„Prawdopodobnie był to dla mnie punkt zwrotny – mówił Straley. – Musiałem podejmować podobne decyzje, abyśmy przygotowali demo, które nakręci i pobudzi graczy, stworzyli segment na tyle reprezentatywny, aby ludzie zobaczyli tę grę taką, jaka jest… Tak musiało wyglądać nasze demo. Ja i Neil musieliśmy podejmować decyzje. Wydaje mi się, że to był dla mnie punkt zwrotny, bo powiedziałem sobie wtedy: »Okej, muszę doprowadzić to do końca«".

Do czasu PSX dwie rzeczy stały się oczywiste. Po pierwsze, „Uncharted 4" nie miało szans ukazać się w 2015 roku. Szefowie Naughty Dog ustalili jednak z Sony nową datę premiery na marzec 2016 roku, mimo że ten termin również wydawał się części zespołu niepewny. Ale zyskali czas – mieli cały następny rok na dokończenie projektu.

Druga rzecz wyklarowała się pod koniec 2014 roku: Neil Druckmann i Bruce Straley utknęli z Nathanem Drakiem do samego końca.

Zwykle gry miały tylko jednego szefa. Nieważne, czy określano go mianem „dyrektora kreatywnego" (à la Josh Sawyer przy „Pillars of Eternity"), czy „producenta wykonawczego" (jak Mark Darrah od „Dragon Age: Inkwizycja", którego poznacie w rozdziale 6), to do niego zawsze należało ostatnie słowo. Kiedy narastały konflikty lub nie zgadzano się odnośnie do jakiegoś rozwiązania, cała odpowiedzialność spadała na niego (lub na nią; niestety, w tej branży jest zdecydowanie więcej mężczyzn niż kobiet).

Druckmann i Straley byli wyjątkiem. Przy „The Last of Us" i „Uncharted 4" pełnili funkcję współreżyserów, co wykreowało między nimi nietypową dynamikę. Znakomicie się uzupełniali – Druckmann uwielbiał pisać dialogi i pracować z aktorami, a Straley z zespołem zajmował się głównie przygotowywaniem mechanik rozgrywki – ale mimo to nadal sprzeczali się tak zawzięcie, jak można się spodziewać po dwóch ambitnych, kreatywnych samcach alfa. „To jak prawdziwy związek, jak małżeństwo – powiedział Druckmann. – Jak Drake i Elena. A kto w tej relacji jest Drakiem, a kto Eleną? Chyba jednak ja byłbym Eleną".

Minęło już sporo czasu, odkąd obaj reżyserzy narzekali nad lunchem na pierwsze „Uncharted"; od tamtej pory zawiązała się między nimi wyjątkowa więź. „Nasz model pracy przewiduje absolutną szczerość – tłumaczył Druckmann. – Gdy coś nam się nie podoba, niezwłocznie to sobie mówimy. A przed podjęciem ważnej dla gry decyzji upewniamy się, że obaj mamy komplet informacji na dany temat, żeby nikt z nas nie był zaskoczony".

Kiedy w czymś się nie zgadzali, określali stopień swojego niezadowolenia na skali od jednego do dziesięciu. Jeśli Druckmann mówił „osiem", a Straley jedynie „trzy", robili, jak chciał ten pierwszy. Ale gdy u obu stanęło na dziewiątce lub dziesiątce? „Szliśmy wtedy do któregoś z biur, zamykaliśmy drzwi i zaczynaliśmy rozmowę od: »Okej, czemu ci się to aż tak bardzo nie podoba?« – opowiadał Druckmann. – Czasem dyskusje te potrafiły ciągnąć się godzinami, aż dochodziliśmy do porozumienia i uznawaliśmy, że: »Dobra, to tak powinno wyglądać«. Bywało też tak, że czasem decydowaliśmy się na wybór niepowiązany z pierwotnymi dwoma możliwościami".

Był to nieortodoksyjny sposób zarządzania, do czego studio odpowiedzialne za serię „Uncharted" zdążyło się już zresztą przyzwyczaić. Naughty Dog lubiło podkreślać, że w przeciwieństwie do innych firm developerskich nie zatrudniało producentów. Nikt nie zajmował się bezpośrednio rozplanowywaniem grafiku czy koordynacją pracy zespołu, czyli czymś, co gdzie indziej spadało na barki producenta. Spodziewano się, że każdy zadba o swoje sprawy. W innym studiu programista, który miał pomysł na grę, zwykle musiał umówić się z producentem, zanim mógł podzielić się nim z kolegami. Tymczasem w Naughty Dog mógł wstać z krzesła, przejść przez pokój i powiedzieć bezpośrednio designerom, co wymyślił.

Oczywiście podobna swoboda mogła prowadzić do chaosu jak w sytuacji, kiedy Druckmann i Straley zaprojektowali różne wersje tej samej sceny, co kosztowało ich tygodnie pracy, bo nie rozmawiali ze sobą przez parę dni. Z kompetentnymi producentami pod ręką coś takiego zapewne nie miałoby miejsca. Ale przy stylu zarządzania Naughty Dog takie podejście zwykle się sprawdzało.

„Rzadko traciliśmy czas, ale nawet jeśli tak się zdarzało, to i tak warto było go poświęcić w zamian za operatywność w szerszej perspektywie – mówił Evan Wells. – Nie zawracamy sobie głowy zwoływaniem spotkań i przedyskutowywaniem zasadności jakiejś decyzji oraz staraniem się o pozwolenie, żeby dopisać coś do grafiku. Nie było sensu marnować na to czasu"*.

Być może z powodu takiej nietypowej struktury Naughty Dog przywiązywało nienaturalną wręcz wagę do detali. Jeśli w którymkolwiek momencie przyjrzycie się bliżej „Uncharted 4", zauważycie coś niezwykłego: zagniecenia na koszulce Drake'a; nitki przy guzikach; ruch, jaki wykonuje przy przekładaniu sobie przez głowę skórzanego pasa, kiedy bierze do ręki strzelbę. To nie przypadek, tylko efekt pracy studia zatrudniającego ludzi zafiksowanych na robieniu gier, którzy są gotowi zadbać o każdy szczegół, nawet jeśli oznaczałoby to przesiadywanie w biurze do trzeciej nad ranem. „Zrobimy, co tylko będzie w naszej mocy – powiedział Phil Kovats, szef zespołu dźwiękowego. – Wszyscy chcieliśmy się upewnić, że skoro to

---

* Podczas prac nad „Uncharted 4", kiedy Naughty Dog rozrosło się jeszcze bardziej, Christophe Balestra, jeden ze współprezesów firmy, napisał program komputerowy, który nazwał „Tasker"; miał on pomóc studiu organizować codzienne zadania i nanoszenie poprawek. „Kiedy próbowaliśmy ukończyć prace nad danym etapem, mieliśmy do dyspozycji listy kontrolne, na których odhaczało się skrupulatnie wszystkie rzeczy do poprawienia, co okazało się kluczowe – mówił Anthony Newman, główny designer.

miała być ostatnia gra z Nathanem Drakiem, upchniemy tam tyle rzeczy, ile zdołamy".

Zamierzenia te odzwierciedlało przygotowywane na E3 demo. Dla zespołu produkcyjnego „Uncharted 4" miało zyskać status kamienia milowego, nad którym przeskoczy prosto do 2015 roku i potwierdzi, że sukces odniesiony podczas PSX nie był przypadkiem. Mieli pokazać „spektakularny pościg" ze swoich fiszek, dziką pogoń ulicami fikcyjnego madagaskarskiego miasta, która zaprezentuje graczom nowe pojazdy i widowiskowe eksplozje.

Tygodnie poprzedzające E3 upłynęły artystom i designerom na ciągłej pracy, zespół spędzał niezliczone nadgodziny, aby połatać wszystko jak należy. Raz w tygodniu (a czasem i codziennie) ekipa wyznaczona na E3 spotykała się w salce kinowej, gdzie przyglądała się postępom. Analizowano niedziałające poprawnie mechaniki i oceniano, które efekty wymagają jeszcze doszlifowania i czy przypadkiem nie trzeba przesunąć niegrywalnej postaci dla trochę bardziej na lewo. „Generalnie byli tam wszyscy, którzy pracowali nad tą sekwencją – opowiadał Anthony Newman, główny designer. – Bruce i Neil po prostu grali i [mówili] »Tutaj jest problem, tu też, i jeszcze tam«".

Demo rozpoczynało się na zatłoczonym targowisku, gdzie Drake i Sully wdają się w strzelaninę i kasują paru najemników, a potem wieją przed opancerzonym czołgiem i uciekają po budynkach do zaparkowanego nieopodal samochodu. Byłaby to znakomita okazja dla Naughty Dog, aby oszołomić graczy nowymi mechanikami – „Ej, popatrzcie, możecie w »Uncharted« kierować autem!" – szczególnie że następnie Drake i Sully śmigają gorączkowo poplątanymi, starymi ulicami, przewracając ogrodzenia i stragany z owocami w usilnych próbach zgubienia siedzących im na ogonie pojazdów wroga. Kawałek dalej natrafiają na Sama, który ma na głowie własny spektakularny pościg, bo czarne charaktery usiłują zepchnąć go z drogi. Drake każe Sully'emu złapać za kierownicę, zarzuca linę i podczepia się do przejeżdżającej ciężarówki, bujając się przy autostradzie z prędkością stu kilometrów na godzinę.

Waylon Brinck, kierownik artystyczny do spraw technicznych, wspominał, że spędzili całe godziny na modelowaniu widocznych na targowisku worków z ziarnem, które przestrzelone przez któregoś z najemników wyglądały, jakby flaczały, a wysypana zawartość formowała na ziemi staranne kopczyki. Były to szczególiki, które większość firm uznałaby za niepotrzebne marnotrawstwo środków, ale dla ludzi zatrudnionych w Naughty Dog nadgodziny były tego warte.

„Ludzie zapamiętali tę scenę i to nie jest przypadek – powiedział Tate Mosesian, główny artysta środowiskowy. – Z punktu widzenia gameplaya, zawsze próbujemy nadać danej sekwencji odpowiedni rytm, co ma pomóc graczowi płynnie przez nią przemknąć; często przy pomocy czegoś dużego, jak zawalający się budynek, lub małego, na przykład flaczejącego worka ziarna".

Demo wyglądało niesamowicie i okazało się jedną z najbardziej ekscytujących części składowych ukończonego już „Uncharted 4", dlatego patrząc z dzisiejszej perspektywy, być może Naughty Dog nie powinno było pokazywać podczas E3 aż tyle. Zresztą wszyscy developerzy muszą zadać sobie to pytanie: jak przekonać fanów, że twoja gra będzie świetna, jeśli nie odkryjesz swoich najlepszych kart? „Obawialiśmy się, że pokazujemy naszą najfajniejszą sekwencję – mówił Druckmann – ale akurat ta była na najbardziej zaawansowanym etapie prac... A przy tym wszystkim trzeba wzbudzić u graczy ekscytację i pokazać coś, co sprawi, że sprzeda się grę".

Przyjęta przez firmę strategia sprawdziła się – zespół Naughty Dog raz jeszcze nabrał energii dzięki zdobytemu podczas E3 rozgłosowi; potrzebowali jej, aby przebrnąć przez nadchodzące miesiące. Od lipca 2015 roku wszyscy z ekipy „Uncharted 4" czuli syndromy wypalenia. Tygodnie poprzedzające E3 były istnym bałaganem, na który składały się nieprzespane noce i spędzane w biurze weekendy, a na dodatek cały zespół zdawał sobie sprawę, że grafik się nie poluzuje. Spora część personelu prosto z crunchu przy „The Last of Us" przerzuciła się na crunch przy nowym „Uncharted" z niewieloma przerwami i urlopami w trakcie. „Wydaje mi się, że przydzieleni do tego dema myśleli [w ten sposób]: »Weź się w garść i po prostu przychodź codziennie do pracy, aż nie skończysz roboty« – mówił Bruce Straley. – Czasem nachodziła mnie krążąca gdzieś z tyłu głowy myśl: »Jak udaje ci się zebrać odwagę i zmusić się, żeby przeć naprzód?«. Bo nikt by tego za nas nie zrobił. Zdaje mi się, że cały zespół jechał na oparach".

Straley mieszkał po wschodniej stronie Los Angeles, dlatego dojazd do siedziby Naughty Dog w Santa Monica zajmował mu przynajmniej godzinę. Podczas crunchu przy „Uncharted 4", kiedy chciał przyjechać do pracy z samego rana i siedzieć do drugiej, trzeciej nad ranem, zaczynał się martwić, że jazda o tej porze może być nie tylko stratą czasu, ale i zagrożeniem dla innych, dlatego wynajął drugie mieszkanie blisko biura. Zatrzymywał się tam w tygodniu, a do domu jeździł w weekendy. „Było na tyle blisko, że nie ryzykowałem życia, aby się tam dostać, no i nie musiałem rano stać w korkach" – mówił. I tak Bruce Straley, który myślał, że spędzi z „Uncharted 4" zaledwie parę miesięcy, wprowadził się do nowego mieszkania tylko po to, żeby skończyć grę.

Słowo „crunch" przywołuje na myśl zgrzytanie zębami, co było zresztą celnym opisem uczucia towarzyszącego spędzaniu niekończących się godzin przy wysokobudżetowej grze wideo. Przez dziesiątki lat przeciągające się nadgodziny były powszechną praktyką zespoloną z branżą niczym klawiatury i komputery. Crunch jednak budzi wiele kontrowersji. Niektórzy upierali się, że symbolizuje on nic innego jak klęskę kierownictwa i marne zarządzanie projektem, bo kazać ludziom pracować po 14 godzin dziennie, zwykle bez dodatkowej płacy, było skandaliczne. Inni z kolei zastanawiali się, jak inaczej można w ogóle wyprodukować jakąkolwiek grę.

„Pewnie, że siedzimy po godzinach przy każdej grze – mówił Evan Wells, współprezes Naughty Dog – lecz nigdy nie narzucamy ludziom pracy. Nikt nikomu nie mówi: »Okej, robimy po sześć dni w tygodniu, razem 60 godzin«, ani też nie zmieniamy naszych oczekiwań odnośnie do 40-godzinnego tygodnia pracy czy organizacji godzin roboczych, zawsze zaczynamy o 10.30, a kończymy o 6.30... Fakt, ludzie zostają dłużej, lecz każdy sam ocenia, czy w baku ma jeszcze jakieś paliwo". Oczywiście zawsze działał efekt kaskadowy i kiedy jeden designer zostawał dłużej, żeby dokończyć jakiś etap, pozostali czuli się zobligowani do pracy. Każdy wiedział, że studio ściśle przestrzega pewnych standardów jakości, a żeby trzymać się rygorystycznych wytycznych, należało brać nadgodziny. Poza tym, czy szanujący się artysta nie wykorzystałby okazji, aby wycisnąć, ile się da, z każdej danej mu godziny i dopracować swoje dzieło jak tylko to możliwe?

„To z pewnością gorący temat, coś, czego nie chcę dyskredytować jako mało istotnego, ale przeczuwam, że sytuacja się nie zmieni – mówił Wells. – Można próbować łagodzić skutki crunchu i starać się, aby nie wyrządził dotkliwych krzywd na dłuższą metę, upewnić się, że ludzie otrzymają okazję do wypoczynku i będą mogli chwilę odetchnąć. Ale taka jest natura artystycznych przedsięwzięć, nie ma gotowego szablonu na produkcję gry. Ciągle odkrywa się produkt na nowo".

I to stanowiło największy problem: odkrywanie produktu na nowo. Nawet przy czwartej odsłonie serii, przy której Naughty Dog pracowało od dekady, nadal nie sposób było powiedzieć, jak długo zajmie cały cykl produkcyjny. „Kłopot w tym, że nie da się zlecić komuś kreatywności na zawołanie – mówił Straley – nie da się zlecić zabawy".

Jak designerzy mogli zdecydować bez tygodni spędzonych na ciągłych testach, czy nowy system skradania nadaje się do grania? Skąd artyści mieli wiedzieć bez tygodni optymalizacji, czy odlotowe, piękne środowiska będą płynnie się dogrywać przy odpowiedniej częstotliwości wyświetlania klatek? No i jak programiści mieliby ocenić, ile usterek zostało do naprawienia przed końcem prac nad grą, jeśli nie widzieli efektu swojej pracy? Naughty Dog, tak jak inne studia developerskie, znały tylko jedną odpowiedź: trzeba było szacować na oko. Kiedy okazywało się jak zwykle, że owe szacunki były zbyt śmiałe, istniało tylko jedno rozwiązanie: crunch.

„Aby zapobiec crunchowi, należałoby chyba powiedzieć: »Tylko nie próbujcie przypadkiem zrobić Gry Roku« – mówił Neil Druckmann. – Nie próbujcie i będzie dobrze". On sam, jak inni zaprawieni w bojach designerzy, postrzegał crunch jako złożone zagadnienie. Podkreślał, że Naughty Dog to studio zatrudniające wielu perfekcjonistów. Nawet jeśli menedżerowie kazali pójść pracownikom do domu około 19.00, i tak cały zespół walczył, aby zostać dłużej i polerować grę aż do ostatniej chwili. „Przy »Uncharted 4« próbowaliśmy wcześniej niż zwykle powiedzieć: »Oto cała historia, od początku do końca, macie tu wszystko, czego potrzebujecie« – mówił Druckmann. – Przekonaliśmy się, że crunch nie zelżał, ludzie pracowali tak samo ciężko jak nad poprzednim projektem, ale dzięki temu powstała bardziej ambitna gra. Nadal staramy się rozgryźć, jak znaleźć tę upragnioną równowagę pomiędzy pracą a domem".

Rozwiązanie wymyślone przez Ericka Pangilinana obejmowało nadgodziny do późnej nocy – sam zwykle wychodził z pracy o drugiej nad ranem – lecz nigdy nie zostawał w robocie w weekendy. „Na to jestem akurat cięty" – powiedział. Inni dla dobra projektu ryzykowali nawet zdrowie i samopoczucie. Jeden z designerów z Naughty Dog opublikował nawet tweet, że podczas ostatniego crunchu przy „Uncharted 4" przybrał na wadze prawie siedem kilogramów. Na domiar złego pod koniec 2015 roku niektórzy obawiali się, że gra nigdy nie zostanie ukończona. „To był prawdopodobnie najgorszy odcinek crunchu, z jakim się kiedykolwiek zmagaliśmy – mówiła Emilia Schatz. – Było to naprawdę niezdrowe. Mieliśmy za sobą już niejeden zły crunch, ale nigdy nie nachodziła mnie wówczas myśl, że nie damy rady dokończyć projektu. Im bliżej terminu byliśmy, tym wyraźniej dało się wychwycić w korytarzu spojrzenia mówiące: »Nie mam pojęcia, jak damy radę wszystko dokończyć. Przecież to niemożliwe«".

Pracy było po prostu za dużo. Nadal mieli do skończenia levele, całe fragmenty gry do podrasowania, projekty do wypolerowania. Przydarzające się po drodze katastrofy potrafiły niekiedy przyśpieszyć ich postępy, jak wtedy, gdy serwery studia co i rusz padały, bo Naughty Dog wysyłało setki tysięcy ciężkich danych dziennie*. Mimo to znaczna część zespołu „Uncharted 4" pracowała po godzinach przez pięć dni w tygodniu (jeśli nie przez sześć albo nawet i siedem), linia mety wydawała się niesłychanie odległa.

Kiedy mieli skończoną większą część gry, wyraźnie można było dostrzec na tle reszty rzeczy wymagające ulepszenia, ale trudno było developerom ustalić priorytety. „Pod koniec odbywaliśmy mnóstwo spotkań, na których ogólnie upominaliśmy wszystkich, że lepsze jest wrogiem dobrego – mówił scenarzysta Josh Scherr. – Polerujesz coś, co jest w 25 procentach świetne, a obok element dobry w 60 procentach czeka na odrobinę miłości. Dlatego crunch jest taki trudny, bo [kiedy] się do tego zabierasz, skupiasz się na detalach i nie dostrzegasz całości".

Ostatnie miesiące cyklu produkcyjnego przyniosły kolejne zaskoczenie. Neil Druckmann i Bruce Straley zdecydowali się wyciąć jedną z ulubionych scen zespołu, sekwencję w Szkocji, gdy Drake wspina się po gigantycznym, przechylającym się żurawiu, podczas ucieczki broniąc się przed podążającymi jego śladem przeciwnikami. Designerzy przygotowali rozbudowany prototyp i byli pewni, że na tej bazie powstanie ekscytujący spektakl, ale nie mogli znaleźć czasu, aby go dokończyć. „Wszystko działało na prototypie – mówił Evan Wells – ale czas

* „Rozwiązywanie podobnych problemów to nic przyjemnego – komentował Christian Gyrling, główny programista studia. – Rdzeniem całej naszej sieci komputerowej jest nasz serwer plików i kiedy próbujesz sprawdzić, co się dzieje, to tak, jakbyś poszedł z wężem strażackim zmierzyć się ze strumieniem informacji. I stojąc na jego środku, musisz wydedukować, która z maszyn sprawia problemy".

wymagany na jego wypolerowanie... Trzeba zrobić FX, dźwięk, animację, czyli zaangażować wszystkie działy. O ile kompleksowa praca nad prototypem to parę dni, to zamknięcie tematu wymaga paru miesięcy".

Druckmann i Straley zintensyfikowali testy na grupach fokusowych. Ich uczestnicy – zwykle mieszkańcy Los Angeles zróżnicowani pod względem zainteresowania grami – przychodzili do biura i siadali przy rzędzie biurek, na których leżały już przygotowane dla nich słuchawki i najświeższa wersja „Uncharted 4". Testerzy przychodzili na kilkugodzinne sesje, a designerzy z Naughty Dog nie spuszczali z oczu ich twarzy podświetlonych niebieskim światłem monitora. Przyglądali się ich fizycznym reakcjom za pośrednictwem umieszczonej w salce kamery i widzieli, na jakim etapie gry jest każdy z testujących. Designerzy dodawali także stosowne notatki, jak: „tutaj zginął dziesięć razy" albo „wydawał się znudzony".

Na ostatniej prostej testy wydawały się Druckmannowi i Straleyowi jeszcze istotniejsze. Gdy „Uncharted 4" dynamicznie przeobrażało się ze zbitki prototypów i leveli pełnych szarych wielokątów w pełnoprawną grę, reżyserski duet mógł zająć się rzeczami istotnymi dla ogólnego obrazu całego projektu, jak ton czy rytm. Po blisko dwóch latach spędzonych nad grą, Straley i Druckmann stracili już nawet pozór obiektywności, dlatego testy były szalenie istotne. „Może nie będą ogarniać działania niektórych mechanik – mówił Druckmann – i może czasem się pogubią, a rozgrywka straci tempo. Może czasem nie zrozumieją fabuły i umkną im niektóre niuanse, które nam wydawały się oczywiste, a takimi nie są". Ale wyimki z indywidualnych komentarzy nie były zbyt pomocne – a co będzie, jeśli znudzony tester miał po prostu gorszy dzień? Dlatego

Naughty Dog rozglądało się za punktami wspólnymi. Czy wielu graczy zacięło się w tym samym miejscu? Czy wszyscy uważali, że dana sekwencja jest zbyt nużąca?

„Pierwsze testy nauczyły nas pokory – powiedział Druckmann. – Teraz z Brusem czekamy na nie z entuzjazmem, bo narzucają nam inną perspektywę. Gracze są brutalni i po przeczytaniu ich komentarzy czujesz się pokonany. Designerzy nie lubią patrzeć, jak testerzy grają na ich levelach i wyrywają sobie włosy z głowy. »Nie, zawróć, uchwyt jest tam, co ty robisz?« I nic nie mogą na to poradzić".

Pod koniec 2015 roku termin oddania „Uncharted 4" wydawał się przerażający. Aby zdążyć na wyznaczoną na 18 marca 2016 roku premierę, Naughty Dog musiałoby przesłać kopię matkę, czyli gold master, w połowie lutego*. Usunięcie w tym terminie wszystkich usterek o wysokim priorytecie było zadaniem cokolwiek niemożliwym i całe studio drżało na myśl, że zespół może się nie wyrobić. „Zawsze towarzyszy człowiekowi ten ucisk w dołku, bo nie masz tak naprawdę pojęcia, jak ci to wyjdzie – mówił Evan Wells. – Myślisz sobie, że, no cóż, przed tobą trzy miesiące, a potem patrzysz na stary raport wyliczający błędy w twojej poprzedniej grze. »Trzy miechy... Ile mieliśmy wtedy do poprawienia? Ile [błędów poziomu A]?** A ile

* Gold master albo produkt gotowy do wypuszczenia na rynek to wersja gry, którą przesyła się do wydawcy (w przypadku „Uncharted 4" było nim Sony) i z której tłoczy się płyty dystrybuowane potem do punktów sprzedaży.

** Kiedy firma naprawia usterki, zespół developerski przechodzi proces zwany „selekcją rannych", podczas którego przypisują danemu błędowi etykietę zgodnie z jego wagą. Najpoważniejsze, „A" albo „1", to te, które nie pozwalają grze na bezawaryjne działanie. Jeśli znalazłeś w grze błąd, developerzy najpewniej o nim wiedzą, ale to zaledwie poziom „C"; nikt po prostu nie miał czasu (ani ochoty) go poprawić przed premierą.

ogarnialiśmy dziennie? «Okej, ogarnialiśmy 50». I zaczynasz kalkulować, licząc, że dojdziesz do »Nie jest tak źle, jeszcze nie mamy kompletnie przewalone«".

Przeprowadzane co tydzień testy fokusowe okazały się pomocne. Naprawiali na bieżąco kolejne błędy, które klasyfikowano jako poważne („gra zawiesza się za każdym razem, kiedy strzelasz w złe miejsce") i pomniejsze („trudno się domyślić, że trzeba tam skoczyć"), a testerzy wystawiali grze coraz wyższe i wyższe noty. Ekipa Naughty Dog cały czas próbowała przesuwać granicę i pracować jeszcze dłużej, aby „Uncharted 4" jakoś wyglądało. Tyle że kończył im się czas.

„Zaczęliśmy sobie powtarzać: »No trudno, wypuścimy łatkę«" – opowiadał Wells, odnosząc się do coraz powszechniejszej praktyki udostępniania łatek naprawiających błędy, których nie zdążono usunąć z gold mastera już pierwszego dnia. – Kiedy nagramy już coś na płytę, zwykle nie jest to wypolerowane na połysk. Naughty Dog zazwyczaj wykorzystywało te trzy czy cztery tygodnie pomiędzy wytłoczeniem płyt i rozwiezieniem ich po sklepach na poprawki". Innymi słowy, kto kupił „Uncharted 4" i grał bez podpięcia konsoli do internetu, póki nie ściągnął łatki, miał gorszą wersję gry. „Zaczęliśmy przygotowywać Sony na tę ewentualność: »Hej, będziemy mieli sporą łatkę na dzień premiery« – mówił Wells. – Nie wszystko idzie gładko. Jest u nas gorąco".

Gdy inżynierowie Sony rozpoczęli przygotowania do usprawnienia procesu przygotowania łatki dla Naughty Dog, po całej firmie mówiło się, że „Uncharted 4" stąpa po niepewnym gruncie. Aż wieści te dotarły do samej góry. Któregoś wieczoru w grudniu 2015 roku Wells siedział w swoim biurze i bawił się nieskończoną jeszcze wersją gry, kiedy usłyszał dzwonek komórki i na wyświetlaczu zobaczył nieznany numer z San Francisco. Telefonował Shawn Layden, prezes Sony Computer Entertainment America i szef wszystkich komórek developerskich podlegających firmie. Layden powiedział Wellsowi, że doszły go słuchy, jakoby „Uncharted 4" potrzebowało czasu. A potem zrzucił mu na głowę prawdziwą bombę.

Layden zapytał, co Wells powiedziałby na wypuszczenie gry w kwietniu. „Byłoby świetnie" – odparł, na co Shawn rzucił: „Niech będzie. Macie nowy termin".

Zamiast na połowę lutego teraz zespół miał dostarczyć gold master do 18 marca. Oznaczało to, że musi do tego dnia poprawić błędy i upewnić się, że „Uncharted 4" zostanie wypolerowane na tyle, że nie będzie konieczności wypuszczania łatki na dzień premiery. Był to, jak Wells powiedział później swojemu zespołowi, „chanukowy cud".

Niedługo potem u Wellsa zjawił się reprezentant działu Sony Europe z pytaniem, czy Naughty Dog dałoby radę przekazać gold master 15 marca. Jak tłumaczył, Sony przeprowadzało akurat restrukturyzację paru europejskich fabryk i żeby zdążyć wyprodukować „Uncharted 4" na czas, potrzebowali mieć u siebie grę trzy dni wcześniej.

„Odpowiedzieliśmy: »Poważnie?«" – mówił Wells. – Te trzy dni to dla nas sporo. Potrzebujemy tego czasu". Ale Sony Europe nie było w tym wypadku elastyczne. Jeśli Naughty Dog istotnie nie mogło odpuścić, gra musiała zostać przełożona raz jeszcze, tym razem na maj. „Byliśmy cokolwiek sfrustrowani – powiedział Wells – bo [myśleliśmy]: »Kurde, ludzie znowu będą nas obwiniać«, a tym razem jednak to nie my zawiniliśmy. Bo to nie my zawiniliśmy. Mieliśmy jednak nadzieję, że ludzie o tym zapomną i zapamiętają jedynie samą grę".

Dodatkowy czas faktycznie był dla Naughty Dog chanukowym cudem, lecz każdy kolejny tydzień cyklu produkcyjnego oznaczał kolejny tydzień intensywnego crunchu. „Było ciężko – przyznawał Bruce Straley – zwłaszcza gdy twój mózg i ciało mówią: »Mamy dość na ten tydzień«, a potem myślisz sobie: »Chwila, przede mną jeszcze trzy tygodnie?«. Końcówka naprawdę dała nam niezły wycisk". Udało im się przede wszystkim dzięki doświadczeniu Naughty Dog i wiedzy, kiedy należało zakończyć pracę nad grą. „Jest takie stare powiedzenie: »Dzieła sztuki się nie kończy, dzieło sztuki się porzuca« – mówił Straley. – Wysyłamy grę. To nasze motto na ostatni kwartał produkcji. Chodzę po całym biurze i nawet gdybym dostrzegł coś, co jeszcze można by poprawić, mówię: »Wysyłajcie. Wyślijcie to, wyślijcie tamto«".

10 maja 2016 roku gra trafiła na półki. Już w pierwszym tygodniu sprzedało się 2 miliony 700 tysięcy egzemplarzy „Uncharted 4", przy znakomitych recenzjach. Był to, bez dwóch zdań, najbardziej imponujący graficznie, fotorealistyczny tytuł, jaki do tamtej pory wyprodukowano. Ale w ciągu paru kolejnych tygodni i miesięcy z Naughty Dog odeszło kilku wypalonych developerów. Inni pobrali długie urlopy albo zaczęli pracować nad prototypami dwóch następnych projektów: planowanego dodatku do „Uncharted 4", który ostatecznie zyskał postać pełnoprawnej gry „Uncharted: The Lost Legacy", oraz sequela „The Last of Us", któremu oficjalnie nadano tytuł „The Last of Us: Part II". Tym razem jednak Naughty Dog miało wystarczająco dużo czasu i zespół nie musiał od razu wskakiwać w ogień. „Dlatego wszyscy są zadowoleni", mówił mi Bruce Straley, kiedy w październiku 2016 roku odwiedziłem studio. „Wychodzą do domu o rozsądnych porach, przychodzą do

pracy o rozsądnych porach. Rano serfują. Po południu chodzą na siłownię". Lecz parę miesięcy później, gdy Naughty Dog ogłosiło wydanie obu gier, ujawniono, że Straley nie zasiądzie za sterami „The Last of Us: Part II". Oficjalnie miał pójść na długi urlop.

Na samym końcu „Uncharted 4", gdy Nathan i Elena ledwie uchodzą z życiem po wydarzeniach w Libertalii, oboje dochodzą do wniosku, że od czasu do czasu przyda im się odrobina przygody. Może istnieje równowaga między pracą a życiem osobistym. Elena tłumaczy, że dopiero co kupiła skład złomu, gdzie pracuje Nathan, i chce, aby razem podróżowali po świecie, ale nie pakowali się w grożące śmiercią sytuacje. Od tamtej pory mieli ganiać za skarbami, lecz zgodnie z literą prawa. „Nie będzie to łatwe, wiesz" – mówi Nathan. Elena patrzy się na niego przez ułamek sekundy i odpowiada: „Nic, co warte zachodu, nie jest łatwe".

3

STARDEW VALLEY

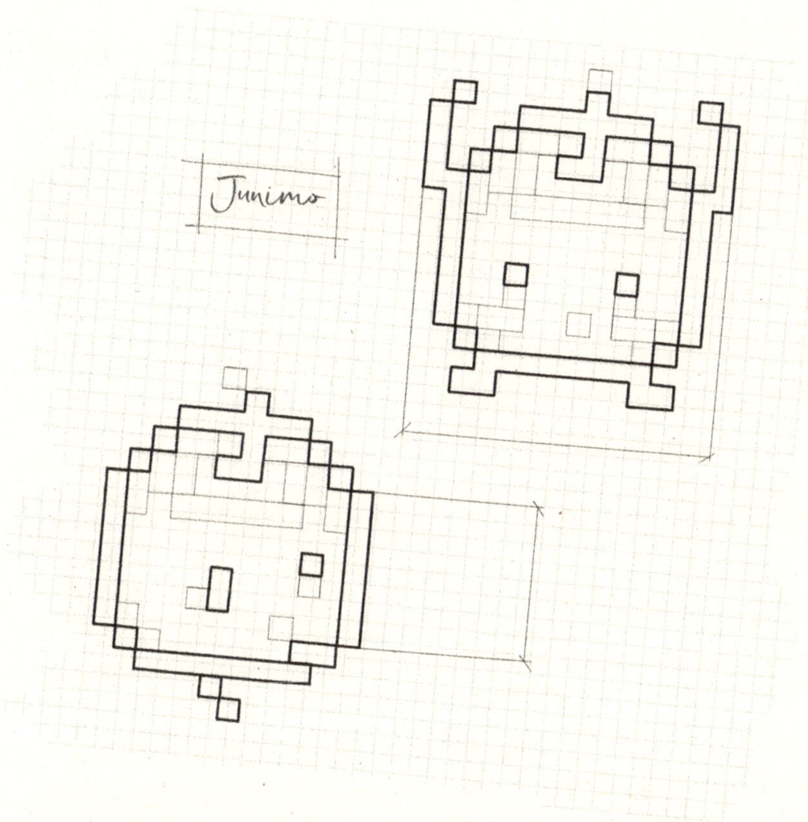

Amber Hageman sprzedawała precle, kiedy spotkała Erica Barone'a. Lada dzień kończyła szkołę średnią i miała zaczynać college. Oboje pracowali w galerii Auburn Supermall w południowej części Seattle. Baron był przystojny, miał ciemne oczy i nieśmiały uśmiech. Hageman pociągała jego twórcza pasja – drobne gry, albumy muzyczne, rysunki. Niebawem zaczęli się spotykać.

Odkryli, że oboje uwielbiają „Harvest Moon", serię pogodnych japońskich gier, które dawały graczowi możliwość prowadzenia farmy. Na swoich randkach Hageman i Barone siadali obok siebie i grali na PlayStation w „Harvest Moon: Back to Nature"; co i rusz przekazywali sobie kontroler, zapoznawali się z osadnikami i sadzili kapustę dla zysku.

Do 2011 roku związek tej pary rozwinął się na tyle, że zamieszkali razem w domu rodziców Barone'a. Chłopak, który niedawno odebrał dyplom ukończenia informatyki na Uniwersytecie w Waszyngtonie-Tacomie, miał trudności w znalezieniu pracy młodszego programisty.

„Byłem nerwowy i nieporadny – opowiadał Barone – niezbyt dobrze wypadałem na rozmowach kwalifikacyjnych".

Kiedy tak miotał się i aplikował o byle jaką pracę, Barone pomyślał, że może by tak sam zrobił grę? Był to dobry sposób, aby doszlifować umiejętności programistyczne i nabyć trochę pewności siebie, a może nawet i znaleźć porządną pracę. Już wcześniej dłubał przy paru większych projektach, jak klon „Bombermana" na przeglądarki, lecz nigdy nie udało mu się żadnego ukończyć. Obiecał jednak sobie, że tym razem da radę. Powiedział Hageman, że skończy za jakieś sześć miesięcy, akurat, aby zdążyć na kolejny nabór do firm. Barone miał określoną wizję, choć niezupełnie spektakularną: zamierzał napisać swoją wersję „Harvest Moon".

Oryginalna seria traciła na popularności z powodu sporu o znak handlowy i znacznego spadku jakości. Poza tym trudno było znaleźć nową grę, która potrafiła oddać spokojną błogość pierwszych, oryginalnych symulatorów farm*. „Chciałem po prostu zagrać w coś przypominającego dwie pierwsze odsłony »Harvest Moon«, lecz z innymi ludźmi i na innych mapach – mówił Barone. – Mogłem cisnąć bez końca w różne wersje tej samej gry. Lecz nic takiego nie istniało. I zadałem sobie pytanie, czemu jeszcze nikt tego nie zrobił? Jestem pewien, że nie ja jeden chciałbym zagrać w podobną grę".

Barone zamierzał zrobić to sam. Zwykle gry wideo są dziełem kilkudziesięcioosobowej grupy, z której niektórzy specjalizują się w grafice czy programowaniu, a inni w designie albo muzyce. Przy projektach takich jak „Uncharted 4" zatrudnia

---

* Dystrybutorem i właścicielem praw do „Harvest Moon" od czasu ukazania się pierwszej części było Natsume, ale w 2014 roku wieloletni developer serii, Marvelous, odłączył się od Natsume, aby zrobić swoje gry. Lecz, jako że Natsume zachowało prawa do cyklu, nadal produkowało kolejne odcinki, a Marvelous wypuszczało kolejne symulatory farm pod tytułem „Story of Seasons". Tak, to wszystko nieco zagmatwane.

się setki ludzi i korzysta z pracy zleconej artystom z całego świata. Nawet mali, niezależni developerzy zwykle polegają na podwykonawcach i silnikach zbudowanych przez firmy zewnętrzne. Eric Barone, samozwańczy introwertyk, miał jednak inny plan. Chciał napisać każdą linijkę dialogu, narysować wszystkie projekty i samodzielnie skomponować całą ścieżkę dźwiękową. Planował nawet zaprogramować wszystko od nowa, nie posługując się żadnymi istniejącymi silnikami, tylko po to, aby sprawdzić, czy potrafi. Bez pracującego z nim zespołu nie musiałby z nimi przegadywać pomysłów ani czekać na zgodę, aby pójść dalej. Mógł podejmować decyzje, bazując na tym, co sam uważał za najlepsze wyjście.

Barone planował zamieścić swój mały klon „Harvest Moon" na elektronicznym targowisku Xbox Live Indie Games (XBLIG), popularnej witrynie dla niezależnych developerów. W przeciwieństwie do innych cyfrowych kanałów dystrybucji w 2011 roku XBLIG nie było platformą zbyt restrykcyjną i praktycznie każdy mógł tam zamieścić grę – nawet absolwent college'u bez żadnego doświadczenia. „Myślałem wtedy, że napisanie gry zajmie mi kilka miesięcy, pięć, może sześć, a potem wrzucę ją na XBLIG, sprzedam za kilka dolców i może zarobię chociaż tysiaka – opowiadał Barone. – Zdobyłbym w ten sposób doświadczenie i się rozwinął".

Korzystając z zestawu prostych narzędzi Microsoft XNA, Barone zaczął pisać podstawowy kod pozwalający postaciom poruszać się po dwuwymiarowym ekranie. Potem podprowadził sprite'y z paru gier na Super Nintendo (SNES) i nauczył się je animować, ręcznie rysując różne klatki, aby stworzyć iluzję ruchu*. „Nie działałem według żadnej ustalonej z góry metodologii – mówił Barone. – Wszystko było przypadkowe, z doskoku, na chybcika".

Jeszcze przed końcem 2011 roku Barone porzucił plany poszukiwania stałej pracy. Nowy projekt całkowicie go pochłonął. Nadał swojej grze tytuł „Sprout Valley" (później przemianował ją na „Stardew Valley") i chciał ją ukończyć, zanim da sobie założyć kaganiec pełnego etatu. Rozgrywka nie była skomplikowana. Tworzyło się postać i modyfikowało jej wygląd, od włosów do koloru spodni. Na początku gry bohater rezygnuje z nisko płatnej pracy biurowej w wielkiej korporacji i wyprowadza się do sielankowej wsi Pelican Town, gdzie odziedziczył po dziadku stare, zaniedbane gospodarstwo. Zadaniem gracza była hodowla rozmaitych upraw, dbanie o dobre stosunki z innymi mieszkańcami i przywrócenie Pelican Town do dawnej świetności. Barone chciał, aby nawet mozolne zajęcia, takie jak sadzenie nasion czy oczyszczanie Stardew Valley ze śmieci, były satysfakcjonujące, zupełnie jak w „Harvest Moon". Można też było grać z przyjaciółmi przez sieć.

Codzienna rutyna Barone'a wyglądała następująco: rano budził się, parzył sobie kawę i powłóczył nogami do komputera, gdzie spędzał od ośmiu do 15 godzin, ślęcząc nad grą. Kiedy Hageman wracała do domu, jedli razem obiad i wychodzili na spacer, podczas którego rozmawiali na temat „Stardew Valley", roztrząsając istotne pytania, jak: „Czy bohaterowie będą mogli brać ślub?" i „Które postacie będą mogły się całować?".

Jako że nie musieli płacić czynszu, przez parę miesięcy Barone mógł sobie pozwolić na podobny tryb życia, ale para chciała

* Mówiąc po branżowemu, „sprite" to dwuwymiarowy obraz przedstawiający na ekranie postać lub przedmiot.

mieszkać sama. Dzięki uprzejmości rodziców Barone'a udało im się zaoszczędzić trochę pieniędzy, ale nawet i one nie wystarczyłyby na opłacenie mieszkania, zwłaszcza jeśli zamierzali przenieść się do centrum Seattle. Projekt Barone'a przynosił co miesiąc oszałamiające zyski wynoszące okrągłe zero, dlatego Hageman, która dopiero kończyła studia pierwszego stopnia, musiała utrzymać ich oboje. Kiedy udało im się znaleźć odpowiednie mieszkanie, pracowała okrągły tydzień: w dni robocze jako baristka w kawiarni, a w weekendy jako szkolna dozorczyni. „Żyliśmy skromnie i jakoś dawaliśmy radę" – mówiła. Mijały miesiące i powoli przyzwyczajali się do rutyny. Barone siedział nad grą, a Hageman zarabiała na jedzenie, czynsz za niewielkie mieszkanie i inne wydatki.

Mniej cierpliwa dziewczyna mogłaby nie tolerować podobnego układu, lecz Hageman nie wydawał się on przeszkadzać. „Kiedy mieszkaliśmy w domu, nie było tak ciężko, lecz po przeprowadzce do Seattle musiałam stawić czoło faktom, że będę musiała go utrzymywać, ale nigdy nie robiłam z tego problemu – mówiła. – Pracował tyle, że nie można było się na niego złościć".

Tak było. Barone pracował bez przerwy, lecz niezbyt wydajnie. Nie miał obok siebie nikogo, kto mógłby pociągnąć go do odpowiedzialności za błędne decyzje albo zmusić, żeby trzymał się grafiku. Nie miał pracowników ani wydatków do odpisania. Żaden producent nie stał mu nad głową i nie rugał za bezczynność, krzycząc, aby skończył już wreszcie ten cholerny projekt. Za każdym razem, kiedy Barone choćby tylko luźno pomyślał o jakimś potencjalnie ciekawym dodatku albo postaci, z którą bohater mógłby się zaprzyjaźnić, niezwłocznie ten pomysł realizował. Dlatego z tygodnia na tydzień gra znacząco się rozrastała.

Oczywiście nie jest trudno odróżnić grę zrobioną przez setki ludzi od tej, którą ktoś napisał samodzielnie. Im bardziej realistycznie dany tytuł wyglądał – im większa graficzna dokładność, im więcej wielokątów w trójwymiarowych modelach – tym bardziej prawdopodobne, że to produkt ogromnej firmy i świetnie wyszkolonego personelu, który potrafi uporać się z wysoce zaawansowanymi aspektami sztuki i techniki. Gry, takie jak „Uncharted 4", wymagały zaangażowania licznego zespołu (i dziesiątek milionów dolarów), bo musiały być miodem dla oczu.

Dla Barone'a, siedzącego spokojnie w swoim mieszkaniu, cykl produkcyjny oznaczał coś zupełnie innego. Jego gra nie miała najdoskonalszej trójwymiarowej grafiki i skomponowanej na orkiestrę ścieżki dźwiękowej. Na „Stardew Valley" złożyły się ręcznie rysowane dwuwymiarowe sprite'y i sklecona przez Barone'a muzyka przy pomocy Reason, taniego programu do produkcji dźwięku. I choć nie miał branżowego doświadczenia, znał się na komponowaniu, bo latami grywał w różnych zespołach, a w szkole średniej chciał zostać profesjonalnym muzykiem. Na studiach nauczył się programowania i stopniowo rozwijał umiejętności graficzne; rozrysowywał proste tła i sprite'y, które miał wykorzystać w „Stardew Valley". Czytywał teorię pixel artu i oglądał poradniki na YouTubie, aż rozgryzł, jak tworzyć sprite'y, rysując pojedyncze piksele. Zdawał sobie sprawę ze swojej niewiedzy na temat skomplikowanych efektów świetlnych, ale potrafił je naśladować i rysował półprzeźroczyste białe okręgi, które umieszczał za pochodniami i świecami, aby wywołać iluzję, że faktycznie oświetlają dane pomieszczenia.

Ale musiał się jeszcze sporo nauczyć o organizacji pracy. Niektórzy developerzy za domknięcie kluczowego etapu uznawali ukończenie tych partii gry, przy których spędzali najwięcej czasu, inni rozpisywali swoje grafiki tak, żeby ich punktem centralnym były grywalne dema na imprezy typu E3. Eric Barone miał inny model pracy: robił to, na co mu przyszła akurat ochota. O poranku zajmował się, na przykład, komponowaniem głównego tematu muzycznego, aby po południu przestawić się na rysowanie portretów postaci lub dopieszczać mechanikę łowienia ryb. Bywało tak, że Barone spoglądał na swoje dwuwymiarowe sprite'y – które zdążyły wyewoluować z kopii tych z Super Nintendo w oryginalne pixel arty – i nagle przestawały mu się podobać; uznawał, że są okropne, i zaczynał rysować je od nowa.

Hageman i członkowie jego rodziny zaczęli regularnie pytać Barone'a, kiedy zamierza skończyć pracę nad „Stardew Valley". Odpowiadał, że za miesiąc lub dwa. I pytali o to samo dwa miesiące później. Słyszeli, że jeszcze parę miesięcy. Z czasem Barone przeciągał termin coraz bardziej. Trzy miesiące. Jeszcze sześć. „Nieodzowną częścią samotnej pracy nad grą, kiedy nie masz pieniędzy, a twoja dziewczyna chce zbudować z tobą wspólne życie, jest akceptacja bliskich, którzy nie próbują na każdym kroku namówić cię do rezygnacji z projektu – mówił Barone. – Musiałem przekonać wszystkich, żeby we mnie uwierzyli. Gdybym na samym początku powiedział: »Zejdzie mi nad tym pięć lat«, chyba nikt by takiej odpowiedzi nie zaakceptował. Zresztą wtedy nawet nie byłem tego świadomy, bo brzmi to teraz, jakbym nimi manipulował, ale chyba podskórnie czułem, że zrobię lepiej, jeśli będę dozował im kolejne terminy. »Zajmie mi to sześć miesięcy. Rok. No dobra, dwa lata«".

W połowie 2012 roku, po blisko roku codziennej pracy nad „Stardew Valley", Barone odpalił stronę internetową i zaczął pisać o swojej grze na forach dyskusyjnych dla fanów „Harvest Moon", gdzie całe mnóstwo ludzi podzielało jego zdanie odnośnie do obniżającego się poziomu serii. I ci sami gracze od razu zainteresowali się „Stardew Valley", które wydało im się żywe i kolorowe, jak zaginiony tytuł na Super Nintendo, odkopany po 20 latach i pokryty warstwą świeżej farby. Pewnie, sprite'y były prymitywne, ale nietrudno było nie dać się zauroczyć, kiedy zobaczyło się radosnego farmera wyciągającego z ziemi białą bulwę rzepy.

Naładowany pozytywnymi opiniami Barone zaczął myśleć o tym, jak mógłby przekazać „Stardew Valley" na ręce potencjalnych kupców. Zdążył już zrezygnować z Xboxa na rzecz komputerów osobistych, dzięki czemu uzyskałby dostęp do znacznie większej liczby odbiorców, ale rynek PC zdominowany był przez jedną witrynę: Steam, ogromną sieć zarządzaną przez wydawcę Valve. Niezależni developerzy nie mogli ot tak po prostu wrzucić swojej gry na Steam i otrzepać dłoni; potrzebna była jasna i klarowna zgoda uzyskana od Valve.

I tu tkwił problem. Barone nie znał nikogo z Valve. Nie miał żadnych kontaktów u wydawców. Nie znał nawet ani jednej osoby zajmującej się produkcją gier.

Zaniepokojony, że nikt nawet nie dowie się o istnieniu projektu, nad którym spędził rok, Barone przeszperał internet i natknął się na nowy, obiecujący program: Steam Greenlight. Za jego pośrednictwem Valve zbierało głosy od społeczności i pozwalało fanom zdecydować, w co chcą zagrać. Gry, które uzyskały określoną liczbę głosów (na temat której Valve milczy jak zaklęte), z automatu zyskiwały miejsce na wirtualnej sklepowej półce.

We wrześniu 2012 roku Barone zamieścił „Stardew Valley" na Steam Greenlight. „Myślałem, że gra jest z grubsza gotowa – opowiadał. – Pomyślałem wtedy: »No, czyli potrafiłbym zrobić grę w pół roku«". Niedługo potem brytyjski developer o imieniu Finn Brice zwrócił się do Barone'a z propozycją. Brice, który prowadził firmę Chucklefish, zainteresował się „Stardew Valley". „Nie dało się nie zauważyć tkwiącego w tej grze potencjału – powiedział. – Przeznaczone na komputery »Harvest Moon« z miejsca wyglądało obiecująco". Barone wysłał do Brice'a grę mejlem i niedługo potem przy biurku szefa zebrało się prawie całe Chucklefish, chcąc popatrzeć na rozgrywkę. Niektóre elementy „Stardew Valley" były jeszcze niedokończone i czasem gra potrafiła się zawiesić, ale i tak zdołała wszystkich oczarować.

Finn Brice złożył Barone'owi ofertę: w zamian za dziesięć procent z dochodu Chucklefish przyjmie rolę de facto wydawcy. Firma nie miała zasięgu ani możliwości takich gigantów jak Electronic Arts (EA) i Activision, lecz zatrudniali prawników i PR-owców, którzy mogli pomóc Barone'owi z co bardziej nużącymi aspektami produkcji gier; bo nie zna prawdziwej nudy ten, kto nigdy nie musiał się przebijać przez stos papierzysk dotyczących znaków towarowych.

Barone'owi podobała się myśl, że jego gra będzie kojarzona ze studiem odpowiedzialnym za kosmiczną grę przygodową „Starbound", która zarobiła setki tysięcy na samej przedsprzedaży. Poza tym dowiedział się, że większy wydawca chciałby zagarnąć dla siebie co najmniej pół tortu i zażądałby zapewne 50, może nawet 60 procent zysku. Dziesięć wyglądało mu na całkiem rozsądną ofertę. „Dlatego zdecydowałem się wykorzystać tę szansę" – powiedział.

17 maja 2017 roku „Stardew Valley" zgromadziło wystarczającą liczbę głosów na Steam Greenlight, aby Barone mógł wystawić swoją grę na sprzedaż za pośrednictwem witryny Valve. Podekscytowany opublikował na stronie projektu aktualizację przeznaczoną dla pęczniejącej grupy fanów. „Wytężę wszystkie szare komórki, aby moja gra trafiła do was tak szybko, jak to możliwe – napisał – nie skąpiąc przy tym nikomu ani zabawy, ani funkcji, które planuję wprowadzić (oczywiście wszystko w rozsądnym czasie). Nadal nie jestem w stanie podać dokładnego terminu premiery, który jest niezwykle trudny do przewidzenia, i nie chcę składać obietnic bez pokrycia, ale możecie być pewni, że codziennie ciężko pracuję i robię ciągłe postępy!"

„Kilka miesięcy. Jeszcze kilka miesięcy". Barone powtarzał te słowa jak mantrę, choć jego myśli zasnuwała czerń. Budził się z graniczącym z pewnością, niedającym mu spokoju poczuciem, że gra nie jest dość dobra. „Dotarło do mnie, że jest gówniana – powiedział. – Musiałem zrobić coś lepszego, bo to, czym dysponowałem, nie miało prawa stać się przebojem". Dlatego też zaczął rąbać „Stardew Valley" na kawałki z zapałem godnym nadgorliwego snycerza, wyrzucając funkcje i linijki kodu, których napisanie zajęło mu miesiące. „Byłem w pewnym momencie pewien, że już prawie skończyłem – opowiadał Barone – ale wtedy zmieniłem zdanie i myślałem: »Okej, tak nie wygląda gotowa gra. Nie jestem z niej zadowolony, nie podpiszę jej swoim nazwiskiem«".

Kolejne miesiące zajęło mu przerabianie wszystkich sprite'ów. Narysował od nowa portrety postaci i pozbył się podstawowych funkcji gry, jak generowanej proceduralnie sekcji z kopalnią, i przepisał spore fragmenty kodu, aby „Stardew

Valley" płynniej chodziło. Po blisko dwóch latach prac nad grą Barone uważał, że jego umiejętności znacząco się poprawiły. Pixel art szedł mu sprawniej, niż kiedy zaczynał, był lepszym programistą i radził sobie całkiem nieźle z efektami wizualnymi i udźwiękowieniem. Czemu miałby nie spróbować poprawić tych aspektów gry?

„Przerabiał te portrety chyba z 15 porąbanych razy, albo i lepiej – opowiadała Amber Hageman. – Oczywiście z dzisiejszej perspektywy widzę, że było to zdecydowanie warte zainwestowanego czasu, bo jego kreska faktycznie się poprawiła... Ale wtedy siedział i dłubał całymi dniami przy pojedynczej postaci, a ja powtarzałam mu: »Daj spokój, jest dobrze, już daj spokój«. To perfekcjonista i póki nie uzna, że projekt mu odpowiada, będzie poprawiał i poprawiał".

Para coraz dotkliwiej odczuwała brak pieniędzy. Przejedli już prawie wszystkie zaskórniaki, a Hageman mogła pracować tylko na część etatu, bo przygotowywała się do obrony dyplomu. Aby pomóc z wydatkami, Barone rozważał udostępnienie „Stardew Valley" w wersji Early Access, jako że Steam umożliwiał graczom kupowanie nieukończonych gier przed oficjalną datą premiery, lecz niezbyt podobała mu się myśl o braniu od ludzi pieniędzy przed ukończeniem swojej pracy. Presja byłaby zbyt duża. Dlatego zatrudnił się dorywczo jako bileter w kinie Paramount Theatre w centrum Seattle, gdzie pracował przez kilka godzin w tygodniu, aby nie zostali bez pieniędzy.

Raz w miesiącu Barone publikował aktualizacje na stronie „Stardew Valley", gdzie dzielił się z fanami zarysami nowych funkcji (Drzewka owocowe! Krowy! Nawozy!) i robił dobrą minę do złej gry. Pod koniec 2013 roku Barone miał setki obserwujących, którzy czytali jego wpisy i zostawiali przyjazne komentarze pod postami na blogu. Ale jego morale i tak słabło. Barone spędził dwa samotne lata przed komputerem, dzień po dniu szlifując i testując tę samą grę. Kiełkujące w nim ziarna niepokoju wypuszczały pędy w najmniej odpowiednich momentach.

„Bywały chwile, kiedy czułem rozpacz i myślałem jedynie: »Co ja robię?« – powiedział Barone. – Mam dyplom z informatyki, a pracuję za minimalną stawkę jako bileter. Ludzie pytają, czy zajmuję się czymś jeszcze, a ja [odpowiadam], że robię grę wideo. Było mi z tego powodu głupio, bo na pewno myśleli o mnie: »Ten facet to jakiś frajer«".

Niekiedy Barone spędzał dni bezczynnie. Budził się, parzył sobie kawę, pocałunkiem żegnał się z dziewczyną i urządzał sobie ośmiogodzinne sesje z „Cywilizacją" albo starymi grami z serii „Final Fantasy". Kiedy Hageman wracała do domu, Barone odpalał „Stardew Valley", aby się nie połapała, że zmitrężył kolejny dzień. „Przetrwałem okresy ekstremalnej bezproduktywności – mówił. – Tylko naciskałem alt+tab, przeglądałem Reddit i nie pracowałem". Może to ciało podpowiadało mu, że powinien nieco zwolnić; od dwóch lat nie miał wolnego weekendu.

„Bywały chwile, kiedy szczerze nienawidził tej gry, totalnie go frustrowała – mówiła potem Hageman – ale nigdy nie dopadł go taki kryzys, że zupełnie przestał nad nią pracować. Trzymało go przez jeden dzień, poprawiał ją i ulepszał, a tydzień później szalał na jej punkcie. Tak już miał".

Barone naprawdę potrzebował przerwy. Na początku 2014 roku, kiedy zobaczył, jak Hageman bawiła się nowym tabletem, wpadł na pewien pomysł. Odsapnie od „Stardew Valley" i zrobi grę na urządzenia przenośne, coś drobnego i łatwego, co zajmie mu parę tygodni. Na miesiąc Barone zapomniał o projekcie i zaczął klecić grę na Androida o surfującej fioletowej gruszce. Gracze, przy pomocy ekranu dotykowego, mieli omijać przeszkody i rywalizować o punkty. Barone wypuścił „Air Pear" 6 marca 2014 roku przy niewielkim odzewie społeczności. „Zrozumiałem, że nie chcę robić gier mobilnych – powiedział. – Znienawidziłem je".

Nawet jeśli przeznaczeniem Barone'a nie było wyprodukowanie następcy „Candy Crush", ten eksperyment pomógł mu nabrać odpowiedniego dystansu. Siedmiodniowe tygodnie pracy go przytłaczały. Zaczął robić sobie przerwy od „Stardew Valley" i napisał na swojej stronie (jako że był nieobecny przez dwa miesiące, fani zaczęli spekulować, że nie żyje), że kończy z częstymi maratonami „nie tylko po to, aby cieszyć się życiem; chcę produktywnie wykorzystać czas spędzany przy »Stardew Valley« (i siadać do pracy bardziej skoncentrowanym)".

Po odebraniu dyplomu z college'u Amber Hageman zaczęła pracę na pełny etat jako technik laboratoryjny, co poprawiło ich sytuację finansową. Później – w 2015 roku – zaczęła studia magisterskie z biologii roślin, gdzie otrzymywała regularne stypendium. Hageman nie miała problemu z tym, że tylko ona zarabiała. Kiedy przychodziła codziennie do domu i widziała, jak dobrze prezentuje się „Stardew Valley", namawiała Barone'a, aby wreszcie wprowadził grę do sprzedaży. „Irytowało mnie to – mówiła. – Skoro już miał serdecznie dość, to czemu nadal jej nie wypuszczał?" Pod koniec roku fani Barone'a coraz częściej zadawali mu to samo pytanie. Gdzie jest „Stardew Valley"? Czemu jeszcze nie mogą zagrać?

Barone odniósł się do tych pytań w kwietniu 2015 roku. „Jak tylko zdołam powiedzieć, kiedy gra będzie dostępna, dam znać – pisał na swoim blogu. – Nie zamierzam kręcić ani trzymać niczego w tajemnicy". Tłumaczył, że nie chce podawać daty tylko po to, aby potem musieć ją przekładać, i nie zamierzał robić szumu wokół „Stardew Valley" przed ukończeniem gry*. „Pracuję nad »Stardew« od lat i chcę zobaczyć tę grę w sprzedaży tak samo, jak wy – pisał. – Ale nie dojdzie do tego, dopóki nie będę nią w pełni usatysfakcjonowany. Po prostu nie mogę jej wypuścić w obecnej formie… Nie jest jeszcze skończona, choć chwila ta majaczy zwodniczo na horyzoncie, ale to duży projekt, a ja jestem sam jeden".

Samotna praca nad grą stawiała przed developerem dwa główne wyzwania.

Po pierwsze, wszystko zajmowało straszliwie dużo czasu. Jako że Barone nie miał narzuconego odgórnego grafiku, zwykle robił 90 procent jednej rzeczy, a kiedy ona już go nudziła, zaczynał robić coś innego. I choć ślęczał nad „Stardew Valley" już prawie cztery lata, jeszcze nie ukończył podstawowych mechanik, jak narodziny dziecka albo małżeństwo. Nic dziwnego, że nie śpieszyło mu się do kodowania menu opcji. „Chyba dało mi to złudne poczucie, że jestem bliski końca, bo kiedy po prostu siadasz i ładujesz grę, z którą jesteś od pierwszego dnia, czujesz, że dasz radę zrobić wszystko – mówił Barone. – Ale

* Kiedy spotkałem Erica Barone'a po raz pierwszy we wrześniu 2016 roku, byliśmy świeżo po premierze jednej z najbardziej nagłośnionych niezależnych gier w historii, „No Man's Sky". Zajadając się w pobliskim lokalu zupą pho z kluskami, odbyliśmy długą rozmowę na temat niedotrzymanych przez developera obietnic. „Da się zarobić parę groszy, robiąc szum samą gadką, to działa – mówił mi wtedy Barone. – Ale to nie w moim stylu, nie lubię rozgłosu, nie chcę go. Wolę po prostu zrobić świetną grę. Wierzę, że jeśli ci się uda i masz coś naprawdę dobrego, gra sama zdobędzie rozgłos. Sama się zareklamuje".

wtedy przyglądasz się jej bliżej i uznajesz, że wymaga dalszej pracy". Domknięcie wszystkich porozpoczynanych rzeczy miało zająć długie miesiące.

Drugim poważnym wyzwaniem była samotność. Przez cztery ostatnie lata Barone siedział przed komputerem sam jak palec, rzadko rozmawiając z kimkolwiek poza Amber Hageman. Nie miał ani jednego współpracownika, z którym mógłby wymieniać się pomysłami, nikogo, z kim można było wyskoczyć na lunch i psioczyć na ostatnie branżowe trendy. Miał jednak pełną kontrolę artystyczną i musiał pogodzić się z samotnością. „Wydaje mi się, że aby samodzielnie robić gry, musisz lubić swoje towarzystwo – powiedział Barone. – Na szczęście dobrze mi ze sobą. Naprawdę. Choć muszę przyznać, że czasem samotność dobija. Po części dlatego zatrudniłem się jako bileter, aby od czasu do czasu mieć kontakt z jakimiś żywymi ludźmi".

Barone, przyglądając się górom i lasom „Stardew Valley", znowu nie potrafił ocenić, czy gra jest dobra, czy nie. Z pewnością przypominała „Harvest Moon". Można było zbierać plony, chodzić na randki, spotykać się z fajnymi ludźmi na dorocznym festiwalu jaj. Ale Barone pracował nad grą już tak długo, że nie potrafił jej sprawiedliwie ocenić, jeśli chodzi o delikatniejsze aspekty. Czy dialogi były dość dobre? A muzyka? Powinien raz jeszcze narysować portrety? „To kolejna kwestia wynikająca z bycia samodzielnym developerem – mówił Barone. – Tracisz obiektywizm odnośnie do gry. Nie miałem pojęcia, czy jest fajna. Mało tego, na kilka dni przed premierą gadałem, że jest do kitu".

Nikt jednak nie podzielał jego zdania. We wrześniu 2015 roku paru pracowników Chucklefish transmitowało za pośrednictwem Twitcha godzinną sesję ze „Stardew Valley".

Gra nie była jeszcze ukończona, lecz pokazali wersję bliską ostatecznej. Mogli zaprezentować podstawy rozgrywki – oczyszczali farmerką gospodarstwo i bratali się z przyjaznymi mieszkańcami Pelican Town. Fani ocenili, że gra zapowiada się znakomicie. „Wygląda i brzmi świetnie – pisał jeden z komentujących. – Naprawdę jesteś jednoosobową armią".

„Stopniowo stawało się dla nas coraz jaśniejsze, że mamy coś dużego – mówił Finn Brice. – Mimo że wierzyliśmy w ten projekt, przeszedł nasze najśmielsze oczekiwania, a te z kolei o parę rzędów wielkości przewyższały to, czego spodziewał się Eric".

Na początku 2015 roku Barone uznał, że nie ma już do dodania nic nowego. Miał, jak mówił, spędzić pozostałą część roku na naprawianiu usterek i dopracowywaniu mniejszych rzeczy, żeby lepiej się grało. Złamanie narzuconej samemu sobie zasady nie zajęło mu dużo czasu. Do listopada dodał nowe uprawy i możliwości tworzenia przedmiotów, a także prywatne sypialnie (które można było odwiedzać dopiero po nawiązaniu przyjaźni z właścicielem), dziennik zadań, wędrownego handlarza oraz konia (o którego nie trzeba było dbać ani go karmić, żeby móc grać, jak się wyraził Barone, „bezstresowo").

Mimo zmian wprowadzonych na ostatnią chwilę gra była prawie gotowa; poza pewną kluczową rzeczą. Pierwotnie Barone obiecywał, że „Stardew Valley" będzie miało tryb jednoosobowy i multiplayer, ale z tym drugim schodziło mu dłużej, niż podejrzewał. I gdy 2015 rok miał się ku końcowi, a w Seattle – gdzie z Hageman zrezygnowali z ciasnej kawalerki na rzecz skromnego domu, który dzielili z dwójką swoich przyjaciół – zaczynała się zima, stało się oczywiste, że premiera „pełnej" wersji gry może się opóźnić jeszcze o kolejny rok.

Barone tygodniami zastanawiał się, co zrobić, lecz wydawało mu się, że wypuszczenie nieukończonej gry to śliska zagrywka. Z drugiej strony zniecierpliwieni fani od lat dopytywali się o premierę „Stardew Valley". Czy nie nadszedł już czas? Bez multiplayera gra może nie sprzeda się tak dobrze, jak sobie rachował, ale pracował bez przerwy od czterech lat. Tak jak milczący bohater jego gry, Barone był zmęczony codzienną orką. „Miałem już tak dość »Stardew Valley«, że musiałem ją wypchnąć – mówił. – W końcu naszła mnie myśl: »Okej, gra jest praktycznie gotowa. Mdli mnie na myśl o niej. Nie chcę już dłużej nad nią pracować«".

29 stycznia 2016 roku Barone ogłosił, że „Stardew Valley" będzie dostępne 26 lutego za cenę 15 dolarów. Nie miał co prawda pojęcia, jak rozkręcić kampanię promocyjną, ale hej, za to przecież obiecał Chucklefish dziesięć procent zysku. Ich ludzie od PR-u wysłali do dziennikarzy i streamerów z Twitcha kody do ściągnięcia recenzenckiej kopii gry, choć Barone był co do tego drugiego sceptyczny. „Bałem się, że ludzie zobaczą grę na Twitchu przed jej premierą, uznają, że się naoglądali i nie będą chcieli jej kupić" – mówił. Okazało się, że wczesne transmisje i udostępnione klipy nakręciły większe zainteresowanie „Stardew Valley" niż jakikolwiek tytuł prasowy. Tego samego miesiąca gra była jedną z najpopularniejszych pozycji na Twitchu, pojawiając się praktycznie codziennie na głównej stronie witryny.

Podczas ostatnich tygodni lutego Barone odpuścił sobie wolne. Każdą możliwą godzinę spędzał, siedząc (albo stojąc dzięki prowizorycznemu biurku, które złożył, stawiając monitor na pustym pudle po konsoli Wii U) przy komputerze i poprawiając błędy. Poza współlokatorami i paroma przyjaciółmi, których poprosił o sprawdzenie gry, nie miał żadnych testerów. Nie dysponował specjalistami od QA. Musiał samodzielnie wyłapać, udokumentować i naprawić każdy błąd. „Droga przez mękę – komentował Barone. – Nie spałem całe dnie". O poranku, w przededniu premiery gry, próbując uporać się z wyjątkowo upierdliwą usterką lokalizacyjną, Barone zasnął na stojąco przy biurku.

26 lutego 2016 roku wyczerpany Barone wypchnął „Stardew Valley". Jego dziewczyna i współlokatorzy, Jared i Rosie, z tej okazji wzięli w pracy wolne i usiedli przy komputerze z Barone'em, który wypuścił grę. Cieszyli się i świętowali, podczas gdy ten cały czas zerkał na konto developerskie na Steamie. Kiedy kliknął na bieżąco aktualizowany wykres, mógł przyglądać się liczbom i śledzić, ilu ludzi kupiło i grało w „Stardew Valley". Jak tylko jego oczom ukażą się dane, będzie wiedział, czy gra okazała się sukcesem, czy nie.

Eric Barone nie miał zielonego pojęcia, czego się spodziewać. Od dawna czuł się wypalony i nawet mimo że przyjaciele zachwycali się grą, nie mógł przewidzieć, jak świat zareaguje na jego mały klon „Harvest Moon". Czy ktoś go kupi? Czy polubi? A może nikt się nawet nią nie przejmie?

Otworzył wykres.

Sześć miesięcy później, ciepłego, czwartkowego popołudnia w Seattle, Eric Barone zszedł po schodkach swojego mieszkania, niosąc pudło wypełnione pluszowymi zabawkami z gier i zastanawiał się, ile zdoła upchnąć do auta. Nazajutrz rozpoczynało się Penny Arcade Expo, czyli PAX, zlot geeków z całego świata. Dziesiątki tysięcy ludzi krążyły po hali wystawowej, polując na nowe gry. Barone zaklepał niewielką budkę, żeby pokazać „Stardew Valley". Był to jego pierwszy konwent, co napawało go niejakim niepokojem. Nigdy nie spotkał żadnego innego developera, a co dopiero potencjalnego fana. A co, jeśli okażą się okropni?

Razem z dwoma współlokatorami (i ze mną; przyjechałem w odwiedziny z Nowego Jorku) Barone pakował do bagażnika niezbędne rzeczy: dwa nieduże monitory, zrobiony własnoręcznie banner, torbę z butelkami wody, garść tanich przypinek i wypchane zabawki ze „Stardew Valley". Gdy skończyli, Barone otworzył drzwi po stronie pasażera i wgramolił się na fotel kierowcy. Tłumaczył, że drzwi z drugiej strony zacinały się od miesięcy. Auto, używane i sfatygowane, należało do jego rodziny od prawie 20 lat. Zapytałem, czy zamierza naprawić drzwi. Odparł, że tak naprawdę jeszcze o tym nie myślał.

Była to znajoma, żeby nie powiedzieć oklepana, scenka: niezależny developer gier rezerwuje upragnione miejsce na dużej konferencji i rekrutuje współlokatorów do pomocy na stoisku. Jeśli dopisze mu szczęście, dzięki weekendowym relacjom w prasie i udanej prezentacji, zyska kilkuset nowych fanów. Dla niezależnych firm była to spora szansa. Dobre opinie przekazywane z ust do ust podczas imprez, takich jak PAX, potrafiły wywindować małą grę i zapewnić jej sukces.

Lecz Barone nie potrzebował żadnej pomocy. Do tego czwartkowego popołudnia, kiedy pakował się na fotel kierowcy, zdążyło się rozejść już półtora miliona egzemplarzy „Stardew Valley". Od premiery gra przyniosła prawie 21 milionów dolarów zysku. Eric Barone, 28-latek, który nie potrafił otworzyć drzwi od samochodu, miał na koncie 12 milionów. I nadal jeździł po mieście sfatygowaną toyotą camry. „Ludzie zadają mi pytanie, kiedy kupię sportowe auto – opowiadał – ale ja niczego takiego nie potrzebuję. I nie mam pojęcia, czy się to zmieni, czy nie. Pewnie któregoś dnia kupię sobie dom, ale nie spieszy mi się, nie potrzebuję luksusu, bo nie on czyni człowieka szczęśliwym".

Przez parę kolejnych dni, stojąc na ciasnym stoisku mieszczącym się na szóstym piętrze centrum konferencyjnego stanu Waszyngton, Barone rozmawiał z ludźmi i po raz pierwszy w życiu rozdawał autografy, czując się niczym prawdziwa gwiazda rocka. Fani zjawili się poprzebierani za postaci ze „Stardew Valley", za Abigail o fioletowych włosach i uprzejmego Gunthera. Niektórzy przynosili mu ręcznie wykonane prezenty i rysunki, inni dzielili się osobistymi doświadczeniami i utrzymywali, że jego gra pomogła im przetrwać ciężkie chwile.

„Słyszałam, jak ludzie dziękują Ericowi, tak od serca, szczerze, na co naprawdę miło było patrzeć – mówiła również obecna na stoisku Amber Hageman. – Dokładnie na to liczyłam, chciałam, aby praca Erica została doceniona i żeby inni ludzie zetknęli się z jego muzyką, piórem i wszystkim tym, co zawsze w nim podziwiałam i w czym był dobry. Słysząc, że inni ludzie również to doceniają i dzielą się z nim swoimi spostrzeżeniami, czułam się naprawdę świetnie".

Miniony rok dla Erica Barone'a i Amber Hageman przypominał rozmazaną smugę. Zaraz po udostępnieniu „Stardew Valley" gra poszybowała na samą górę bestsellerów na Steamie, każdego dnia sprzedawały się dziesiątki tysięcy kopii. Dopuszczał do siebie myśl, że gra sobie nieźle poradzi, ale liczby zwaliły go z nóg, co było dla Barone'a zarówno satysfakcjonujące, jak i przerażające. Sukces stwarzał presję, żeby ulepszyć grę. Teraz, kiedy w „Stardew Valley" grali nie tylko znajomi Erica, musiał cały swój wolny czas poświęcić naprawianiu wyskakujących co i rusz błędów. „Często bywało tak tuż przed pójściem spać – opowiadała Hageman – że zrywał się, dostawał szajby i mówił: »Okej, poprawię jeszcze to i się kładę«, a potem zarywał całą nockę".

Barone wpadł w błędne koło. Fani przysyłali raporty błędów, on wypuszczał kolejne łatki, aby je naprawić i tym samym uaktywniał następne usterki, a potem siedział po nocach, żeby się z nimi uporać. Trwało to tygodniami. „Wydaje mi się, że nagły sukces może skutkować szokiem – mówił Finn Brice z Chucklefish. – Z dnia na dzień czujesz, że jesteś sporo winien wielu ludziom".

Sukces ten oznaczał również – co okazało się trudne do przetworzenia, bo minęło zaledwie sześć miesięcy – że Eric Barone był teraz multimilionerem. Trudno było się tego domyślić po skromnym domu, który dzielił ze swoją dziewczyną i dwojgiem przyjaciół, albo po poobijanej toyocie, lecz w pół roku zarobił więcej niż większość developerów przez całą karierę i wydawało się, że jego poprzednie życie – praca biletera, życie z pieniędzy Hageman – toczyło się w innym wymiarze. „Zanim gra się ukazała, mieliśmy wydzielony określony budżet na jedzenie i inne rzeczy – mówił, zapytany, co zrobi ze swoim nowo nabytym bogactwem – a teraz kupuję butelkę wina, kiedy tylko mam na to ochotę. Nie muszę się martwić takimi rzeczami. – Zamilknął na krótką chwilę. – Wykupiłem też ubezpieczenie zdrowotne, którego nigdy nie miałem".

Jakiś czas później Barone zwierzył mi się, że sprawił sobie nowy komputer.

„Z początku wszystko wydawało mi się niemal surrealistyczne, abstrakcyjne – mówiła Amber Hageman. – Nagle mieliśmy dużo pieniędzy, ale widzieliśmy tylko numerki na ekranie monitora… Zaczęliśmy rozmawiać o kupnie domu, co było naprawdę fajne. I dla zabawy kartkujemy niedzielną gazetę, do której dołączają luksusowy magazyn o nieruchomościach, bo te domy znalazły się w naszym zasięgu. Nie to, żebyśmy chcieli któryś kupić, po prostu fajnie sobie na nie popatrzeć".

W 2014 roku Simon Parkin, dziennikarz pisma „New Yorker", opublikował artykuł zatytułowany *Poczucie winy milionerów z branży gier*, w którym przyglądał się złożonym emocjom towarzyszącym odniesieniu nagłego sukcesu finansowego przez niezależnych developerów. Na jego potrzeby przeprowadził wywiady z twórcami gier, takimi jak Rami Ismail, designer „Nuclear Throne", czy Davey Wreden, autor „The Stanley Parable", którzy tak opisywali skutki niespodziewanego bogactwa: depresja, niepokój, poczucie winy, paraliż kreatywności i tak dalej. „Pieniądze skomplikowały relacje z ludźmi – wyznał mu Edmund McMillen, twórca platformowej gry „Super Meat Boy". – Jestem gościem, który robi gry, lubiącym samotność artystą. Sukces wypchnął mnie na świecznik, wywołał zazdrość, nawet nienawiść".

Eric Barone również został wciągnięty w wir podobnych emocji. Przez parę miesięcy po premierze gry targały nim intensywne, czasem sprzeczne ze sobą uczucia. Z początku, kiedy liczby rosły i zaczął otrzymywać telefony od dużych firm, jak Sony czy Valve, Barone pozwolił, aby sodówka uderzyła mu do głowy. „Czułem, że stałem się gorącym towarem" – powiedział. Microsoft zapraszał go na wystawne kolacje. Nintendo oprowadziło po eleganckiej siedzibie w Redmond (miejscu tak tajniackim, że zanim się tam wejdzie, trzeba podpisać klauzulę poufności, która zabraniała robienia zdjęć wewnątrz budynku).

„Każdy czegoś ode mnie chciał – opowiadał. – Nintendo myśli o przeniesieniu gry na swoje konsole, ale chyba zależało im na wyłączności, na co nie mogłem się zgodzić”*. Barone podskórnie czuł się niepewnie, jak turysta w obcym kraju. Próbował przetrawić dziesiątki lat branżowej wiedzy, kiedy wydawcy podejmowali go chlebem i solą. Od zawsze lubił gry, ale aż do tej pory nie miał pojęcia o całej otaczającej je kulturze. „Zostałem z miejsca wrzucony na głęboką wodę – mówił. – Byłem zupełnie nikim i nagle wypchnięto mnie na scenę, gdzie czułem się jak obcy... A tak się składa, że jestem tylko gościem, któremu się poszczęściło, bo wypuścił właściwą grę we właściwym momencie”.

Barone zanurzył się w pracy jeszcze głębiej, rezygnując ze snu na rzecz łatania dziur w „Stardew Valley”. A potem spojrzał na długaśną listę zadań, na której znalazły się nie tylko planowane łatki z zupełnie nową zawartością, ale również tryb gry wieloosobowej, obiecany parę lat przed wypuszczeniem gry na rynek. Barone'a najbardziej zniechęcało to, że dodanie multiplayera nie niosło ze sobą żadnych nowych wyzwań, chodziło bowiem o dopisanie kolejnych linijek kodu, z czym nie mógł się pogodzić. Aż któregoś ranka, w połowie 2016 roku, Eric Barone niespodziewanie przestał pracować. Po czterech i pół roku nieprzerwanej harówki myśl o poświęceniu kolejnych paru miesięcy życia na dodanie do „Stardew Valley” trybu wieloosobowego zrobiło mu się niedobrze.

„Czułem się kompletnie wypalony – powiedział. – Udzielałem mnóstwa wywiadów i odbywałem codziennie niekończące się rozmowy telefoniczne, zawierałem umowy i gadałem

---

* Później Barone ogłosi, że „Stardew Valley” ukaże się na PlayStation 4, Xboxa One i Nintendo Switch.

o merchandisingu. I w pewnym momencie naprawdę zacząłem mieć tego dość". Zadzwonił do Chucklefish i powiedział, że potrzebuje przerwy. Wydawca zaproponował, że przydzieli do multiplayera jednego ze swoich programistów, na co Barone chętnie przystał.

Zwykle po zakończeniu prac nad dużym projektem firmy developerskie wysyłały pracowników na długie urlopy. Po wydostaniu się z piekła crunchu dawano im miesiąc albo dwa na naładowanie baterii. Barone nie wypoczął w lutym, kiedy nareszcie wypchnął grę, dlatego zdecydował, że nie kiwnie palcem przez całe lato. Godzinami grał na komputerze, sypiał przed ekranem i budził się przed ekranem. Sporo pił. Palił zioło. Zaczął brać tak zwany indyjski żeń-szeń, który pomagał mu zwalczyć stres i miał mu dodać energii. Ale nawet to nie zmotywowało go do powrotu do „Stardew Valley".

6 sierpnia 2016 roku Eric Barone napisał na swojej stronie nowy post. Chciał dać znać fanom, jak idzie praca nad nową łatką – 1.1 – która miała dodać do gry nowe funkcje i rozbudować rozgrywkę. „Będę boleśnie szczery – pisał – pracuję tak długo nad poprawkami, bo od pewnego czasu czuję się kompletnie wypalony i poziom mojej produktywności znacząco się obniżył. Od prawie pięciu lat »Stardew Valley« pochłania praktycznie każdą chwilę mojego życia i wydaje mi się, że mój mózg domaga się odpoczynku". Barone dodał, że przez całe lato nie robił praktycznie nic, dlatego czuł się winny.

„Tak po prawdzie zawsze miewałem wzloty i upadki, okresy intensywnej produktywności i wzmożonej energii, po których następowały spadki motywacji – tłumaczył. – Miałem tak, odkąd pamiętam. Tym razem zjazd wydawał mi się trochę gorszy niż zwykle, ale powiedziałem sobie, że po sukcesie »Stardew

Valley« moje życie nagle zrobiło się dziwaczne. To chyba normalne, że potrzeba mi czasu, żebym sobie wszystko poukładał. Nawet nie jestem pewien, czy ten ostatni atak dopadł mnie z powodu niespodziewanego powodzenia mojej gry, czy to przez zmienne procesy chemiczne zachodzące w mózgu, czy może raczej rezultat zbyt ciężkiej pracy wykonywanej bez przerwy. Czasem zapominam, że jestem człowiekiem i muszę wypocząć i się trochę zabawić".

Ale czas na odpoczynek jeszcze nie nadszedł. Po PAX ludzie z Chucklefish przypominali, że musi przygotować dla nich łatkę 1.1 do końca września, żeby wyrobili się na czas z wersjami gry na PS4 i Xboxa One. Barone znowu wszedł w tryb szaleńczej pracy. Przez kilka następnych tygodni przyszedł czas na crunch, żeby zdążyć przed deadline'em. A kiedy już mu się udało, znowu czuł się wypalony i cały cykl raz jeszcze zatoczył koło.

W listopadzie 2016 roku, kiedy pracował z doskoku przy »Stardew Valley«, Barone otrzymał mejla od reprezentanta wydawcy NIS America z pytaniem, czy nie zechciałby się spotkać z człowiekiem o imieniu Yasuhiro Wada. Barone zgodził się od razu. Wada był japońskim designerem, który robił gry od lat 80. i akurat przyjechał do Seattle, żeby promować nową grę symulacyjną „Birthdays the Beginning". Wcześniej zyskał sławę dzięki grze o prowadzeniu gospodarstwa. Nazwał ją „Harvest Moon".

Podenerwowany i przytłoczony Barone pojechał do wynajmowanych przez NIS America biur w centrum Seattle ze świadomością, że spotka mężczyznę, którego praca zainspirowała go w największym stopniu do stworzenia własnej gry. „Stresowała mnie myśl o spotkaniu z nim – powiedział – ale uznałem, że muszę tam pojechać, bo w najgorszym razie będę miał o czym opowiadać".

Barone i Wada przywitali się ze sobą i wymienili uprzejmości, rozmawiając za pośrednictwem obecnego przy spotkaniu tłumacza. Młody Amerykanin przyniósł ze sobą kartridż z oryginalnym „Harvest Moon", który tamten z uśmiechem podpisał. Zjedli obiad, wypili piwo i pograli w swoje gry. „Wydało mi się to surrealistyczne – opowiadał Barone – bo rozmawiałem przecież z człowiekiem, który stworzył »Harvest Moon«. Kiedy ta gra wyszła, miał 30 lat, a ja byłem wtedy zaledwie małym dzieckiem. A teraz siedziałem z nim i rozmawiałem o jego pracy nad grą i nie mogłem uwierzyć, że zna »Stardew Valley«".

Wada powiedział, że z przyjemnością grał w „Stardew Valley" i spodobało mu się, jak Barone rozwinął gatunek, który stworzył przed tyloma laty. „Praktycznie uzależnił się od pielęgnowania terenu – opowiadał Barone. – Przez większość czasu kosił trawę sierpem i ścinał drzewa".

Jeszcze pięć lat wcześniej Barone mieszkał z rodzicami, zawalał rozmowy o pracę i próbował rozgryźć, co zrobić ze swoim życiem, a teraz twórca „Harvest Moon" ścinał drzewa w jego bestsellerowej grze. Słowo „surrealistyczne" niewystarczająco opisywało tę sytuację.

W grudniu 2016 roku, niemal rok po premierze „Stardew Valley", zadzwoniłem do Barone'a zapytać, jak się miewa. Rozmawialiśmy o jego spotkaniu z Wadą, o szalonych okresach wzmożonej pracy i błędach, na które on i Chucklefish co i rusz się natykali, przygotowując wersje gry na różne konsole. Powiedział mi wtedy, że ma już dość „Stardew Valley" i jest gotowy na coś nowego.

Zapytałem, czy planuje następny projekt.

Barone przytaknął. Myślał o grze o łapaniu owadów.

Zapytałem, ile mu to zajmie.

„Tym razem staram się realistycznie określić termin – odparł. – Mam nadzieję, że dwa lata”.

4

DIABLO III

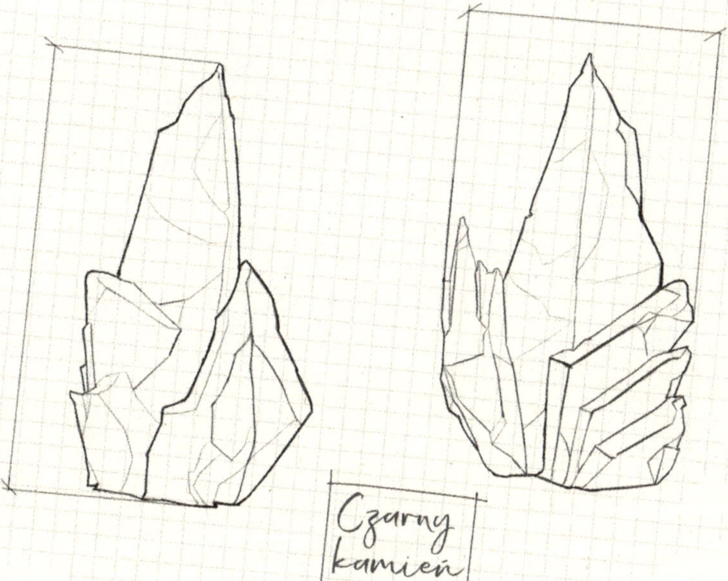

15 maja 2012 roku setki tysięcy ludzi z całego świata załadowało Battle.net – platformę do gry wieloosobowej – i naparzało w przycisk uruchamiający „Diablo III", grę, nad którą developerzy spędzili niemal dziesięć lat. Fani czekali na ten moment cierpliwie, odliczając dni do chwili, kiedy znowu będą mogli torować sobie drogę (klik-klik-klik) przez demoniczne zastępy w tej piekielnej mieszance gotyckich fantazji. Lecz gdy nadeszła wyczekiwana północ i „Diablo III" miało zostać udostępnione graczom, każdemu, kto próbował odpalić grę, wyświetlała się mało klarowna i frustrująca informacja: „Serwery są zajęte. Proszę spróbować później. (Błąd 37)".

Po dekadzie burzliwego cyklu produkcyjnego „Diablo III" nareszcie trafiło do graczy, lecz nikt nie mógł w nie zagrać. Niektórzy sobie odpuścili i poszli do łóżek. Inni nadal próbowali. Godzinę później nic się nie zmieniło: „Serwery są zajęte. Proszę spróbować później. (Błąd 37)".

„Błąd 37" szybko przerobiono na mem, który rozprzestrzenił się po internetowych forach, gdy fani musieli dać wyraz swojej frustracji. Miłośnicy „Diablo" już i tak byli sceptyczni, kiedy usłyszeli, że trzecia odsłona ma mieć jedynie opcję gry sieciowej – jak podejrzewali cynicy, decyzja ta została wymuszona strachem przed piractwem – a problemy z serwerem podsyciły przekonanie o niewłaściwości tego posunięcia. Prędko dotarło do graczy, że jeśli mieliby możliwość pograć bez konieczności podpięcia się do sieci, już przebijaliby się do Nowego Tristram, a nie ślęczeli przed komputerami, zastanawiając się, co może oznaczać Błąd 37.

W tym czasie w kampusie firmy Blizzard w Irvine w Kalifornii grupa inżynierów i producentów odpowiedzialnych za połączenia sieciowe odchodziła od zmysłów w samozwańczym „gabinecie wojennym". Sprzedaż „Diablo III" przekroczyła ich najśmielsze oczekiwania, lecz serwery nie wytrzymały naporu fali graczy próbujących się zalogować. Około pierwszej w nocy czasu pacyficznego Blizzard opublikował krótką notkę: „Prosimy odnotować, że z uwagi na duże natężenie ruchu logowanie i tworzenie postaci może być powolniejsze niż zwykle... Mamy nadzieję rozwiązać ten problem tak szybko, jak to możliwe. Dziękujemy za cierpliwość".

Parę kilometrów dalej, w galerii handlowej Irvine Spectrum, pozostała część ekipy „Diablo III" nie miała pojęcia, że ludzie nie mogą odpalić gry. Byli zajęci świętowaniem. Setki zagorzałych fanów poprzebieranych w kolczaste zbroje i dzierżących olbrzymie topory z pianki stawiło się na imprezę z okazji premiery gry. Developerzy z Blizzarda podpisywali autografy i rozdawali zgromadzonym fanty, kiedy do ich uszu doszły szepty o przeładowanych serwerach. Niebawem okazało się, że to coś więcej niż zwyczajna czkawka towarzysząca premierze gry.

„Choć może się to wydawać zabawne, naprawdę się tego nie spodziewaliśmy – mówił Josh Mosqueira z Blizzarda – bo przecież mieliśmy do czynienia z tak bardzo wyczekiwaną grą.

Jakim cudem cokolwiek miałoby nas zaskoczyć? Pamiętam, jak na spotkaniach poprzedzających wydanie gry niektórzy pytali: »Czy faktycznie jesteśmy na to gotowi?« »Okej, może lepiej podwójmy nasze szacunki, nawet potrójmy« [pomyśleliśmy – przyp. tłum.]. A i tak okazały się one mocno zaniżone".

Tego samego dnia, kiedy fani ponowili próbę logowania, powitał ich inny komunikat: „Połączenie z serwerem niemożliwe lub zostało przerwane (Błąd 3003)". Nowa usterka nie zdobyła już takiej popularności jak jej młodszy, łatwiej wpadający w ucho brat, choć niektórzy zastanawiali się, jakim cudem udało się ominąć pozostałych 2966 błędów. Następnego dnia powrócił Błąd 37 i inne usterki hosta, które nękały graczy jeszcze przez parę dni po premierze „Diablo III". Gabinet wojenny Blizzarda działał cały tydzień bez przerwy. Zmęczeni inżynierowie zebrali się przy komputerach i sącząc kawę, próbowali dojść do tego, jak utrzymać stabilność serwera.

W ciągu 48 godzin udało im się ustabilizować sytuację. Błędy i tak jeszcze od czasu do czasu wyskakiwały, lecz zwykle dało się grać w „Diablo III" bez większych trudności. 17 maja, gdy kryzys został zażegnany, Blizzard wystosował przeprosiny: „Z pokorą przyjęliśmy wasz entuzjazm. Szczerze żałujemy, że wasza krucjata przeciwko Panu Terroru została narażona na szwank nie przez hordy demonów, ale infrastrukturę stworzoną przez śmiertelników".

Świat mógł nareszcie zagrać w „Diablo III". Tak jak jego poprzednicy nowa odsłona serii pozwalała stworzyć postać i wyciąć sobie drogę przez krainy najeżone demonami, zbierając po drodze garści lśniących kosztowności. Odblokowywało się specjalne cechy zależne od wybranej klasy (czarownik, łowca demonów i tak dalej), lawirowało się pomiędzy szerokim katalogiem zaklęć i umiejętności i zgłębiało się lochy, które generowano proceduralnie, więc żadna rozgrywka nie była taka sama. Z początku wydawało się, że dokładnie na to czekali fani.

Przez kolejne tygodnie gracze stopniowo odkrywali, że „Diablo III" nadal posiada fundamentalne błędy. Wyrzynanie potwornych hord było satysfakcjonujące, lecz poziom trudności zwiększał się zbyt szybko, a legendarne przedmioty pojawiały się zbyt rzadko. Endgame dawał zbyt mocny wycisk. I – co było najbardziej frustrujące – wydawało się, że handel orbitował wokół zintegrowanego z grą domu aukcyjnego, gdzie gracze mogli kupować i sprzedawać potężne artefakty przy pomocy prawdziwych pieniędzy. Kontrowersyjny system wymiany dóbr sprawił, że „Diablo III" zaczęto postrzegać jako grę typu „zapłać, żeby wygrać", czego się obawiano. Oznaczało to, że istniała możliwość dopakowania swojej postaci nie przez osiągnięcie dobrego wyniku i podejmowanie rozsądnych decyzji, ale dzięki wklepaniu karty kredytowej na stronie Blizzarda.

Od założenia firmy w 1991 roku Blizzard wyrobił sobie reputację studia odpowiedzialnego za fantastyczne gry, w tym tytuły, które zajęły szczególne miejsce na popkulturowej mapie – „Warcraft" i „StarCraft". Gdy widziało się na pudełku z grą poszarpane logo Blizzarda, można było mieć pewność, że otrzyma się coś nieprzeciętnego. „Diablo II" z 2000 roku okazało się esencjonalnym RPG, grą, która zainspirowała niezliczone całonocne posiedzenia przed ekranem i sesje przez LAN, gdy miliony nastoletnich graczy zbierały się, żeby toczyć boje ze zdeformowanymi demonami i polować na ulotne Kamienie Jordana. Gra była powszechnie uznawana za jedną z najlepszych, jakie w ogóle powstały. A maj 2012 roku i trudny start „Diablo III" dopisał do logo Blizzarda jeszcze jedno skojarzenie:

upublicznioną klęskę. Tego firma jeszcze na swojej skórze nie doświadczyła. Na domiar złego okazało się, że Błąd 37 to dopiero początek.

Josh Mosqueira od zawsze nienawidził zim w Montrealu. Kanadyjczyk meksykańskiego pochodzenia obdarzony ciężkim, mieszanym akcentem, który odsłużył swoje w armii jako żołnierz regimentu Black Watch, Mosqueira pierwsze lata kariery zawodowej spędził jako scenarzysta RPG na przypiecku wydawcy White Wolf, próbując przebić się do branży gier. Po uporaniu się z kilkoma projektami i siedmiu latach spędzonych w Vancouver w Relic Entertainment Mosqueira przeniósł się na drugi koniec Kanady, żeby pracować nad „Far Cry 3" w olbrzymiej siedzibie Ubisoftu w Montrealu, gdzie temperatura w zimie zwykła spadać o parę ładnych stopni niżej, niż jego zdaniem powinna.

Pewnego szczególnie śnieżnego dnia w lutym 2011 roku, ponad rok przed Błędem 37, Mosqueira otrzymał telefon od Jaya Wilsona, starego kumpla jeszcze z czasów Relic. Wilson, który pracował dla Blizzard Entertainment w Irvine w Kalifornii, poinformował go, że studio szuka głównego designera do reżyserowanej przez niego gry – „Diablo III". Otrzymali podanie od kogoś z Ubisoftu i chciał podpytać, jak wygląda tamtejsza kultura pracy. Czy ten obiecujący, nowy designer ma szansę się wpasować? I kiedy dwaj przyjaciele tak rozmawiali, Wilson wpadł na jeszcze inny pomysł: a może to Mosqueira przyjmie tę robotę?

Mosqueira odparł, że musi się zastanowić. Ale kiedy wyjrzał przez okno i popatrzył na śnieg, uznał, że nie ma nad czym myśleć. „Dwa i pół miesiąca później chodziłem tymi korytarzami jako główny designer konsolowej wersji [»Diablo III«]", mówił. Jego zadaniem było zarządzanie niewielkim zespołem – z początku, łącznie z nim, trzyosobowym – który adaptował „Diablo III" na Xboxa i PlayStation. Dla Blizzarda była to zaskakująca inicjatywa, bo firma przez lata opierała się przed wejściem na rynek konsol, wypuszczając globalne hity, jak „World of Warcraft" i „StarCraft II", jedynie na PC i Maca. Przy „Diablo III" zarząd Blizzarda dojrzał jednak potencjał konsol i uznano, że mądrze będzie spróbować wyprawić się do nowego, rozległego świata.

Mosqueira i jego zespół zajęli część biura i zaczęli eksperymentować z prototypami, próbując ustalić, jak można dostosować rozgrywkę do kontrolera. Blizzard dał całej ekipie swobodę przerobienia wszystkiego, co trzeba, a Mosqueira i koledzy skorzystali z owej szansy i pozmieniali umiejętności każdej klasy, żeby dostosować je do nowego schematu sterowania. „Na konsolach siadało tempo, bo zamiast skupić się na kursorze, na oku, koncentrowałeś się na postaci – mówił Mosqueira – dlatego niezbędna była interwencja i dopracowanie poszczególnych umiejętności".

Pod koniec 2011 roku, kiedy ekipa odpowiedzialna za wersję na komputery rozpoczęła ostry crunch przed wiosenną premierą, Mosqueira i jego koledzy wstrzymali pracę, aby pomóc zespołowi dokończyć grę. „Nasza trójka, a właściwie nasza ósemka, bo wtedy przydzielono do nas jakieś pięć osób, była nowa w Blizzardzie, dlatego czuliśmy, że tak trzeba zrobić – opowiadał. – Chcieliśmy być częścią tego przedsięwzięcia, miało to być coś ekscytującego, istotna chwila w historii Blizzarda i cieszyliśmy się, że możemy w tym wszystkim uczestniczyć".

A wtedy nadeszła premiera „Diablo III" i Błąd 37, szaleńcze dni maja 2012 roku, kiedy próbowano ustabilizować serwery. Kiedy Mosqueira i jego zespół powrócili do pracy nad wersją konsolową, pozostali designerzy usiłowali naprawić poważniejsze błędy. Przykładowo, gracze ewidentnie nie byli zadowoleni z systemu łupów, lecz co dokładnie było z nim nie tak? Jak Blizzard mógł przerobić endgame, aby był tak uzależniający jak w „Diablo II", gdzie ludzie siedzieli całymi godzinami i walczyli z potworami, polując na lepszy ekwipunek, choć skończyli już tryb fabularny?

Developerzy doszli do wniosku, że największym problemem gry był stopień trudności. Designerzy Blizzarda pierwotnie dostosowali system „Diablo III" tak, aby odpowiadał temu z „Diablo II", czyli przechodziło się grę po raz pierwszy na poziomie Normalnym, po czym uaktywniał się bardziej wymagający Koszmar, a następnie, przy trzecim podejściu do gry, Piekło. „Diablo III" przejęło tę strukturę i dodało jeszcze czwarty stopień: Inferno. Zaprojektowane specjalnie dla graczy, którzy już maksymalnie napakowali swoje postacie, Inferno było oszałamiająco trudne; nie dało się ukończyć tego trybu bez najlepszego ekwipunku. Ale ten można było pozyskać jedynie, grając na najtrudniejszym poziomie, czego efektem była złośliwa, demoniczna wersja dylematu z kurą i jajkiem. Jak można było pozyskać ekwipunek z poziomu Inferno, skoro, aby mieć jakiekolwiek szanse jego wywalczenia, należało przystąpić do gry już z ekwipunkiem z poziomu Inferno?

Istniał tylko jeden sposób: dom aukcyjny. Jeśli nie chciało się rozbijać głową muru, można było nabyć lepszy ekwipunek za prawdziwe pieniądze, do czego oczywiście graczom się raczej nie paliło. Co bardziej zmyślni znaleźli furtki umożliwiające obejście systemu. Dzięki losowemu generowaniu łupu szanse zdobycia atrakcyjnego ekwipunku od pokonanego potężnego przeciwnika nie były wcale większe niż przy rozbiciu przypadkowego dzbana. Kiedy gracze zauważyli tę prawidłowość, urządzali całe maratony rozbijania naczyń. Nie dawało to zbyt dużej frajdy, ale było lepsze niż wydawanie pieniędzy. Dlatego kolejne miesiące dały Blizzardowi do zrozumienia, że ludzie byli bardziej zainteresowani rozpracowywaniem „Diablo III" niż graniem. Problem ten wymagał sporej inwestycji, lecz musiał zostać niezwłocznie naprawiony.

Od 15 maja do końca sierpnia ekipa „Diablo III" wypuściła około 18 darmowych łatek i hotfixów, które naprawiły błędy, dopracowały umiejętności postaci i uwzględniły skargi otrzymane od graczy. Największa z owych łatek, wypuszczona 21 sierpnia 2012 roku, dodała system Paragon pozwalający graczom na levelowanie postaci już po osiągnięciu 60 poziomu. Dzięki temu tryb Inferno był nieco łatwiejszy, a legendarne przedmioty zyskiwały unikalne funkcje, dlatego zdobycie nowej, lśniącej broni dawało graczowi poczucie, jakby otrzymał siejącą zniszczenie maszynę zagłady.

Zespół Blizzarda zdawał sobie sprawę, że to tylko plasterki opatrunkowe, tymczasowe rozwiązania, aby gracze robili coś więcej niż rozbijanie ceramiki. „Diablo III" nadal broczyło z ran i potrzebowano mnóstwa czasu, aby je pozalepiać.

Na środku rozległego kampusu Blizzarda w Irvine stała gigantyczna statua przedstawiająca orka z gry „Warcraft". Posąg ten otaczał pierścień różnych tabliczek; na każdej wypisano maksymę, która miała być mantrą dla pracowników. Niektóre wydawały się wyrwane żywcem z parodystycznych plakatów motywacyjnych – „Myśl globalnie", „Poświęć się jakości" – lecz jedna przemawiała szczególnie do zespołu „Diablo III": „Każdy głos ma znaczenie". Gracze byli sfrustrowani, a developerzy z Blizzarda czuli się zobligowani ich wysłuchać. Producenci i designerzy odwiedzali tyle internetowych miejscówek, ile to możliwe, od Reddita do Blizzarda, gdzie zbierali i segregowali komentarze odnośnie do ulepszenia gry. Przez całe lato i jesień, za pośrednictwem bloga i korespondencji firma obiecywała graczom, że opracowała długoterminowy plan mający na celu poprawę działania domu aukcyjnego, usprawnienie systemu łupów i uatrakcyjnienie powtórnego obcowania z „Diablo III" już po ukończeniu gry, czyli tak zwanego endgame'u.

Podobne zaangażowanie było nietypowe. Zwykle developer wypuszcza grę i siada do nowego projektu, zostawia ewentualnie paru ludzi do naprawy uporczywych błędów, a resztę przekierowuje do kolejnej gry. Ale Blizzard zbudował reputację czołowego studia, bo trwał przy swoich grach tak długo, jak było trzeba. Przez całe lata po premierze wypuszczali darmowe aktualizacje i łatki, uważając, że zjednają tym sobie graczy, co przełoży się na lepszą sprzedaż*.

Do końca lipca 2012 roku „Diablo III" sprzedało się w oszałamiającej liczbie dziesięciu milionów egzemplarzy. Developerzy z Blizzarda czuli, że zrobili dobrą grę, ale wiedzieli, że można ją ulepszyć. „Była jak nieoszlifowany diament – powiedział Wyatt Cheng, starszy designer do spraw technicznych – i nie

---

* Łatki do „Diablo II", wypuszczonego w 2000 roku, ukazywały się jeszcze sześć lat później. „StarCraft", gra z 1998 roku, otrzymała świeżą łatkę w 2017. Żadna inna firma nie utrzymywała i nie aktualizowała starych gier tak długo.

mieliśmy wątpliwości, że wypada ją trochę wyszlifować. Potrzebowała paru poprawek". Dyrektor wykonawczy Blizzarda, Mike Morhaime, poinformował zespół „Diablo III", że ma pracować nad aktualizacjami i darmowymi łatkami do odwołania. Cheng opowiadał: „Istnieje niewiele firm, które (a) po sprzedaniu milionów egzemplarzy gry nadal ma poczucie, że można było coś zrobić lepiej, i (b) po rozwiązaniu problemów towarzyszących premierze poświęca dodatkowy czas, żeby ulepszyć rozgrywkę".

Ale to była tylko jedna strona medalu. Przy takim nawale pracy ludzie, którzy ślęczeli nad „Diablo III" – niektórzy od prawie dekady – nie mieli chwili wytchnienia. Każdy, kto spędził lata nad pojedynczym projektem, zna uczucie towarzyszące jego ukończeniu, a kiedy już ma się to za sobą, to nie chce się już do tego powracać. „Słuchałem podcastu – mówił Cheng, który był przy grze od początku – pewnej autorki [chodzi o psycholożkę Angelę Duckworth]. Była akurat na trasie promocyjnej nowej książki. Mówiła, że wielu ludzi, którzy odnieśli sukces, posiada silny charakter, ponieważ łączy się on z wytrwałością i parciem naprzód z czymś, co niekoniecznie sprawia nam przyjemność. Choć czasem tak jest. I świetnie. Ale silny charakter zwykle oznacza, że ktoś dostrzega długoterminowy cel i usuwa ze swojej drogi wszystkie kłody, które rzuca mu pod nogi każdy dzień, bo widzi koniec".

„Końcem", a przynajmniej kolejnym kamieniem milowym, był w tym przypadku planowany dodatek do „Diablo III". Tradycyjnie Blizzard do każdego swojego tytułu wypuszczał mięsisty dodatek i developerzy wiedzieli, że będzie to dla nich najlepsza okazja, żeby przerobić grę. Pod koniec 2012 roku zaczęli kompilować gigantyczny dokument Google, na którym znalazły się problemy do rozwiązania i funkcje, które należało dodać, na przykład przeróbka ekwipunku czy cele endgame'u.

Potrzebowano jednak nowego przywódcy. Jay Wilson, długoletni reżyser „Diablo III", powiedział zespołowi, że planuje ustąpić, motywując swoją decyzję wypaleniem po niemal dekadzie spędzonej nad jedną grą*. Blizzard potrzebował kogoś, kto nie tylko pokieruje pracami nad dodatkiem, ale uformuje przyszłość „Diablo III". I był taki jeden nowy, który mógłby się idealnie nadać.

Kiedy Josh Mosqueira zobaczył ofertę na wewnętrznej witrynie Blizzarda, nie miał zamiaru aplikować na nowe stanowisko. Lubił wyzwania związane z przeniesieniem „Diablo III" na konsole i podobało mu się zarządzanie niewielkim zespołem. Choć jego ekipa rozrosła się z trzech osób do 25, i tak była to spora zmiana po Ubisofcie, gdzie pomagał koordynować grupę liczącą ponad 400 ludzi. Nawet kiedy Wilson i inni kierownicy zaczęli go namawiać, aby starał się o fotel reżysera, Mosqueira nadal się wzbraniał. „Naprawdę byłem zadowolony, mając swój konsolowy projekt – mówił – bo brudziłem sobie ręce przy grze, a nie przy PowerPointcie".

Mosqueira jednak uwielbiał kulturę pracy teamu developerskiego „Diablo III" i niedługo później przekonano go, żeby wypełnił podanie. Po serii spotkań z kadrą zarządzającą studia i wszystkimi współpracownikami wezwano Mosqueirę do gabinetu współzałożyciela firmy, Franka Pearce'a, który przekazał mu wieści. Dostał tę pracę. I choć był w zespole dopiero od niedawna, ludzie szanowali go jako designera i kierownika projektu, dlatego Blizzard chciał, żeby to on odpowiadał za grę.

---

* Co dziwne, Blizzard nie udzielił mu zgody na udzielenie mi wywiadu na potrzeby tej książki.

„Kiedy mi o tym powiedziano, poczułem się naprawdę niesamowicie – opowiadał Mosqueira – ale szybko ogarnęła mnie panika, bo kiedy zdasz sobie sprawę, że »Diablo« to jedna z największych marek, nie tylko w stajni Blizzarda, ale ogólnie, to uświadomienie sobie ciążącej na tobie odpowiedzialności potrafi przytłoczyć".

Po objęciu stołka reżysera Mosqueira zorganizował spotkanie z zespołem przypisanym do „Diablo III". W jego skład wchodzili jego niedawni koledzy z pracy, którymi teraz miał zarządzać. Zapytał ich, co czują. Za co lubią tę grę. Dokąd, ich zdaniem, zmierza „Diablo III" i gdzie się znajdzie za parę lat. Zwykle dodatki do tytułu głównego były po prostu dodatkami – gracze realizowali nowe zadania, eksplorowali nowe obszary, zdobywali nowe łupy – ale w tym przypadku Blizzard chciał wyprodukować coś transformatywnego. „Szybko stało się oczywiste, że tak naprawdę [zarząd – przyp. tłum.] zamierzał wykorzystać ten dodatek nie dla poprawienia notowań po niesławnej premierze, ale stworzyć pełnoprawną platformę, która zbuduje dla »Diablo« przyszłość – tłumaczył Mosqueira. – Odczuwało się presję, żeby stworzyć dzieło na naprawdę ogromną skalę".

Stało się też dla niego jasne, że tak naprawdę nikt nie ma jeszcze pojęcia, czym jest „Diablo III", i starał się przekazać tę refleksję zespołowi. Mosqueira lubił podkreślać, że kiedy fani zaczęli smętnie utyskiwać na „Diablo II", nie chodziło im o oryginalną wersję gry; myśleli o tej, która ukazała się w 2001 roku po tym, jak developerzy zareagowali na uwagi graczy i wypuścili dodatek zatytułowany „Pan Zniszczenia". To tę grę ludzie zapamiętali, bo była ona bezpośrednią odpowiedzią Blizzarda na zebrane komentarze graczy.

„Trudność polega na tym, że możesz stworzyć grę, możesz ją przetestować, możesz nawet uwierzyć, że ją znasz; ale wszystko zostanie zweryfikowane, kiedy ją wypuścisz – mówił Mosqueira. – Prawdopodobnie już pierwszego dnia ludzie spędzą z nią łącznie więcej czasu niż do tej pory cały twój zespół. Dlatego zobaczysz rzeczy, których nie spodziewałeś się ujrzeć. Zobaczysz graczy reagujących na twoją grę... Będą grać, będą rozpracowywać, będą się angażować. Poważnie, trudno jest wypracować w sobie odpowiednią dyscyplinę, która pozwoli ci odpowiednio zareagować".

Kiedy zespół developerski zaczął dumać nad dodatkiem – „Żniwiarzem Dusz" – zrozumiano, że mają szansę na wprowadzenie poprawek; nie chodziło tylko o naprawienie Błędu 37, ale wszystkich innych wad „Diablo III". To była okazja do stworzenia ich własnego „Pana Zniszczenia" i przeskoczenia poprzeczki ustawionej przed laty przez „Diablo II". „Potraktowaliśmy to jako jedyną szansę na odzyskanie naszych graczy – mówił Rob Foote, starszy producent – więc zakasaliśmy rękawy do roboty".

Obserwatorowi z zewnątrz może się to wydawać niemalże niepojęte, że gra przygotowywana przez dziesięć lat mogła sprawić przy premierze takie problemy. Mosqueira miał jednak następującą teorię: kłopoty „Diablo III" wynikały bezpośrednio z tego, że zespół odpowiedzialny za grę prześladowany był przez ukochane „Diablo II". Jak powiedział w wywiadzie z 2015 roku: „Duch »Diablo II« łypał na nich złym okiem. Presja wywołana chęcią dorównania dziedzictwu tej niesamowitej gry ciążyła zespołowi i wpływała na mnóstwo decyzji".

Podczas gdy ekipa z BioWare odpowiedzialna za „Dragon Age: Inkwizycję" próbowała uporać się z negatywnymi reakcjami na swoją poprzedniczkę „Dragon Age 2" (zerknijcie do rozdziału szóstego), Blizzard miał inny problem: „Diablo III" musiało przebić ogromny sukces „Diablo II". Designerzy byli skłonni zaprowadzić poważne zmiany, na przykład stworzyć elastyczny system umiejętności, który był uważany za jeden z najmocniejszych punktów gry. Mosqueira i tak uważał, że zespół Blizzarda nadal był zbyt konserwatywny, żeby zmienić inne tradycyjne elementy serii.

Jako człowiek z zewnątrz Mosqueira był skłonny stawić czoła oczekiwaniom wszystkich, którzy spodziewali się, że „Diablo III" musi przypominać „Diablo", nawet jeśli oznaczało to pójście na noże ze starymi wygami z Blizzarda. Pracując przy wersji konsolowej, której cykl produkcyjny ciągnął się równolegle ze „Żniwiarzem Dusz", Mosqueira walczył z całych sił o dodanie funkcji „uniku", co pozwalałoby graczowi przy pomocy gałki pada wykonać przewrót po ziemi. Rozwiązanie to uznano za kontrowersyjne. „Unik był naszą kością niezgody – mówił. – I to niemałą. Musiałem prowadzić ożywione dyskusje z innymi designerami i tłumaczyć im, że na konsolach ta opcja jest niezbędna".

Mosqueira spierał się, że gracze znudzą się trwającym godzinami łażeniem, nie mając żadnej metody zmiany sposobu ruchu w stylu ukochanego przycisku skoku w „World of Warcraft". Ale inni designerzy podkreślali, że unik zmniejszy znaczenie zbieranych po drodze rozmaitych rzeczy przyśpieszających chód – koncept ten pochodził z „Diablo II" – i na dłuższą metę uczyni grę mniej satysfakcjonującą. „Oba argumenty były przekonujące – komentował Mosqueira. – Oba były sensowne i ostatecznie ktoś musiał powiedzieć: »Okej, jestem gotowy poświęcić długoterminową nagrodę na rzecz instynktownego przeczucia... Rozumiem, że pozbawiam gracza pewnej satysfakcji, ale jeśli ma to być gra na konsole, moje kciuki muszą regularnie coś robić, co daje człowiekowi chwilę oddechu. Tak działają konsole«". Ostatecznie Mosqueira wygrał tę batalię i funkcja uniku została wykorzystana.

Dzięki eksperymentowaniu z konsolami, gdzie presja kurczowego trzymania się formuły „Diablo II" nie była tak duża, Mosqueira i jego zespół mogli wykonać kolejne kroki, które wydawały się reszcie ekipy radykalne. „Wydaje mi się, że uczucie to można uznać za prawdziwie wyzwalające – mówił. – Ekipa od pecetów, choć miała dobre intencje, z powodu presji i związanych z grą oczekiwań pierwotnie trzymała się sztywno konserwatywnego designu. Ale konsole były trochę jak Dziki Zachód. Pod pewnymi względami, kiedy teraz o tym myślę... Było w tym nieco ogromnej naiwności. Bawiliśmy się tą grą od około sześciu miesięcy, nie mając pojęcia o procesie podejmowania wszystkich decyzji, byliśmy jak małe dzieci naciskające przypadkowe przyciski".

Grze, która spędziła tyle lat w produkcji, przydała się świeża perspektywa, szczególnie kiedy Blizzard rozpoczęło analizę podstawowych części składowych „Diablo III", jak system łupów. W wersji na komputery z przeciwników w chwili śmierci wytryskiwały fontanny skarbów, fajnych broni i akcesoriów, co było dla graczy niczym zastrzyk dopaminy. Lecz sortowanie pobłyskujących pierścieni i amuletów bez myszki i klawiatury potrafiło być męczące. Kiedy zespół konsolowy testował „Diablo III", Mosqueira zauważył, że przegrzebywanie łupów spowalniało postępy gracza, który musiał co chwilę przystawać, aby uporządkować swoje rzeczy. Dlatego zdecydował się zmienić tę formułę. „Powiedzieliśmy sobie: »Okej, za każdym razem, kiedy wypadnie biały albo szary przedmiot, 70 procent łupu stanowić będzie po prostu złoto«" – mówił Mosqueira. Zmiana ta mogła wydawać się fanatykom „Diablo II" drastyczna, ale wylała ona fundament pod system, który zespół nazywał Łupem 2.0; przyczynił się on do ulepszenia rozgrywki zarówno na komputerach, jak i na konsolach. „Zaczęliśmy uświadamiać sobie, że może będziemy dawać mniejsze łupy – opowiadał – ale jeśli mniejsze, to na pewno cenniejsze".

Za sprawą Łupu 2.0 Mosqueira i jego ludzie mieli nadzieję poprawić system rozgrywki. Fani narzekali, że w „Diablo III" trzeba było grać zbyt długo, aby nadziać się na najlepsze, „legendarne" przedmioty. Dlatego Łup 2.0 gwarantował, że każdy główny boss będzie krył legendarny ekwipunek. Gracze wytykali również, że kiedy nareszcie udało im się ustrzelić legendarny przedmiot i podekscytowani biegli po lśniący, pomarańczowy artefakt, gra generowała jego statystyki losowo – kończyli z bronią bezużyteczną dla swojej klasy*. Dlatego też Łup 2.0 rezygnował z losowego generatora i wprowadzał wyważony system, zwiększający szanse znalezienia przez gracza legendarnego przedmiotu, który będzie dla niego przydatny.

Kiedy developerzy z Blizzarda spotykali się w 2013 roku, żeby porozmawiać o tym, co chcieliby zrobić ze „Żniwiarzem Dusz", głównym tematem dyskusji była „przypadkowość". To przecież losowość zawsze była bijącym sercem „Diablo". Od

---

* Losowo generowane przedmioty nie dopasowywały się do danej postaci. O ile w „Diablo II" każdy przedmiot był użyteczny dla wszystkich klas, o tyle w „Diablo III" zaprezentowano zindywidualizowane podejście. I tak topór siły mógł być przydatny jedynie dla barbarzyńcy, a łowca demonów nie ucieszyłby się z takiego znaleziska. Kołczan podnoszący intelekt – podstawową statystykę czarownika – był nieprzydatny dla nikogo innego. Choć czarownik nie mógł używać strzał.

pierwszej gry, wydanej w 1996 roku, kiedy to graczy rzucono do generowanych proceduralnie podziemi ciągnących się pod rozpadającą się mieściną Tristram, seria korzystała z losowości niemal na każdym poziomie. Rozkład korytarzy i pomieszczeń był losowy. Zawartość skrzyń ze skarbami była losowa. Zwykle magiczne przedmioty gra tworzyła, kiedy wypadały z przeciwników, korzystając z zestawu przyrostków i przedrostków, gdzie każda nazwa zdradzała przypisane doń atrybuty. „Szczęśliwy" pas zwiększał ilość złota, które wytryskiwało z potworów, a miecz „pijawki" leczył rany przy każdym wykonanym ataku.

Owa przypadkowość przemawiała do ludzi. Rozgrywka oferowana przez „Diablo" była trochę jak kampania w „Dungeons & Dragons": za każdym razem zapewniała nowe doświadczenie. Faktycznie było coś uzależniającego w znajdywaniu nowych przedmiotów i naciskaniu przycisku z komendą „identyfikuj", wiedząc, że można trafić na praktycznie wszystko. „Diablo" przemawiało do tego samego instynktu, który nakazuje nam karmić maszyny do gier monetami i kupować karty zdrapki. Współgrałoby idealnie z otoczeniem stołów do kości w jakimś rozświetlonym kasynie w Vegas.

Musiała minąć dłuższa chwila, zanim designerzy zrozumieli, że ich obsesja z przypadkowymi przedmiotami szkodzi „Diablo III". „Zacząłem czcić tron losowości – mówił Kevin Martens, główny projektant – i kiedy mogłem zrobić coś kompletnie przypadkowego, to robiłem, nie dbając o to, że losowość to narzędzie zapewniające przyjemność płynącą z powtórnej rozgrywki... I kiedy ludzie pytają mnie o główne różnice pomiędzy »Żniwiarzem Dusz« a »Diablo III«, najkrótsza możliwa odpowiedź brzmi: ociosaliśmy ostre kanty przypadkowości.

Postaraliśmy się, aby działała ona na korzyść gracza, a nie przeciwko niemu".

I tutaj „Diablo III" oddaliło się od Las Vegas. Blizzard nie chciał być kasynem, które zawsze wygrywa. Josh Mosqueira i jego ekipa zdawali sobie sprawę, że aby jednak zadowolić graczy, muszą zapewnić im odrobinę nieprzewidywalności. „To, czy w »Diablo III« trafił się legendarny [przedmiot], czy nie, zależało od rzutu kostką – mówił Mosqueira. – Czasem ci się poszczęściło, a czasem nie... Przy »Żniwiarzu« powiedzieliśmy sobie, że nie chcemy nikogo oszukiwać, nie chcemy, aby gracz czuł, że jest mu łatwiej, czy coś takiego, ale musieliśmy podać mu pomocną dłoń, aby nie spędził stu czterech godzin na poszukiwaniu legendarnego ekwipunku*".

Musieli też coś zrobić ze stopniem trudności. Kiedy developerzy Blizzarda pracowali jeszcze nad oryginalną wersją „Diablo III", uważali, że gracze oczekiwali najcięższego jak do tej pory wyzwania. „Nagraliśmy taki klip »Diablo cię zgnębi« – opowiadał Martens. – Ludzie z naszego studia mówili o tym, jak trudna jest ta gra, i nawet zaprawieni w bojach developerzy co i rusz padali trupem. Prawda jest taka, a mówię z pozycji mądrego po szkodzie, że jedni oczekiwali czegoś trudniejszego, a drudzy czegoś łatwiejszego. Oraz wszystkiego, co pomiędzy".

Nie chodziło tylko o to, że tryb Inferno stawiał nierealistyczne wymagania. Gracze, kiedy kilka razy przebrnęli przez tę samą kampanię, tracili apetyt, bo nie zmieniało się nic poza

* Ulubioną anegdotą Mosqueiry była opowieść o tym, jak grał w „Diablo II" po raz pierwszy. Wybrał walczącego toporem barbarzyńcę i 104 godziny zajęło mu znalezienie legendarnego przedmiotu (odmierzył ten czas). I kiedy nareszcie zobaczył leżący na ziemi lśniący pomarańczowy artefakt, poczuł uniesienie. Trafił jednak na kołczan. Barbarzyńcy nie mogli używać strzał.

siłą napotkanych po drodze hord przeciwnika. Struktura, która była satysfakcjonująca w 2001 roku, wydawała się nudna w 2012. Design gier wideo wykonał w ciągu dekady ogromny skok naprzód. Przez lata pojawiały się tuziny klonów „Diablo", a niektóre nawet ulepszyły schemat „Diablo II" (choć nie odniosły podobnego sukcesu). I od „Diablo III" ludzie oczekiwali mniej powtarzalnego rytmu.

„Żniwiarz Dusz" był okazją do wyjścia graczom naprzeciw. Krótkoterminowym rozwiązaniem Blizzarda było wypuszczenie serii łatek do „Diablo III", które ułatwiały tryb Inferno, ale przy dodatku studio mogło jedynie pójść naprzód. „Prawdopodobnie pod koniec listopada 2012 roku zacząłem myśleć o radykalnym przerobieniu stopni trudności – mówił Martens, choć nie było to łatwe zadanie. – Całą grę zbudowano pod cztery poziomy. Każdy potwór jest pod nie dostosowany".

Kevin Martens dumał intensywnie nad kolejnym ruchem. A co, jeśli przestaną traktować poszczególne poziomy trudności na zasadzie stopniowania, lecz całkowicie przerobią strukturę gry i dopasują siłę przeciwnika do aktualnego poziomu gracza? I może dodadzą jeszcze nowy system modyfikujący, aby każdy, kto miał ochotę na jeszcze cięższą przeprawę przez piekło, mógł zmienić poziom na Wysoki albo Ekspercki, żeby podbić wytrzymałość i siłę demonicznych hord? A jeśli gra okazała się jednak zbyt trudna, mógł po prostu przestawić z powrotem na Normalny. Aby rozwiązać problem z kurą i jajkiem na poziomie Inferno, Blizzard po prostu odciął łeb kurze i rozbił jajo.

Obserwatorowi z zewnątrz zmiany te mogły wydawać się oczywiste – bo gry zwykle miały tak posegregowane poziomy trudności – lecz dla „Diablo" był to system rewolucyjny. „Z początku szczyt ten wydawał nam się nie do zdobycia – mówił

Martens. – Niby wiedzieliśmy, że musimy zmienić tę kluczową rzecz, ale nigdy nie myśleliśmy w kontekście gry o dostosowanym do umiejętności gracza poziomie trudności. Nawet tego nie rozważaliśmy".

Powodem było „Diablo II". Zespołowi nie przyszło do głowy, aby zmienić strukturę stopni trudności, bo seria zawsze działała tak, a nie inaczej. Przechodziło się grę na Normalnym, potem na Koszmarze, a trzeci raz na Piekle. To czyniło z „Diablo" grę „Diablo", nie? Zadawano sobie pytanie, skoro Blizzardowi i tak już nieźle się dostało na wczesnym etapie produkcji „Diablo III" za to, że pokonani przeciwnicy zostawiali po sobie kule energii, co było niby szczegółem, a zostało potraktowane jako zerwanie z tradycją, to jak fani zareagują na radykalną zmianę całej struktury gry? Co się stanie, jeśli developerzy faktycznie się na to zdecydują? A jeśli znajdą jeszcze lepsze rozwiązanie?

Parę miesięcy po premierze „Diablo III" niektórzy gracze narzekali, że nie mogą się teleportować pomiędzy czterema aktami gry i Blizzard chciało się jakoś odnieść do tych uwag. „Pracowaliśmy z inżynierami, którzy stwierdzili: »Okej, znajdziemy jakiś sposób«" – mówił Rob Foote. – I chyba to jeden z nich powiedział: »A może zrobilibyśmy coś jeszcze lepszego?«".

Rozpętała się burza mózgów. Może zamiast pozwolić graczom teleportować się pomiędzy obszarami, „Diablo III" wprowadzi zupełnie nowy tryb, który zmieni rozgrywkę? I stanie się centralnym punktem nowego endgame'u? Funkcja ta miała nosić nazwę Trybu Przygodowego. Po ukończeniu „Żniwiarza Dusz" można było skorzystać z nowej możliwości i przeskoczyć bezpośrednio do wybranego obszaru gry, od pustyni Caldeum do skutych lodem szczytów Arreat, a każdy z pięciu aktów miały uatrakcyjniać losowe zadania, takie jak „zabij bossa" albo „oczyść loch". Im więcej się ich wykonało, tym cenniejsze łupy czekały na gracza. Tryb Przygodowy oferował również specjalne wyzwania, które gra określała mianem „Rozpadliny Nephalemów"; były to kilkupoziomowe podziemia, gdzie można było napotkać przypadkowo rozmieszczone miejsca i monstra z całego „Diablo III", jakby miało się do czynienia z gotycką składanką. Blizzard założył, że Tryb Przygodowy zapewni graczom długie godziny rozrywki już po ukończeniu trybu fabularnego. I na pewno będzie to lepsze niż rozbijanie ceramiki.

Studio przygotowało się na ogłoszenie „Żniwiarza Dusz" w sierpniu 2013 roku, podczas targów Gamescom w Niemczech, na co czekała cała sala wypchana fanami i dziennikarzami. Intryga dodatku miała skupiać się na demonicznym archaniele Malthaelu. Zaprezentowano też nową klasę postaci, krzyżowca, oraz różne funkcje, począwszy od Łupu 2.0 i darmowej łatki, która – jak Blizzard miał nadzieję – będzie sygnałem, że developerzy „Diablo III" słuchają opinii graczy.

„Tuż przed konferencją atmosfera była napięta – mówił Josh Mosqueira. – Można było wyczuć, że wszyscy myślą: »Niech to lepiej będzie coś dobrego«. Niemal spodziewali się doznać rozczarowania". Blizzard wyświetlił czterominutowy klip prezentujący światu „Żniwiarza Dusz" i samego Malthaela. Dzierżąc w każdej ręce groźny sierp, archanioł torował sobie drogę przez horadrimowych magów, żeby zetrzeć się z dawnym bratem, aniołem Tyraelem. „Nephalemowie cię powstrzymają" – rzucił Tyrael. Na co Malthael odpowiedział: „Nikt nie powstrzyma śmierci".

Gamescomowa publika zareagowała entuzjastycznym aplauzem. „Zalała nas niemal namacalna fala ekscytacji – wspominał

Mosqueira. – Powiedziałem wtedy: »Okej, zdaje się, że ludzie są gotowi dać nam kolejną szansę. Spróbujmy tego nie spierdolić«".

Pierwotnie Blizzard planował wypuścić „Żniwiarza Dusz" w drugiej połowie 2013 roku, ale zespół uznał, że potrzebuje więcej czasu, i przełożył premierę na pierwszy kwartał 2014. Nie była to jednak żadna niespodzianka. Blizzard słynął z niespiesznej pracy nad grami – cykl produkcyjny „Diablo III" trwał przecież dziesięć lat – i trzeba było ze świecą szukać tytułu z katalogu firmy, który nie został przełożony przynajmniej jeden raz.

Szczególnie pewien cytat z Dustina Browdera, reżysera „StarCrafta II", zawsze podawano jako trafne podsumowanie stylu pracy Blizzarda. W czerwcu 2012 roku, po roku od planowanej premiery pierwszego dodatku do gry, „Serca Roju", Browder rozmawiał ze mną o postępach pracy nad grą. „Mamy 99 procent – powiedział – ale ten jeden procent daje nam niezły wycisk". Ostatecznie „Serce Roju" wyszło w marcu 2013. Praca nad procentem zajęła prawie rok.

„Proces, który komplikuje planowanie, to szlifowanie gry – mówił Rob Foote. – Ale to konieczność, jeśli chce się dostarczyć dobry produkt". To był przynajmniej ten jeden procent. Producenci Blizzarda próbowali pod koniec całego procesu zostawiać pewien czas, aby zespoły developerskie mogły dopracować i wypolerować każdy aspekt gry aż do perfekcji. „To coś naprawdę wymagającego – mówił Foote – bo ludzie mówią: »Co oni robią, nad czym pracują tyle czasu?«. A chodzi o konieczne szlify. Trudno stwierdzić, na czym dokładnie to będzie polegać, ale trzeba będzie to zrobić".

Lecz nawet mając dodatkowy czas na „Żniwiarza Dusz", Josh Mosqueira i jego zespół musieli zrezygnować z paru funkcji. Razem z Trybem Przygodowym ekipa „Diablo III" opracowała system zwany „Diabelską Dłonią", który miał rozrzucić po świecie 52 mocnych przeciwników. Gracze w zamian za ich pokonanie otrzymywaliby kolejne kolekcjonerskie przedmioty aż do uzbierania kompletu. Ale nie zdążono go dopracować, dlatego Mosqueira zadecydował, że z niego zrezygnują. „Uznaliśmy, że nie zdołamy ogarnąć obu tych rzeczy mimo dodatkowego czasu – opowiadał – najważniejszy był Tryb Przygodowy, bo zmieniał znacząco sposób rozgrywki. Dlatego odłożyliśmy Diabelską Dłoń na bok*".

Mijały miesiące i całe Blizzard nie posiadało się z radości z powodu czynionego progresu. Od czasu Błędu 37 zmieniono formułę „Diablo III", przerobiono system łupów i narobiono sobie nadziei, że dzięki „Żniwiarzowi dusz" odzyskają zaufanie milionów graczy. Ale Mosqueira zdawał sobie sprawę, że gra nadal posiada pewien krytyczny błąd, z którym należało coś zrobić, rzecz nieprzystająca do oczekiwań graczy względem rozgrywki: dom aukcyjny.

Kiedy Blizzard ogłosił, że „Diablo III" umożliwi wymianę ekwipunku za pieniądze, cynicy uznali to za skok na kasę, szczególnie że firma brała zdrowy procent od każdej transakcji. Developerzy upierali się, że kierowały nimi szlachetne pobudki i utrzymywali, że dom aukcyjny ma stworzyć zaawansowaną platformę handlową. Po premierze „Diablo II: Pana

---

* Niektóre pomysły zrodzone przy okazji Diabelskiej Dłoni wypłyną przy Kostce Kanaiego, wszechstronnym magicznym pudełku, które między innymi pozwala graczom pochłaniać i gromadzić moc legendarnego ekwipunku.

Zniszczenia" w 2002 roku ludzie i tak kupowali potężne przedmioty za pieniądze na internetowych czarnych rynkach, prosto z niezabezpieczonych, lewych stron. Jak mówił Kevin Martens, celem Blizzarda było zapewnienie tym samym graczom „doświadczenia światowej klasy", bezpiecznego i pewnego.

Lecz niedługo po premierze „Diablo III" stało się jasne, że dom aukcyjny szkodzi grze. Niektórym graczom spodobało się handlowanie, pewnie – szczególnie tym, którzy zajęli się koszeniem łupu i sprzedawaniem go za ładne sumy – lecz dla wielu dom aukcyjny znacząco pogarszał jakość rozgrywki, redukując dreszcz emocji związany z polowaniem na ekwipunek. Gdzie zabawa związana ze zdobywaniem nowej, fajnej zbroi, skoro można było po prostu kupić sobie lepszą?

Grupa graczy, która nazywała się Żelaznymi Ludźmi (nawiązując do rodu Greyjoya z *Gry o tron*), postawiła sobie za punkt honoru niekorzystanie z domu aukcyjnego. Słała nawet petycje do Blizzarda, pytając, czy developerzy nie rozważą dodania takiej opcji do „Diablo III". „Była to społeczność graczy, która mówiła nam: »Ej, koledzy, niby nic się nie zmienia, ale jednak możliwość gry bez domu aukcyjnego to dla nas zupełnie nowe doświadczenie« – mówił Wyatt Cheng. – I faktycznie można spojrzeć na rozgrywkę z tej perspektywy, bo mamy naprawdę niesamowity tytuł. Po prostu dom aukcyjny może mieć negatywny wpływ na ocenę całości przez niektórych ludzi".

Któregoś dnia września 2013 roku, kiedy prace nad „Żniwiarzem Dusz" szły pełną parą, Josh Mosqueira siedział na spotkaniu i mazał w notesie. Było to rutynowe, comiesięczne zebranie, na którym dyrektor wykonawczy Mike Morhaime omawiał z kierownictwem firmy i szefami odpowiedzialnymi za poszczególne projekty strategię oraz kwestie finansowe, które Mosqueiry tak naprawdę nie dotyczyły i słuchał tego jednym uchem. Ale kiedy rozmowa zeszła na „Diablo III", nagle przedmiotem dyskusji stał się dom aukcyjny.

„[Mike] zapytał, co myślę – opowiadał Mosqueira. – Gdyby rozmowa toczyła się gdzie indziej, pewnie odpowiedziałbym: »Chyba muszę jeszcze o tym pomyśleć« albo „Nie jestem pewien", ale kiedy spojrzałem na tych ludzi i pomyślałem, jakie zaufanie mają do nas gracze, odparłem: »Wydaje mi się, panowie, że musimy sobie to odpuścić«".

Po krótkiej dyskusji na temat logistyki – Jak zakomunikować to graczom? Co zrobić z bieżącymi aukcjami? Jak długo powinni czekać z zamknięciem domu aukcyjnego? – wykrystalizowała się decyzja. Czas, aby dom aukcyjny zamknął swe podwoje. „Pomyślałem: »Wow, to się dzieje naprawdę« – mówił Mosqueira. – To chyba dzięki Mike'owi, to zapalony gracz. Kocha gry. I kocha graczy bardziej niż wszystko inne. Dlatego skłonny jest podejmować podobne decyzje i powiedzieć: »To zaboli, ale tak należy postąpić«".

17 września 2013 roku studio Blizzard ogłosiło, że w marcu 2014 roku zamknie swój dom aukcyjny. Fani byli, przynajmniej w większości, podekscytowani nowiną. Można było znów polować na łupy bez dręczącego człowieka uczucia, że prościej zapłacić za coś lepszego. Ktoś napisał na Kotaku: „Brawo, Blizzard, odzyskałem w was wiarę i może zagram raz jeszcze".

„»Diablo« doświadcza się najpełniej, kiedy nowe przedmioty podnoszące siłę naszej postaci otrzymujemy za zabijanie hord – powiedział Wyatt Cheng. – A jeśli poprawiam statystyki swojej postaci przez inne czynności niż walkę z potworami… Nie tak powinno to wyglądać".

Wydawało się, że znaleziono idealną formułę dla „Żniwiarza Dusz". Oprócz nowego obszaru gry (Zachodniej Marchii) i bossa (Malthaela), dodatek zawierał Łup 2.0 (darmowy dla wszystkich po ściągnięciu łatki), Tryb Przygodowy i przerobiony system poziomów trudności. Tydzień przed wypuszczeniem gry na rynek Blizzard zlikwidował dom aukcyjny. Kiedy Mosqueira i jego ludzie kończyli pracę nad dodatkiem i przygotowywali się do premiery, przeczuwali, że nadchodzi wyjątkowa chwila. Lada dzień mieli odzyskać zaufanie graczy.

Kiedy 25 marca 2014 roku „Żniwiarz Dusz" trafił na sklepowe półki, nie było żadnego Błędu 37. Tym razem Blizzard poprawił infrastrukturę. Poza tym firma zdecydowała się ulepszyć system komunikowania o błędach i nawet, jak się coś popsuło, to ostrzeżenie nie było tak mętne. „Myślę, że jedną z lekcji, jakie wyciągnęliśmy, to zapobieżenie sytuacji, kiedy podenerwowany logujesz się i nagle wyskakuje Błąd 37, a ty myślisz: »Co to znaczy? Nie mam zielonego pojęcia« – mówił Josh Mosqueira. – Teraz wszystkie informacje o błędach będą wyjaśniać, na czym polega problem i kiedy można spodziewać się jego rozwiązania".

Obserwując reakcje, personel Blizzarda kolektywnie odetchnął z ulgą. Gracze zresztą też. „»Diablo III« nareszcie odzyskało dynamiczne tempo, które niegdyś uczyniło tę serię wielką – pisał recenzent Ars Technica – poprawiono albo usunięto niemal wszystkie usterki, które nie pozwalały grze tej wielkości osiągnąć. »Żniwiarz Dusz« to zmazanie win »Diablo III«".

Dwa lata po premierze gry ludzie nareszcie zaczęli zakochiwać się w „Diablo III". „Gdy przetrzepało się internetowe fora albo czytało się przysyłane bezpośrednio do nas komentarze, dało się zauważyć, że narzekano na konkretne rzeczy, a nie ogólnie – mówił Kevin Martens. – Wtedy pomyślałem: »Okej, no to chyba nareszcie to mamy«". Kiedy Martens i inni designerzy przeczesywali Reddita albo Battle.net, cieszyli się, że gracze narzekali na takie rzeczy, jak zbyt słabe przedmioty albo poszczególne elementy gry wymagające ich zdaniem poprawki. Nie pojawiały się już brzmiące jak wyrok dwa słowa, które potrafiły uśmiercić każdą grę: „Ale nudy". Dla Josha Mosqueiry szczególnie satysfakcjonujące było to, że ludzie pokochali zwłaszcza wersję konsolową „Diablo III", która pojawiła się na PS3 i Xboxa 360 we wrześniu 2013 roku, a na nowszych konsolach (PS4 i Xboxie One) w sierpniu 2014. Po dekadach klikania fani czuli się, jakby dopuszczali się niemalże świętokradztwa, ale przyznali, że granie na padzie do PlayStation 4 było bardziej intuicyjne niż przy pomocy klawiatury i myszki.

Przez kolejne miesiące i lata Blizzard wypuszczało łatki i rozbudowywało „Diablo III". Niektóre były darmowe, jak Wyspa Szarej Pustki czy poprawiona wersja katedry z pierwszej odsłony gry, a inne (na przykład nekromanta, nowa klasa postaci) płatne. I choć fani lamentowali, że nie pojawił się kolejny duży dodatek (jeszcze w 2017 roku nie było go na horyzoncie), było jasne, że Blizzard zobowiązał się do kontynuowania wsparcia dla „Diablo III" przez długie lata. Innym developerom prawdopodobnie by nie zależało, szczególnie jeśli premiera zakończyłaby się klęską. „Mike Morhaime, prezes firmy, powiedział nam: »Chcemy zasłużyć sobie na zaufanie naszych graczy« – opowiadał Wyatt Cheng. – Zrobiliśmy z tą grą, co tylko mogliśmy. Wierzyliśmy w nią. Wiedzieliśmy, że jest świetna, dlatego byłaby to dla nas tragedia, gdybyśmy byli jedną z tych firm, która przekreśliłaby cały projekt po aferze z Błędem 37".

Ale Josh Mosqueira miał już dość „Diablo III". Latem 2016 roku odszedł z Blizzarda i razem z Robem Pardo, starym wygą, głównym designerem „World of Warcraft", założyli nowe studio – Bonfire. „Odejście z tego zespołu i firmy było najtrudniejszą niezagrażającą życiu decyzją, jaką kiedykolwiek podjąłem – powiedział Mosqueira. – Czułem jednak, że chcę wykorzystać szansę i spróbować zrobić coś zupełnie innego".

Opuścił Blizzard, zostawiając po sobie coś naprawdę wielkiego. „Diablo III" było jedną z najlepiej sprzedających się gier w historii; do sierpnia 2015 roku rozeszło się 30 milionów egzemplarzy. Tym samym udało się również udowodnić coś, co przez kolejne lata będzie inspirowało inne studia, łącznie z (ale nie tylko) twórcami „The Division" i „Destiny" (o którym będziemy mówili w rozdziale ósmym), czyli przekonanie, że każdą grę da się naprawić.

Często developerzy łapali rytm pod koniec prac nad grą, kiedy już wiedzieli, jak wygląda rozgrywka. Dla „Diablo III" i podobnych pozycji premiera była jedynie początkiem procesu produkcyjnego. „Nawet przy grze o jasno określonej wizji i doprecyzowanej tożsamości jak »Diablo« jednym z najtrudniejszych wyzwań jest początek projektu... – mówił Mosqueira. – Zanim gra się ukaże, każdy ma w głowie nieco inną wizję. Dlatego najciężej jest ją wypuścić. Potem już mniej się dyskutuje o pewnych rzeczach, ponieważ widzi się, czym gra faktycznie jest. Każdy etap jest trudny, lecz ten przed premierą to coś zupełnie innego. Jest bardziej egzystencjalny".

„Diablo III" było dowodem na to, że nawet najbardziej doświadczone i utalentowane studia na świecie dysponujące niemal nieograniczonymi środkami mogą potrzebować lat na odpowiednie dopracowanie gry. Że nawet przy trzeciej odsłonie serii nadal można się natknąć na niezliczone zmienne, które potrafią wytrącić wszystkich z rytmu. Że nawet jeśli gra zostanie wypuszczona z poważnymi usterkami, to można ją ulepszyć, o ile przeznaczy się na to czas, pieniądze i będzie naprawdę chciało się to zrobić. W 2012 roku, kiedy przez internet przewalił się Błąd 37, gracze myśleli, że „Diablo III" jest przeklęte. Nie było.

5

HALO WARS

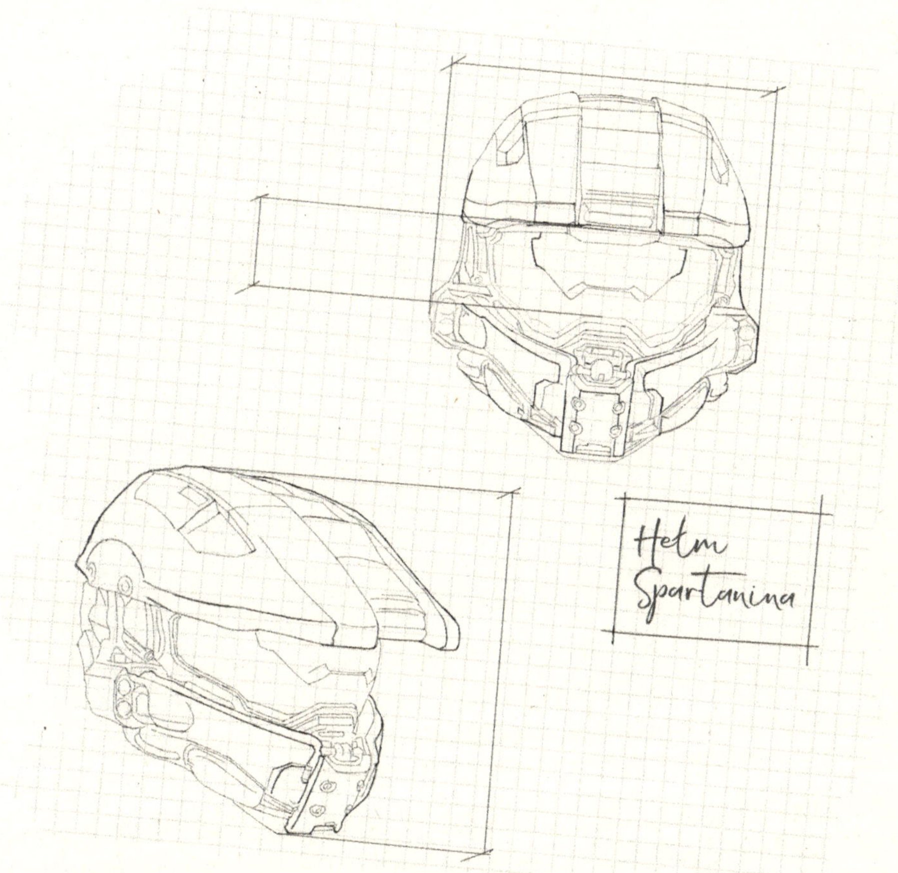

Latem 2004 roku management Ensemble Studios poleciał do Chicago na wyjazd rekreacyjny, który od początku wydawał się zespołowi osobliwie złowieszczy. Zarząd przechodził przez etap nazywany przez niektórych kryzysem tożsamości. Cała ekipa pracowała latami nad prototypami różnych gier, co nikomu z zainteresowanych nie dawało należytej satysfakcji. Potrzebowali paru dni, żeby wyrwać się z biura i przegadać parę rzeczy. „Uznaliśmy, że musimy zająć się czymś, co sprawia nam przyjemność – powiedział Chris Rippy, producent z Ensemble, który również wybrał się do Chicago wypocząć i pomyśleć. – Znaleźć swoją drogę".

Pytanie jednak, jakby to miało wyglądać? Ensemble, którego siedziba mieściła się w Dallas w stanie Texas, od niemal dziesięciu lat robiło praktycznie takie same gry. Studio zdobyło sławę „Age of Empires", serią gier wymagających ostrego główkowania, gdzie rozgrywkę rozpoczynało się zaledwie garstką osadników, którzy stopniowo budowali całą cywilizację. Tak jak „Warcraft" od Blizzarda albo „Command & Conquer" z Westwood, „Age of Empires" było strategią czasu rzeczywistego, czyli tak zwanym RTS-em, co oznaczało, że akcja rozwija się bez przerwy czy podziału na tury. Przechodziło się przez kolejne „ery" technologiczne (epoka kamienia, epoka brązu), zbierając różnorakie zasoby, stawiając budynki i szkoląc armię przeciwko swoim wrogom.

Aby ukończyć pierwsze „Age of Empires", personel Ensemble zaliczył, jak określił to Dave Pottinger, główny designer: „koszmarny, zabójczy marsz, którego nie sposób byłoby dzisiaj powtórzyć". Pracowali wtedy przez prawie rok po sto godzin na tydzień. I kiedy gra w 1997 roku nareszcie ujrzała światło dzienne, z miejsca okazała się przebojem i Ensemble, do spółki z wydawcą, Microsoftem, sprzedało miliony egzemplarzy. Spore pieniądze przyniosły także kolejne sequele „Age of Empires", dodatki i spin-offy, co ostatecznie doprowadziło do wykupienia firmy przez Microsoft. I tak Ensemble jeszcze w 2004 roku pracowało nad kolejną grą z serii, „Age of Empires III", która miała wyjść pod koniec następnego roku.

Ensemble było firmą nieortodoksyjną i traktowało wszystkich pracowników jak rodzinę, dlatego rzadko kiedy ktokolwiek stamtąd odchodził. Założone w 1995 roku studio składało się głównie z młodych, samotnych mężczyzn, którzy spędzali ze sobą wieczory i weekendy. „Praktycznie każdej soboty spora część naszego zespołu spotykała się u kogoś w mieszkaniu – pisał Ian Fischer, główny designer, w retrospektywnym artykule*. – Bywało tak, że w piątki po pracy jeszcze kilkanaście osób zostawało w pokoju do testów i grało w »Quake'a« (potem w »Quake'a 2«, a następnie w »Half-Life'a«) do trzeciej nad ranem… I nawet jeśli nie dzieliłeś mieszkania z gościem, obok

---

* Ian Fischer, *Powrót do przeszłości: Ensemble rozgryza, jak przejść z imperium do królów*, Gamesauce, wiosna 2010, www.gamesauce.biz/2010/09/05/ensemble-figures-out-how-to-go-from-empires-to-kings.

którego siedziałeś, to i tak prawdopodobnie jeszcze tej samej nocy kończyłeś u niego na piwie".

Nawet na początku XXI wieku, kiedy współzałożyciele Ensemble już dorośli i założyli prawdziwe rodziny, nadal łączyła ich nietypowa w branży chemia. Każdy potencjalny obiecujący pracownik musiał przejść proces paru rygorystycznych dyskusji z kolejnymi członkami zespołu, aż spotkał się ze wszystkimi dwudziestoma paroma developerami. Jeśli chociaż jeden z nich powiedział: „Nie", nie przyjmowano kandydata. „Naprawdę byliśmy jak rodzina – mówił Rich Geldreich, inżynier graficzny. – Trochę jak rodzina, trochę jak ekipa z domu studenckiego".

Latem 2004 roku, kiedy trwały prace nad „Age of Empires III", stare wygi z Ensemble zaczęły narzekać, że już im niedobrze od tej serii. Niektórzy mieli dość strategii jako takich. Kilkakrotnie próbowano ruszyć z drugą ekipą produkcyjną eksperymentującą z innymi gatunkami, ale nigdy nie udało się tego zamierzenia zrealizować, ponieważ Ensemble było niewolnikiem identycznego schematu. Przy produkcji trzeciej odsłony słynnej strategii powstał drugi zespół, który przez chwilę bawił się nowymi prototypami i różnymi konceptami. W trakcie prac główna ekipa od „Age of Empires" niezmiennie natrafiała na jakiś problem – jak wtedy, gdy po roku trzeba było przerobić cały design „Age of Empires II", bo zdecydowano, że niedobrze się na nim gra – więc management Ensemble poprosił wtedy drugą ekipę, aby zostawiła na moment swój projekt i pomogła kolegom. Za każdym razem, kiedy podobna sytuacja miała miejsce, zapał do pracy wygasał i cały cykl produkcyjny tracił parę niczym silnik, do którego nie dorzucono węgla.

„Od czasu »Age II« zaczęło to wyglądać tak, że byliśmy przywaleni niedokończonymi rzeczami i nawet kiedy próbowaliśmy robić inne gry, to i tak zawsze musieliśmy wciągnąć wszystkich do pracy [nad »Age«]" – opowiadał Dave Pottinger. Przez parę minionych lat drugiemu zespołowi Ensemble udało się zbudować prototypy RPG, gry platformowej i paru innych eksperymentalnych rzeczy, z których wszystkie zostały przez nich porzucone. Nie była to często spotykana praktyka, a Ensemble cierpiało z tego powodu szczególnie, chcąc pokazać światu, że potrafią zrobić coś poza kolejną odsłoną „Age of Empires". Dlatego też management latem 2004 roku postanowił udać się do Chicago i tam przemyśleć swój następny ruch.

Chris Rippy, Dave Pottinger i pozostali menedżerowie Ensemble rozważali możliwości. Mieli rozgrzebane dwa projekty: „Age of Empires III", kolejny flagowy tytuł, oraz dynamiczną grę samochodową „Wrench", do której nikt za bardzo nie miał serca. Debatowali dwa bite dni.

Czy naprawdę chcą kontynuować prace nad „Wrench"? Czemu robili tę grę? Siłą bezwładu? Przerzucali się pomysłami. A może wyprodukują klon „Diablo"? Albo zbudują ogromną wieloosobową grę sieciową (MMO)? Lub strategię czasu rzeczywistego przeznaczoną tylko na konsole?

Przez całe dekady uważało się, że tego typu gry to domena komputerów. Z uwagi na charakterystyczną dla gatunku szybkość i złożoność tytuły RTS tworzono z myślą o tym, że gracz jedną ręką obsługuje klawiaturę, wpisując komendy, a drugą kieruje kursorem myszki, poruszając się po mapie. Konsole takich urządzeń nie posiadały, miały jedynie kontrolery z joystickami i paroma przyciskami, które nie sprawdzały się przy prędkiej wielozadaniowości. Tak długo, jak istniał ten gatunek, nikt nie potrafił rozwiązać tego problemu. Pecetowi zeloci lubili wskazywać „StarCraft 64" (2000), czyli nieudany port gry Blizzarda, jako przykład tytułu, który nie potrafił oddać detali komputerowego pierwowzoru, co miało być dowodem na to, że po prostu RTS-y nie mogły działać na konsoli.

Angelo Laudon, doświadczony programista i członek managementu Ensemble, zawsze uważał inaczej. Jak większość inżynierów Laudon upajał się kwestiami problemowymi, które mógł spróbować rozwiązać, i uważał, że RTS na konsole to nie lada wyzwanie. „Angelo nieźle się nakręcił – mówił Chris Rippy. – Mieliśmy parę luźnych pomysłów, jak to zrobić". Podczas wypadu do Chicago zarówno Laudon, jak i Rippy mocno naciskali na strategie czasu rzeczywistego na konsole, bo miałaby to być znakomita okazja dla Ensemble. Mieli talent i doświadczenie, gracze szanowali ich jako ludzi specjalizujących się w RTS-ach, a na dodatek za kilka miesięcy ich firma matka, Microsoft, miała wypuścić wyczekiwanego Xboxa 360, potężną nową maszynę, na której mogła zagościć pierwsza udana strategia czasu rzeczywistego na konsole.

Plan ten pozwoliłby także Dave'owi Pottingerowi i reszcie zespołu, która miała już dość pracy nad podobnymi grami, rozpocząć nowe projekty. Przez lata dyrektor wykonawczy Ensemble, Tony Goodman, chciał zrobić grę MMO podobną do „World of Warcraft" od Blizzarda, która miała wyjść kilka miesięcy później, w listopadzie 2004 roku; niemal wszyscy w firmie grali w betę. Pomysł ten spotkał się w Ensemble ze skrajnymi reakcjami, lecz Goodman i niektórzy weterani, jak Ian Fischer, zawsze chcieli pochylić się nad czymś podobnym.

Pod koniec wyprawy do Chicago management Ensemble wyraził zgodę na rozpoczęcie prac nad trzema nowymi projektami: pierwszym był RTS przeznaczony na konsole, któremu nadano kryptonim „Phoenix"; drugim MMO zatytułowane roboczo „Titan"; trzecim „Nova", czyli utrzymane w stylu „Diablo" RPG w kostiumie science fiction, za które odpowiedzialny miał być zespół Pottingera, oczywiście jak tylko zakończy prace nad „Age of Empires III". Kierownictwo uznało, że skoro Blizzard potrafił żonglować „StarCraftem", „World of Warcraft" i „Diablo", to czemu Ensemble miałoby nie dać sobie rady z czymś podobnym?

Po powrocie do Dallas ogłoszono, że kasują „Wrench" i przerzucają się na nowe, bardziej ekscytujące projekty. Angelo Laudon został głównym programistą „Phoenixa", a Chris Rippy producentem. Aby ustalić, jak ma wyglądać rozgrywka, zaprosili do współpracy jednego z najbardziej doświadczonych developerów, designera o imieniu Graeme Devine.

Devine, przybysz ze Szkocji, nosił długie włosy i miał charakterystyczny, wysoki śmiech, a do tego jedno z najbardziej ciekawych CV w branży. Zaczynał w latach 80. jako nastoletni programista ze zleceniami od Atari, Lucasfilm Games i Activision. Przed trzydziestką Devine założył własną firmę, Trilobyte, i zaprojektował przebój „The 7th Guest", który łączył sprytne zagadki z kinowym rozmachem. Po sporze ze współwłaścicielem studia i upadku Trilobyte Devine zatrudnił się w id Software, gdzie pracował u boku jednego ze swoich najstarszych przyjaciół, legendarnego programisty Johna Carmacka. Cztery lata spędził, pomagając tam przy takich grach, jak „Quake III" i „Doom 3", po czym w 2003 dołączył do Ensemble, gdzie odpowiadał za kodowanie algorytmów ścieżki – matematycznych wzorów określających ruch jednostek – do „Age of Empires III". Z perspektywy czasu wybór ten wydaje się dziwny. Devine miał legendarny talent do projektowania gier i konstruowania opowieści. Czemu miał teraz siedzieć i uczyć ludzi podstaw? Jak mówi sam zainteresowany: „Zadzwonił do mnie Dave Pottinger i powiedział: »Hej, nie wykorzystujemy twojego potencjału i chcielibyśmy, żebyś rozpisał dla nas RTS na konsole. Co powiesz na objęcie zespołu, który spróbuje to zrobić?«".

Zgodził się od razu. Zapytał, kiedy zaczynają.

Zespół „Phoenixa" składał się z Graeme'a Devine'a, Angelo Laudona i Chrisa Rippy'ego oraz paru programistów i rysowników. Była to niewielka, zgrana paczka, której członkowie nie mogli się doczekać, aż rozpoczną pracę nad czymś, co nie było powiązane z „Age of Empires". „Banda wyrzutków" – lubił mawiać Devine. Niedługo potem przygotowali zarys głównej osi fabularnej, którą stanowił konflikt pomiędzy ludźmi a obcymi, coś jak w „StarCrafcie". Sposób rozgrywki miał być mocno zróżnicowany, zależnie do tego, którą ze stron się wybrało. Ostatecznie Devine kosmiczną rasę nazwał Rojem, a celem gry było wywołanie istnej wojny światów, nasłanie ogromnych maszyn z innej planety na waleczne armie ludzkości.

Wymyślanie podobnych rzeczy było łatwe. Schody zaczynały się, jak doskonale wiedział Devine, przy opracowywaniu sterowania. Zwykle kierowane do produkcji gry miały już schemat, na którym bazowano. Kiedy robiło się strzelankę FPP, to było oczywiste, że prawym przyciskiem naciska się na spust, a lewym celuje, lewy joystick odpowiadał za ruchy postaci, a prawy za obroty kamery. Designerzy pracujący przy dużych seriach, takich jak „Call of Duty" czy „Assassin's Creed", mogli nanosić poprawki na ustaloną z góry formułę.

Projekt „Phoenix" nie miał podobnego luksusu. Głównym powodem, dla którego gry strategiczne nigdy nie radziły sobie najlepiej na konsolach, była nieobecność owego odgórnego schematu sterowania. Dlatego Devine i jego zespół od razu zaczęli zadawać podstawowe pytania dotyczące kwestii, które zostały już w większości gier rozwiązane. Jak poruszać się po ekranie? Czy przy pomocy kursora zaznaczać jednostki i wydawać im komendy jak w „Age of Empires"? A może kierować nimi bezpośrednio? Czy da się wybrać kilka jednostek równocześnie? Jak będzie wyglądał proces stawiania budowli?

Znalezienie odpowiedzi było niemożliwe bez sprawdzenia wszystkich możliwości, dlatego Devine i jego zespół eksperymentowali całymi miesiącami. „Przedzieraliśmy się przez niezliczone prototypy – mówił Colt McAnlis, którego zatrudniono jako inżyniera graficznego. – Jak poruszać kamerą, jak ma ona działać przy jednoczesnym zaznaczaniu jednostek i jak sprawić, aby ludziom nie robiło się od tego niedobrze. Sporo przełomowej roboty badawczo-rozwojowej".

Przebili się przez setki różnych możliwości. Grali między innymi w „Pikmina" i „Aliens versus Predator: Extinction", gry na konsole z elementami strategicznymi, i próbowali ustalić, co zadziałało, a co nie. „Zaczęliśmy wykorzystywać ich pomysły, z pominięciem rzeczy, które by nam się nie przydały – mówił Chris Rippy. – Wszystkie te gry miały w sobie przemyślane i fajne rozwiązania i po prostu zebraliśmy je do kupy".

Każdego tygodnia – zwykle codziennie – zespół spotykał się na obowiązkowych sesjach, na których ekipa „Phoenixa" testowała prototypy opracowane przez ostatni tydzień. Był to rygorystyczny i zadaniowy proces, który sprowadzał się do ostrej selekcji. „System przekazywania sobie wzajemnych opinii był w Ensemble co prawda brutalny, lecz szczery, pomagał stworzyć naprawdę dobrą grę" – mówił Devine. Dzięki owym testom zespół przygotował kilka możliwych wersji sterowania, które wydawały się satysfakcjonujące, tak jak opcja „wyboru obszaru", która pozwalała na przejęcie kontroli nad grupą jednostek przez przytrzymanie przycisku „A".

Potrzebowali jedynie akceptu od korporacji. Choć Microsoft dawał Ensemble swobodę przy opracowywaniu wersji prototypowych, takich jak „Phoenix" i innych tytułów przygotowywanych przez drugą ekipę, które ta w ciągu lat porzucała, nie dało się ich wypuścić na rynek bez zgody firmy matki. Póki szefowie z Redmond nie dadzą Ensemble zielonego światła na popchnięcie gry ku fazie produkcyjnej i zatrudnienie nowego personelu, „Phoenix" miał pozostać w czyśćcu.

Kiedy osoby decyzyjne od Xboxa przyjechały na wizytację, zespół „Phoenixa" zaprezentował im prototypy, Microsoft wydawał się zadowolony z tego, co zobaczył, i polecił Ensemble kontynuować pracę nad projektem. Pod koniec 2005 roku, kiedy reszta studia szykowała się do premiery „Age of Empires III", zespół „Phoenixa" przyłożył się do roboty, zmotywowany faktem, że nareszcie pracuje nad grą niemającą nic wspólnego z „Age" i że Microsoftowi podoba się to, co zrobił.

Członkowie ekipy od „Age of Empires III", zmuszeni do pracy do późnej nocy, nie byli aż tak podekscytowani. „Był to ciekawy okres dla Ensemble, bo Microsoft nigdy wcześniej nie wyrażał zainteresowania żadną z ich »pobocznych gier« – opowiadał Dave Pottinger, główny designer przy „Age of Empires III". – I niestety dla nas był to RTS. A tak długo próbowaliśmy zrobić coś innego niż strategię. Baliśmy się zaszufladkowania jako studio od RTS. Lecz, rzecz jasna, tego chciał Microsoft. Dlatego nas kupili, w tym byliśmy dobrzy, chcieli, żebyśmy robili to dalej".

Microsoft nigdy jeszcze nie przyklepał żadnego prototypu, lecz reprezentantom firmy naprawdę podobał się „Phoenix". Ludziom od Xboxa, którzy niemal obsesyjnie skupili się na pokonaniu PlayStation 3 w tak zwanej wojnie konsolowej, przypadł do gustu pomysł dołączenia ich flagowego studia do rodziny Xboxa 360. Za to nie podobał im się pomysł utworzenia nowej marki, ponieważ wypromowanie zupełnie nowego tytułu sprawiłoby Microsoftowi nie lada trudności. Nie dość, że strategie czasu rzeczywistego i tak było trudno sprzedać z definicji i zwykle radziły sobie na rynku gorzej niż strzelaniny FPP, które firma uwielbiała, to jeszcze obawiano się, że bez silnej marki stojącej za „Phoenixem" wydawca nie zdoła sprzedać tylu egzemplarzy, aby usprawiedliwić dokonaną inwestycję.

Dla Ensemble zielone światło oznaczało także perspektywę odbycia serii spotkań z ludźmi od Xboxa jak Phil Spencer i Peter Moore, co spadło na zespół od „Phoenixa". Podczas pierwszej rozmowy wszystko poszło gładko. Ale kiedy Graeme Devine i jego ekipa spotkali się z Microsoftem po raz drugi, otrzymali nowe wytyczne: mieli zrobić z tego „Halo".

„Wtedy to był niesamowicie gorący tytuł" – mówił Peter Moore. Pierwsze dwie odsłony serii sprzedały się w milionach egzemplarzy, a zapowiedziane na 2007 rok „Halo 3" było jedną z najbardziej wyczekiwanych gier. „Czuliśmy, że tę markę dało się wykorzystać na gruncie strategii czasu rzeczywistego, bo mieliśmy dobrze skonstruowany świat. Dobrzy kontra źli. Niczego więcej tego typu gra nie potrzebowała. I wydaje mi się, że wszystkie informacje, które posiadaliśmy, sugerowały, że ryzyko byłoby mniejsze przy »Halo« niż przy zupełnie nowym tytule".

Tego typu pomysł nie był w branży niczym nowym, bo wydawcy zwykle bywali dość konserwatywni i woleli nie podejmować ryzyka. Stawiali, jeśli tylko było to możliwe, na mocne marki i sequele. Nawet najbardziej ambitne studia czasem przerabiały swoje gry tak, aby dopasować je do znanych serii. Ale Devine i jego developerzy, mając za sobą niemal rok spędzony przy projekcie, zareagowali na nowe wytyczne mniej więcej tak, jak matka, której kazano wymienić noworodka na jakiegoś ładniejszego.

Po długich i ożywionych dyskusjach szefostwo Microsoftu postawiło sprawę jasno i wyłuszczyło, że jeśli Ensemble chce wyprodukować RTS na konsolę, musi to być część uniwersum „Halo". I koniec pieśni. „Generalnie powiedziano nam, że albo zrobimy »Halo« – mówił Devine – albo nas wszystkich wyrzucą".

Devine był zdruzgotany. Całe miesiące zajęło mu tworzenie świata „Phoenixa" oraz postaci. Uważał, że wszystko to było dla gry tak samo istotne, jak cała reszta. To nie miał być przecież zwyczajny „RTS na konsole", ale jego autorski projekt. „Kiedy jesteś zarobiony po łokcie przy swojej grze – mówił – naprawdę się w niej zakochujesz. Jest twoja i to cudowne uczucie".

Devine zdawał sobie również sprawę z tego, że podmienienie napisanej przez niego fabuły uniwersum „Halo" niesie ze sobą różnorakie logistyczne konsekwencje i będą musieli odrzucić sporą część wykonanej pracy. „Gdy dostajesz zlecenie na »Halo«, próbujesz wyjaśnić, że nie wystarczy nazwać obcych »Przymierzem«, a ludzi przemianować na »UNSC«. Konieczne są znacznie poważniejsze zmiany – mówił Devine. – Lecz chyba nie zrozumiano nas jasno. Microsoft myślał zapewne, że chodzi o zmianę palety, o zmianę graficzną".

„Nie wydaje mi się, abym był jakoś wyjątkowo zaskoczony – powiedział Chris Rippy. – Jestem pewien, że całą tę sprawę

Graeme bardziej przeżył, bo włożył w ten projekt krew, pot i łzy, a poza tym to facet z pasją, dlatego wiem, że było to dla niego bolesne".

Załamany, Devine rozważał odejście z Ensemble. Usiadł przed komputerem i odpalił Google. O co chodziło z tym całym „Halo"? Pewnie, to duży tytuł. Ale czemu ludzie tak za nim szaleli? Chodziło tylko o strzelanie do obcych? A może było tam drugie dno, którego Devine nie zauważył?

Im dłużej czytał o fabule „Halo" – od obdarzonego niezwykłymi umiejętnościami Master Chiefa do potężnego obcego imperium znanego jako Przymierze – Devine zaczął zdawać sobie sprawę, że chyba jednak rozchodzi się o to drugie. „Wyobrażałem sobie, że na ekran wyskakują poruszający się naprawdę szybko fioletowi kosmici i się do nich strzela – powiedział Devine. – Poniedziałkowy poranek powitałem myślą: »Kurde, naprawdę przez lata włożyli w to sporo pomyślunku. Może jednak to nie jest taka prosta gierka, jak myślałem«".

Pokrzepieni tą refleksją Devine i jego zespół podjęli zgodną decyzję: przerobią „Phoenixa" na „Halo Wars". Żegnaj, Roju, witaj, Master Chiefie.

Tyle że nie mogli wykorzystać Master Chiefa. Bungie, studio odpowiedzialne za „Halo", nie chciało, aby jacyś obcy z Texasu bawili się ich ikonicznym już bohaterem. Bungie i Ensemble były siostrzanymi firmami, lecz z tej dwójki rodzeństwa to Bungie było tym starszym, popularniejszym i skupiającym na sobie całą uwagę mamy i taty. „Age of Empires" było oczywiście niezwykle popularną serią, ale przy „Halo" jej popkulturowa siła oddziaływania była porównywalna z opublikowanym na Instagramie zdjęciem brunchu. W 2005 roku rzeczona pierwszoosobowa strzelanina od Bungie była jedną z najgorętszych rzeczy na tej planecie.

Kilka dni później kierujący zespołem „Phoenixa" polecieli do Seattle, żeby rozmówić się z Bungie. Na początek spotkali się z najważniejszymi developerami. Zobaczyli się z Joem Statenem, długoletnim scenarzystą „Halo", z którym rozmawiali o świecie gry i fabule. Potem rozprawiali z Jaime'em Griesemerem, głównym designerem serii, zrozumiałym tylko im żargonem na temat schematu sterowania. Następnie stanęli przed resztą personelu Bungie, który zebrał się w jednej z salek konferencyjnych. Kiedy Chris Rippy i Graeme Devine tłumaczyli twórcom „Halo", na czym polega ich ekscytujący nowy projekt, odpowiedziały im jedynie puste spojrzenia.

„Powiedzieliśmy, że zamierzamy zrobić RTS w świecie »Halo« i chyba żaden z nich nie miał pojęcia, o czym mowa, nikt ich nie ostrzegł, o czym będziemy rozmawiać – mówił Rippy. – A jeśli znasz gości z Bungie, to wiesz, że bardzo dbają o swoje. Chyba ich zszokowaliśmy. Nie chcę powiedzieć, że byli do nas wrogo nastawieni, ale przyjęli nas raczej chłodno. Ale nie obwiniam ich za to. Bo jeśli ktoś przyszedłby do nas i powiedział: »Ej, robimy grę akcji z »Age of Empires«, to pewnie zareagowalibyśmy podobnie, gdybyśmy nie mieli pojęcia, że coś takiego się planuje".

Aby rozładować napięcie, Devine i Rippy zrobili to, co szło im najlepiej: zaczęli grać. Po paru minutach nawijania ludziom z Bungie o „Halo Wars", Devine zaprezentował im wczesną wersję „Phoenixa", chcąc udowodnić, że na konsoli też da się zagrać w RTS. „Do tej pory zdążyli już się nieco otrząsnąć, siedli przy ekranie i zagrali – opowiadał Rippy. – Okazało się to bardzo pomocne".

Nie zaszkodziło też, że Devine był gotowy przyjąć największą możliwą dawkę „Halo" i chłonął absolutnie wszystko, co mówił Joe Staten, bez względu na to, jak bardzo mętne lub ciężkostrawne to było. Pod koniec wizyty Devine potrafił, i to szczegółowo, omówić różnicę pomiędzy San'Shyuum a Sangheili (ci pierwsi byli przywódcami Przymierza obdarzonymi profetycznymi umiejętnościami , a ci drudzy rasą sauriańskich wojowników).

Kiedy zespół „Halo Wars" wylądował z powrotem w Dallas, od razu zajął się rozkładaniem na czynniki pierwsze wszystkiego, co do tej pory zrobiono. Zachowano schemat sterowania i interfejs użytkownika, ale cała reszta stworzona na potrzeby projektu „Phoenix" nie nadawała się do gry z serii „Halo". Zespół rozpoczął pracę nad nowym designem, fabułą i concept artami, mając świadomość, że ogólnie rzecz biorąc, trzeba było zacząć od nowa.

Jako że Bungie zachowało prawa do wszystkiego, co związane z „Halo", Ensemble musiało zyskać akcept studia nawet przy tych najbardziej podstawowych pomysłach dotyczących scenariusza, co przypominało męczący, biurokratyczny proces. Ensemble zdecydowało, że fabuła gry będzie się obracać wokół żołnierzy United Nations Space Command (UNSC) i statku Duch Ognia, zaś lwią część rozgrywanych batalii umiejscowiono na planecie Arcadia, którą wymyślono specjalnie na potrzeby „Halo Wars". Oczywiście wszystkie te decyzje musiały przejść przez Bungie.

Graeme Devine, żeby zjednać sobie odpowiednie osoby z siostrzanego studia, zaprojektował fikcyjną broszurkę dla podróżujących na Arcadię i pokazał ją Joemu Statenowi z Bungie, który nadzorował wszystkie kwestie fabularne. „Powiedziałem: »Dorzucam nową planetę. Pozwolisz mi ją dołączyć? Masz tu broszurkę«" – opowiadał Devine. Staten był oczarowany jego inwencją i dziwacznymi pomysłami. Kilka miesięcy później Devine latał co parę tygodni do Seattle, gdzie miał pracować z Bungie nad fabułą „Halo Wars". „Myślę, że z początku byli naprawdę zaniepokojeni – mówił – ale z czasem zaczęli mi szczerze ufać".

Ale i tak zespół „Halo Wars" czuł, jakby ciągle był parę kroków w tyle. Trudno było opowiedzieć historię osadzoną w uniwersum „Halo", skoro świat ten istniał głównie w głowach ludzi żyjących ponad trzy tysiące kilometrów dalej. Poza tym Bungie miało na głowie własny projekt, czyli owiane jeszcze tajemnicą „Halo 3". „Natrafiliśmy na pewien problem, bo byliśmy zależni od tego, ile zechcą nam ujawnić na temat tej gry, pokazać i powiedzieć, co znacznie utrudniało nam pracę – mówił Chris Rippy. – Nie zdradzali fabuły i pilnowali tego, nad czym pracują, przez co mieliśmy spore luki i nie byliśmy pewni, z czym będziemy mieli do czynienia".

Prawda jednak wyglądała tak, że spora część szefostwa Bungie nigdy do końca nie pogodziła się z myślą o „Halo Wars", co znajdowało potwierdzenie w relacjach osób z obu firm. Bungie tolerowało ciągłe zapytania Ensemble i udzielało grzecznych odpowiedzi. Bawił ich dziwaczny Graeme Devine i doceniali klasę Joego Statena, lecz nieoficjalnie personel Bungie marudził, że inne studio majstruje przy „Halo". Zdarzało się, że kiedy Ensemble przysyłało pytania albo prosiło o pozwolenie na wykorzystanie jakiegoś motywu, Bungie ich blokowało. W wywiadzie dla portalu GamesIndustry.biz z 2012 roku szef Ensemble, Tony Goodman, wypowiedział się publicznie o tej niełatwej relacji: „Bungie nie leżał ten pomysł. Nazywali to »kurwieniem marki« czy coś".

Napięcie pomiędzy dwoma studiami pogorszyło sytuację Ensemble borykającego się z innymi problemami. Prace nad „Halo Wars" nie szły zbyt gładko, a przerzucenie się na nowe uniwersum opóźniło zespół – jak szacowano – o kilka dobrych miesięcy. Zdecydowali się zostawić schemat sterowania – desi-gnerzy z Ensemble byli przekonani, że nareszcie udało im się złamać kod „RTS-a na konsole" – ale wykoncypowanie i bu-dowa świata na bazie „Halo" zabierały więcej czasu, niż sądzili.

Microsoft oficjalnie dał zielone światło „Halo Wars" w po-łowie 2006 roku, co oznaczało, że management Ensemble mógł przydzielić do projektu kolejnych ludzi i rozpocząć pracę nad projektami graficznymi oraz kodowaniem, aby popchnąć grę dalej. Tylko jeszcze musiano skonfrontować się z pewną kwestią, która wypłynęła parę miesięcy wcześniej: z Ensemble tylko Graeme Devine, Chris Rippy, Angelo Laudon i reszta ich niezbyt licznego zespołu naprawdę chciała pracować nad „Halo Wars". Po dekadzie ślęczenia nad niczym innym jak „Age of Empires" i spin-offami serii stare wygi ze studia miały dość strategii. Spora część ekipy przerzuciła się na dopiero wykluwa-jący się projekt MMO, mając nadzieję, że uda im się przekuć swoją fascynację „World of Warcraft" we własny przebój. Inni woleli „Diablo" w stylu SF od Dave'a Pottingera – „Novę".

Całe Ensemble nie potrafiło dojść do porozumienia, co ro-bić dalej, dlatego zabrano się do robienia mnóstwa różnych rzeczy. Pracownicy żartowali, że nazwa ich studia – Zespół – jest jak ironiczna puenta, bo akurat wtedy nie czuli się zbytnio jak rodzina. Teoretycznie powinni byli przekierować wszystkie swoje siły na „Halo Wars", bo rodzice z Microsoftu nie dali akceptu na pozostałe prototypy, ale skłócone studio podzie-liło się na kliki. Zespół „Age of Empires III" nie miał ochoty przenosić się do „Halo Wars", z kolei część ekipy „Halo Wars", nawet kiedy potrzebowała nowych ludzi, mocno się sprzeciwiała, żeby przyjąć kolegów z „Age of Empires III".

„Nam akurat to nie przeszkadzało – mówił Colt McAnlis, inżynier. – Była to część wewnętrznej polityki Ensemble. Mówiliśmy: »Okej, przesuńcie się i dajcie nam spokój«". Ekipa pracująca przy „Halo Wars" składała się głównie z młodszych, mniej doświadczonych ludzi, których weterani uważali za aroganckich i trudnych we współpracy. „Kiedy podejmowano decyzję, dociskali gaz do dechy – opowiadał McAnlis. – Nie było żadnej dyskusji. Żadnej ewaluacji. Tylko gadka: »Nie, robimy to tak, a jeśli coś się nie podoba, to wypad«".

Część personelu Ensemble była przekonana, że „Halo Wars" to projekt mający na celu dogodzenie Microsoftowi. Można to porównać to hollywoodzkiego aktora, który zagra w filmie superbohaterskim, żeby pozwolić sobie na zrealizowanie ambitniejszego projektu o zmianach klimatycznych. Większość weteranów z Ensemble chciało robić inne gry.

W którymś momencie szefostwo studia zdecydowało, że rezygnują z gry MMO, osadzonej w zupełnie nowym świecie SF. Podczas spotkania całego personelu management ogłosił, że zrobią MMO w uniwersum „Halo". Graeme Devine opowiadał, że designer Ian Fischer wstał i powiedział: „Zdecydowaliśmy, że wyprodukujemy grę pod szyldem »Halo«". Deklaracja ta zdziwiła wiele osób – i była dla Ensemble zapowiedzią złych wieści – bo jeszcze nie otrzymali oficjalnej zgody od Microsoftu. „Zrozumieliśmy, że Microsoft nie wyłoży takiej sumy pieniędzy na niepewną markę – powiedział Dave Pottinger. – Stąd pomysł, aby wykorzystać licencję »Halo« i zrobić tę grę. Owszem, nie zapytaliśmy jeszcze o pozwolenie, ale powiadomiliśmy o naszych zamiarach. Zdawaliśmy sobie sprawę, że to będzie ryzykowny wybór".

Komuś z zewnątrz cała ta sytuacja mogła się wydawać niedorzeczna. Ensemble zatrudniało mniej niż setkę ludzi, a jednak studio próbowało pracować równocześnie nad trzema różnymi grami, w tym nad MMO, które wymagało zaangażowania kilkudziesięciu ludzi. Zespół wydanego w 2004 roku „World of Warcraft", do którego poziomu aspirowało Ensemble, liczył, według rzecznika Blizzarda, między 50 a 60 osób. Studio nie mogło podjąć decyzji o tworzeniu gry bez zgody Microsoftu, co więcej, szefostwo nie wydawało się zbyt chętne, żeby przyklepać kolejny prototyp od Ensemble, lecz developerzy i tak pracowali dalej nad trzema grami jednocześnie. „Nagle mieliśmy na głowie kosmiczny RTS na konsole, kosmiczne MMO i kosmiczne »Diablo«, trzy zupełnie różne gry – mówił Dave Pottinger. – Jeśli mielibyśmy spojrzeć na tę sytuację sceptycznie, była ona dowodem na to, że przestaliśmy się dogadywać".

W wyniku całej tej sytuacji zespołowi „Halo Wars" nadal brakowało ludzi. „Przez naprawdę długi czas – opowiadał Rich Geldreich – zastanawiałem się, czemu przy tym projekcie pracuje zaledwie dwadzieścia parę osób, skoro to nasza kolejna duża gra, a na boku robimy kolejne prototypy". W tym czasie ekipa potrzebowała kolejnych programistów, którzy uporaliby się z co bardziej podchwytliwymi kwestiami cyklu produkcyjnego strategii czasu rzeczywistego, jak symulowanie sztucznej inteligencji. RTS wymagał od komputera podejmowania tysięcy drobnych decyzji na sekundę i cichego kalkulowania, kiedy postawić następny budynek czy przesunąć na mapie falangi jednostek. Niedoświadczeni programiści nie poradziliby sobie z podobnymi zadaniami.

„Wyobraź sobie, że masz do czynienia ze światem, na którym znajdują się setki jednostek i każda z nich musi odnaleźć swoją drogę oraz podejmować decyzje na bieżąco lub pozornie na bieżąco – mówił Geldreich. – Musi być w to zaangażowana jakaś forma sztucznej inteligencji. Kiedy wydajesz im rozkazy, zwykle są to złożone komendy typu: »Pójdźcie tam«, »Zaatakujcie tu« albo »Stójcie« czy coś takiego. I wszystkie muszą określić ścieżkę z punktu A do punktu B, co potrafi być bardzo skomplikowane. Wyobraź sobie, że jednostka idzie z punktu A do punktu B i wybucha budynek albo trzeba wyznaczyć nowy kurs, bo na ścieżce leżą ścięte drzewa. To dynamicznie zmieniające się problemy".

Dodajmy do tego jeszcze opcję multiplayer – kiedy działająca powoli i tnąca się sieć potrafi przerwać synchronizację dwóch komputerów i rozregulować symulację – i otrzymamy różnorakie trudności, które mogą prowadzić do zepsucia całej gry. Na domiar złego zespół nie mógł skorzystać z rozwiązań technologicznych opracowanych przy okazji gier z serii „Age of Empires". Zespół „Halo Wars" musiał zacząć od podstaw, pracując z zupełnie nowym silnikiem, który mógłby wykorzystać wyjątkową moc przetwarzania danych, jaką oferował Xbox 360. „Odnajdywanie ścieżek zawsze było sporym problemem przy RTS-ach, lecz mieliśmy wtedy za sobą już około 20 lat roboczych poświęconych na rozwiązanie tej kwestii – mówił Dave Pottinger. – Ale ekipa »Halo Wars« musiała zabrać się do tego od początku".

Pomimo tych potknięć Microsoft nadal był podekscytowany myślą o szykowanej przez Ensemble grze. 27 września 2006 roku wydawca pokazał światu „Halo Wars", promując nowy projekt za pośrednictwem dynamicznego zwiastuna przedstawiającego wojnę ludzi, Spartan, z obcą rasą. Pierwotnie Ensemble planowało zakończenie prac nad grą z końcem 2007 roku i najprawdopodobniej takiego terminu oczekiwał Microsoft, choć wizyta w studiu mogła dać firmie do zrozumienia, że nie ma na to najmniejszych szans.

Graeme Devine i jego „banda wyrzutków" dobrze się bawili, lecz przy „Halo Wars" brakowało personelu, szczególnie w kluczowych obszarach. Któregoś dnia Rich Geldreich, rozzłoszczony, że dział graficzny nie dość dokładnie uchwycił estetykę „Halo", wydrukował 400 kolorowych zrzutów ekranu z gier Bungie i porozwieszał na ścianach. „Porozklejałem je po całym studiu – mówił. – W łazienkach, w kuchni... W korytarzach, salkach konferencyjnych. Wkurzyłem się, że nasza gra nie wygląda jak »Halo«".

Pozostałym ekipom wcale nie szło lepiej. Po niemal roku pracy „Nova", prototyp Dave'a Pottingera inspirowany „Diablo", został skasowany. Microsoft zdecydował się dać zielone światło obiecującemu RPG akcji z innego studia – „Too Human"*. Następnie przez kilka miesięcy Pottinger z niezbyt licznym zespołem ślęczał nad innym prototypem – „szpiegowską »Zeldą«" pod tytułem „Agent" – ale nie miał wystarczającego zespołu, żeby go dokończyć, dlatego wkrótce potem przerzucił się do „Halo Wars". Jego ekipa rozpierzchła się – rysownicy zajęli się

* To mogła nie być zbyt dobra decyzja. „Too Human", wyprodukowane przez Silicon Knights w 2008 roku, zostało odebrane przez krytykę i graczy dość chłodno. Na dodatek w 2012 roku, po długiej batalii prawnej, przysięgli orzekli, że studio podczas prac nad grami, takimi jak „Too Human", złamało warunki umowy licencyjnej zawartej z twórcami silnika Unreal, Epic Games. Poza koniecznością wypłaty sporego odszkodowania Silicon Knight musiało wycofać z obiegu niesprzedane kopie gry, a nawet usunąć ją z cyfrowego sklepu Xboxa 360.

głównie MMO, a programiści dołączyli do ekipy „Halo", która rozpaczliwie potrzebowała pomocy przy kodowaniu.

Na początku 2007 roku Graeme Devine i jego ludzie rozpoczęli pracę nad demo gry na E3, która miała uciszyć sceptycznych graczy utrzymujących, że „Halo" nie da się przerobić na strategię czasu rzeczywistego. Na targi udało im się przygotować nieźle wyglądający dziesięciominutowy klip z narracją Devine'a, który prezentował serię batalii pomiędzy żołnierzami UNSC a paskudnymi obcymi z Przymierza. Gracz budował dwa Guźce – charakterystyczne dla serii opancerzone ciężarówki – i skakał nimi przez lodową szczelinę nieopodal bazy. „Guźce służą do przejmowania strategicznej kontroli nad obszarami, do których inne pojazdy się nie dostaną" – tłumaczył na filmie Devine. Fani zareagowali entuzjastycznie, co nakręciło zespół Ensemble. „Demo było naprawdę sexy i tego roku wróciliśmy z E3 podekscytowani tą grą" – opowiadał Dave Pottinger. – Odbiór był pozytywny. Graeme to znakomity showman i opowiadał o tym, jaką miłością darzy markę. Bo tak było. Ludziom spodobało się, że za przygotowywany mariaż »Halo« i RTS odpowiada człowiek, któremu seria nie jest obojętna i ma doświadczenie ze strategiami czasu rzeczywistego".

Lecz im dłużej trwały prace nad projektem, tym bardziej oczywiste wydawało się, że „Halo Wars" ma kłopoty. Niedługo po E3 2007 pojawiły się dwie poważne, problematyczne kwestie. Po pierwsze, zespołowi nadal brakowało rąk do pracy. Część weteranów z Ensemble nadal pracowała nad „Halo MMO". Mimo że gra nie miała akceptu, to pożerała znaczną część środków, jakimi dysponowało studio. Po drugie, design ulegał ciągłym zmianom. W wyniku ciągłej kasacji kolejnych prototypów i wewnętrznej polityki studia jeszcze przed końcem 2007 roku przy „Halo Wars" pracowało równocześnie kilku głównych designerów, w tym Graeme Devine i Dave Pottinger. Devine, który odpowiadał za projekt jeszcze od czasu „Phoenixa" (2005), miał w głowie określoną wizję, lecz Pottinger, starszy designer od „Age of Empires", który dołączył do zespołu parę miesięcy wcześniej, miał inne pomysły.

Orkiestra potrzebowała tylko jednego dyrygenta i ekipa „Hallo Wars" sporo czasu spędzała na żarliwych sporach. „Nikt nie krzyczał, ale bywało głośno – mówił Devine. – Zabawne, ale zawsze chodzi o przebieg rozgrywki. Czy gospodarka powinna być tania, czy kosztowna? Czy bazy mają być wolno stojące, czy połączone? Same konkrety, nie gadki typu: »Ale masz okropną koszulkę«. Istotne rzeczy, dzięki którym gra staje się lepsza. Lecz bywało naprawdę stresująco".

Jeden szczególnie głośny spór dotyczył kwestii, którą Devine nazwał „zasadą ośmiu", była to wytyczna towarzysząca zespołowi jeszcze od czasu „Phoenixa". Oznaczała ona, że gracz mógł wybrać jednocześnie tylko osiem jednostek, żeby gra na kontrolerze nie wydawała się zbyt toporna i skomplikowana. Niektórzy projektanci ją kwestionowali, argumentując, że przez nią rozgrywka będzie zbyt łatwa. Devine nie ustępował. „Kiedy codziennie testujesz grę, sterowanie nie sprawia ci problemu – mówił – zapominasz, że przecież normalnie trzeba się tego wszystkiego nauczyć. Nagle zaczynasz myśleć, że przecież sterowanie dziesięcioma jednostkami jest równie proste. Możesz nawet szesnastoma".

Obrazuje to powszechny dylemat cyklu produkcyjnego: kiedy pracujesz przy tym samym tytule parę lat, niechybnie się znudzisz. Kusi, aby trochę zamieszać dla samej zabawy, aby coś podrasować, bo nie możesz już patrzeć na ten prosty schemat kolorystyczny, który masz codziennie przed oczyma. Przy „Halo Wars" stawało się to punktem generującym ciągłe napięcie. Devine i jego zespół intencjonalnie uprościli grę w stosunku do strategii na komputery, bo gracze nie byli zaznajomieni ze schematem sterowania. A teraz mają ją skomplikować? „Staraliśmy się nie przedobrzyć – mówił Chris Rippy. – Jednym z największych problemów w branży są zbyt długie i częste testy, bo zaczynasz wymyślać problemy i dodajesz do gry zupełnie zbędne rzeczy".

Mimo że przygotowane na E3 2007 demo z narracją Devine'a zrobiło na fanach wrażenie, w całym zespole panowały złe nastroje. Prezentacja została napisana specjalnie na targi i nie dało się wykorzystać przygotowanego kodu w ostatecznej wersji gry. Owszem, grafika była generowana w czasie rzeczywistym, lecz sztuczna inteligencja nie została odpowiednio podpięta i rozgrywka nie była ani trochę tak satysfakcjonująca, jak mogłoby się wydawać po obejrzeniu dema.

Dave Pottinger uważał, że „Halo Wars" powinno pójść w zupełnie nowym kierunku. „Mieliśmy zrobić fajną grę – mówił – ale nam nie szło. Demo z E3 było świetne, lecz nie było reprezentatywne dla gameplaya, to reklama na targi". Następne miesiące upłynęły pod znakiem kolejnych gorączkowych kłótni. Zespół spierał się o podstawowe funkcje gry. Czy jednostki nie wydawały się na ekranie zbyt małe? Czy proces budowy bazy nie był zbyt skomplikowany? Czy powinni odpowiednio „posortować sterowanie" i przydzielić poszczególne przyciski do danego rodzaju jednostek jak w „StarCrafcie" i innych strategiach czasu rzeczywistego?

Podczas wszystkich tych przepychanek stało się jasne, że ktoś musi odpuścić. Tym kimś okazał się być Graeme Devine.

„Kiedy główni designerzy łapią się za łby, nie prowadzi to do niczego dobrego – powiedział. – Dlatego zwołaliśmy spotkanie, na którym oświadczyłem: »Dave, powinieneś przejąć stery. Mnie satysfakcjonuje scenariusz i zostanę przy fabule«". Devine nadal był twarzą gry i chwalił się postępami na spotkaniach z marketingiem Microsoftu i imprezach prasowych, a Dave Pottinger, który przez lata opierał się przed pracą nad kolejną strategią, został głównym designerem.

I od razu przerobił podstawowe mechaniki gry. „Praktycznie wyrzuciliśmy cały design i zaczęliśmy od nowa", powiedział. Pozmieniał w zasadzie wszystkie jednostki, łącznie ze skaczącymi Guźcami, które pokazali na E3, bo nie podobało mu się to rozwiązanie. Ostatecznie pojazdy te zostały zachowane, lecz nie potrafiły już przeskakiwać nad przeszkodami. Zrezygnował także z rozbudowanego systemu konstrukcji baz, zastępując go „gotowymi" kompleksami, z których każdy miał określoną liczbę miejsc. Przerobił również system pozyskiwania i zarządzania zasobami, ograniczając czas, jaki gracze mieli poświęcać na kwestie ekonomiczne. Dodał też przycisk „zaznacz wszystkie", któremu to pomysłowi zespół opierał się przez dłuższy czas. Choć gra miała zostać wypchnięta za zaledwie parę miesięcy, Pottinger pozbył się niemal całej roboty projektowej wykonanej przez Devine'a. „Przejąłem design – powiedział – a Graeme nadal pracował nad scenariuszem, co było robotą na cały etat. I doskonale sobie z tym radził".

Tymczasem inna ekipa Ensemble również przechodziła trudny okres. Od lat spora część studia pracowała nad swoim wymarzonym projektem – „Halo MMO". Nie była to już tajemnica, bo Microsoft wiedział, że firma pracuje nad własną wersją „World of Warcraft", lecz nie dał jeszcze zielonego światła. Niektórzy z ekipy Xboxa dziwili się, że studio oddelegowało do tego projektu tak dużą część personelu, skoro powinno skupić się raczej na „Halo Wars". „Często bywało tak, że ludzie [z Microsoftu] przychodzili do nas i mówili: »Co to, kurwa, ma być, czemu nad tym w ogóle pracujesz?« – mówił Colt McAnlis. – Pamiętam, jak na paru spotkaniach mówili: »Nie mieliśmy pojęcia, że się tym zajmujecie. Myśleliśmy, że zajmujecie się tamtym«". Ale parę osób z zespołu Ensemble zaprzecza tej wersji, mówiąc, że management Microsoftu doskonale zdawał sobie sprawę z tego, ile osób pracuje przy MMO.

Aż spadło ostrze gilotyny. Microsoft postawił sprawę jasno, że nie ma zamiaru wydawać kilkudziesięciu milionów dolarów na MMO, i projekt został bezceremonialnie skasowany. „A przecież była to pewnego rodzaju wymiana – opowiadał Dave Pottinger. – Po części zgodziliśmy się robić »Halo Wars«, bo miano nam dać szansę z MMO… Niestety wydaje mi się, że Microsoft nie chciał oddać nam tak dużego projektu". Parę osób z ekipy MMO przerzuciło się na nowe prototypy – łącznie z potencjalnym „Age of Empires 4" – a reszta przeniosła się do zespołu „Halo Wars".

Wszystkie te awantury nie umknęły uwadze Microsoftu. Już od czasu pierwszego „Age of Empires" (1997) istniały spięcia między Ensemble i wydawcą, lecz dopóki studio dostarczało gry i generowało zyski, ostatecznie wszystko rozchodziło się po kościach. Tyle że Ensemble nie wypuściło żadnej nowej gry od dwóch lat, od „Age of Empires III" (2005). Gadka o MMO irytowała szefostwo Microsoftu, które powoli odwracało się od gier na pecety na rzecz gorącego Xboxa 360 („Halo MMO" miało być przeznaczone na pecety). Utrzymywanie liczącego przeszło sto osób personelu Ensemble zaczynało wydawać się nie najlepszą inwestycją. „W przeciwieństwie do tego, co się zwykło uważać, pensje personelu to dla Microsoftu spore wydatki – mówił Shane Kim, wówczas wiceprezes działu Xboxa. – A tak duży zespół to ogromna suma. Są bardzo drodzy. I zdecydowaliśmy się te środki wykorzystać na innych polach".

W przeciwieństwie do większości developerów, którzy przychodzili do pracy około 10.00–11.00, Colin McAnlis był na stanowisku od 6.00. Uważał, że to najbardziej produktywny czas, kodował samodzielnie, nikt go nie rozpraszał. McAnlis odpowiadał za mnóstwo skomplikowanych zadań inżynierskich przy „Halo Wars": narzędzia graficzne, efekty świetlne i programowanie wielowątkowe. Samotność pomagała mu w pracy.

Pewnego poniedziałkowego poranka we wrześniu 2008 roku McAnlis przyszedł do biura o tej samej porze, co zwykle. Szybko zorientował się, że coś jest nie tak. Zamiast pustych stanowisk zastał dziesiątki współpracowników krzątających się przy biurkach. Pomyślał wtedy: „Co się, u diabła, tutaj dzieje? Co wy wszyscy tu robicie?". Kilka godzin później kolega powiedział mu, że parę szych z Microsoftu ma się pojawić z wizytą. Rozeszło się, że cały zespół Ensemble ma zjawić się na zebraniu firmy w dużej sali konferencyjnej. Gdy zajęli miejsca, przyglądali się czekającym na nich pracownikom z Microsoftu: ludziom od PR-u, wiceprezesom, kierownikom. Gdy wszyscy usiedli, Tony Goodman, dyrektor wykonawczy Ensemble, wstał i zrzucił prawdziwą bombę.

„Tony wszedł na scenę i powiedział: »Chcemy coś ogłosić« – opowiadał Graeme Devine. – »Po 'Halo Wars' zamykamy Ensemble«". Po 14 latach i tuzinie gier czas Ensemble dobiegł końca. Goodman dodał, że ma jednak dobre wieści: Microsoft chce, aby dokończyli bieżący projekt, czyli wszyscy zachowają stanowiska jeszcze przez kolejne cztery miesiące, co da ludziom wystarczająco dużo czasu, aby rozejrzeć się za nowymi zleceniami. „Microsoft chciał porozmawiać z nami, abyśmy razem pociągnęli »Halo Wars« do końca – mówił Devine – i [Tony] nawet nie zamierzał tłumaczyć, jak chcieli nas zatrzymać, skoro dowiedzieliśmy się, że po oddaniu tej gry stracimy pracę".

Przez dwie godziny reprezentanci Microsoftu, łącznie z wiceprezesem Shane'em Kimem, stali przed zgromadzonymi w sali pracownikami Ensemble i odpowiadali na ich pytania. „Pytali, czemu padło akurat na nich – mówił Kim. – »Przecież macie Rare, macie Lionhead [dwa inne studia]... Na bank są inne miejsca, gdzie możecie coś obciąć«. Niestety to jedna z ciemniejszych stron tej pracy".

Kim próbował podejść do sprawy dyplomatycznie, dodając, że Microsoft zaoferuje solidne odprawy tym, którzy zostaną w Ensemble do zakończenia prac nad „Halo Wars".

Niektórzy zaczęli płakać. Inni się wściekli. „Całkiem mi odjebało – opowiadał Colt McAnlis. – Moja żona dopiero co zaszła w pierwszą ciążę, spodziewaliśmy się dziecka pod koniec stycznia, czyli dokładnie wtedy, gdy firma miała zostać zamknięta. Miało się urodzić w dniu, w którym stracę pracę". Dwie osoby – bracia Paul i David Bettnerowie – od razu odeszły z Ensemble i założyły swoje studio, Newtoy, które wyprodukowało „Words with Friends", popularny klon „Scrabble". Można powiedzieć, że był to niezły ruch, bo w 2010 roku Zynga wykupiła ich firmę za 53 miliony 300 tysięcy dolarów. Niedługo po tym, jak usłyszał o planowanym zamknięciu studia, odszedł również Rich Geldreich, inżynier graficzny. „Mózg rozpadł mi się na dwie części – mówił. – Nie mogłem pogodzić się z faktem, że Ensemble implodowało, szalałem. To była świetna firma, w którą zainwestowałem pięć lat, a nagle cała ta technologia, kody, wszystko zniknęło. Nikt z nas nie przyjął tego gładko, każdy się złościł. To było niedorzeczne". Niedługo potem dołączył do Valve.

Ci, którzy zostali w Ensemble, i tak znaleźli się w niekomfortowej sytuacji. Nie chodziło o to, że za parę miesięcy zostaną bez pracy, ale że część z nich ją zachowa. Tony Goodman poinformował wszystkich, że jako część porozumienia w związku z zamknięciem firmy wynegocjował z Microsoftem pewną umowę. Mógł rozkręcić nowe, niezależne studio, które nazwał Robot Entertainment. Na mocy zawartego kontraktu będzie mógł opracować sieciową wersję „Age of Empires" i w tym czasie rozkręcać biznes.

Problem polegał na tym, że Goodman zabezpieczył tylko tyle funduszy, że mógł sobie pozwolić na zatrudnienie mniej niż połowy obecnego personelu Ensemble. I tylko kilka osób wiedziało, komu zostaną zaproponowane stołki. „Nagle ludzie zaczęli się rzucać na nową robotę – powiedział Colt McAnlis. – Wszyscy dostali korby, bo nikt nie miał pojęcia, co się dzieje. Toczyły się codziennie dyskusje na zasadzie: »Ej, rozmawiali z tobą? Nie rozmawiali? A gdyby zaproponowali ci robotę, przyjąłbyś ją?«". Oczywiście ci, których zaproszono do dołączenia do Robota, szybko się o tym dowiedzieli, ale reszta przez parę kolejnych dni snuła się po biurze jak upiory. Aby nieco oczyścić atmosferę, menedżer przykleił do ściany listę z nazwiskami tych, którzy przejdą do nowego studia. Tuziny ludzi zebrały się przy wyznaczonym miejscu, żeby zobaczyć, czy się załapali. „Było jak na filmach, w tej scenie, kiedy z klasy wychodzi nauczyciel – mówił McAnlis. – »Oto kto się dostał do drużyny cheerleaderek« i wszyscy biegną do tablicy".

Spora część Ensemble uważała, że kolejne polityczne niuanse dodatkowo pogarszają i tak już złą sytuację. „Nam wydawało się, że ratujemy połowę firmy – mówił Dave Pottinger – ale ci, którym nie zaproponowano posady, uważali, że wydymaliśmy połowę studia… Robiliśmy, co możemy. I też popełniamy błędy". Poza Richem Geldreichem i braćmi Bettnerami, mimo panującego tam chaosu, wszyscy zostali w Ensemble; do podjęcia tej decyzji przekonały ich odprawy. Przez kolejnych parę miesięcy studio próbowało odłożyć politykę – i myśl, że Ensemble niebawem zamknie swe podwoje – na bok i zająć się ukończeniem „Halo Wars".

„Staraliśmy się zmotywować zespół, jak tylko mogliśmy" – mówił Dave Pottinger. Personel Ensemble przysiadł do intensywnego, trwającego miesiące crunchu, sypiano przy biurkach aż do ostatniego dnia pracy nad „Halo Wars". Pod koniec stycznia było po wszystkim. Musieli odejść.

„Jestem szczególnie dumny z tego, że kiedy ogłoszono zamknięcie firmy, następnego dnia [odeszły trzy osoby] – mówił Pottinger. – Cała reszta została, żeby dokończyć grę".

„Czekaliśmy jak skazańcy na egzekucję – powiedział Graeme Devine. – Istne szaleństwo".

Na początku 2009 roku Microsoft posłał Devine'a w trasę po świecie. Podróżując razem z cokolwiek kontrowersyjnym brytyjskim designerem Peterem Molyneuxem, który miał niebawem wydać swoje RPG „Fable 2", Devine udzielał wywiadów i pokazywał dema „Halo Wars". Kiedy dziennikarze pytali o zamknięcie Ensemble, unikał odpowiedzi. „Pamiętam, jak

Microsoft podsuwał mi papierki i [mówił]: »O tym możesz rozmawiać«" – opowiadał Devine.

Te surrealistycznie ostatnie miesiące personel Ensemble starał się wykorzystać nie na dalsze rozgrzebywanie firmowej polityki, ale zgodną pracę, aby wypuścić coś, z czego ostatecznie będą dumni. Choć wiedzieli, że studio zostanie zamknięte, codziennie przychodzili do pracy i zaczynali ostry crunch. Robili wszystko, aby „Halo Wars" było tak dobre, jak to tylko możliwe.

„Zdarzały się fajne dni, zupełnie jakby nic się nie wydarzyło i nic się nie działo, ale potem nastał dobijający okres – mówił Chris Rippy. – Pracowaliśmy z ludźmi, przepełnionymi dumą z dotychczasowych osiągnięć, każdy chciał zrobić jak najlepszą grę, bo zdawaliśmy sobie sprawę, że będzie to, bądź co bądź, spuścizna tej firmy. Chcieliśmy zostawić po sobie coś, co będzie odpowiednio reprezentowało studio".

26 lutego 2009 roku nareszcie ukazało się „Halo Wars". Gra została ciepło przyjęta i portale, takie jak Eurogamer i IGN, oceniły ją pozytywnie. Z dzisiejszej perspektywy, biorąc pod uwagę wszystkie zawirowania z Ensemble, ludzie, którzy pracowali nad „Halo Wars", mogli być zadowoleni, jeśli wypuściliby grę na przyzwoitym poziomie. Okazało się, że Microsoft zatrudnił nowego developera – Creative Assembly – do sequela, „Halo Wars 2", który ukazał się w lutym 2017 roku.

Na zgliszczach Ensemble powstało kilka firm. Pierwsza to Robot Entertainment, które wyprodukowało „Age of Empires Online" oraz popularną serię gier o obronie wieży „Orcs Must Die!". Inna frakcja byłych developerów Ensemble założyła Bonfire, które zostało wykupione przez Zyngę, a w 2013 roku ostatecznie je zamknięto*. Potem trafili do Boss Fight Entertainment. Niemal dekadę po zmierzchu Ensemble wielu starych kolegów nadal ze sobą pracowało. Byli przecież rodziną.

„Nienawidziliśmy się, ale też i kochaliśmy – mówił Pottinger. – Ensemble podczas swojego istnienia straciło w porównaniu z innymi studiami naprawdę niewielu ludzi... Niemożliwe jest, by mieć statystyki odejścia na poziomie, jak mi się wydaje, czterech procent, jeśli ludzie nie są zadowoleni".

Podczas E3 2008, kilka miesięcy przed likwidacją Ensemble, zespół „Halo Wars" pokazał filmowy trailer gry, który patrząc z dzisiejszej perspektywy, mógł być podświadomym wołaniem o pomoc.

„Pięć lat. Pięć długich lat – mówił narrator, kiedy grupa marines odpierała najeźdźcze siły obcego Przymierza. – Z początku szło dobrze". Atakujący z powietrza obcy zdejmowali żołnierza za żołnierzem, a nierówna walka szybko przedzierzgnęła się w krwawą masakrę. Narrator kontynuował: „Niepowodzenie po niepowodzeniu i porażka po porażce uczyniły z szybkiego i zdecydowanego zwycięstwa pięć lat piekła".

---

* Nie mylić z innym studiem Bonfire, które współzałożył w 2016 roku Josh Mosqueira z Blizzarda.

6

DRAGON AGE: INKWIZYCJA

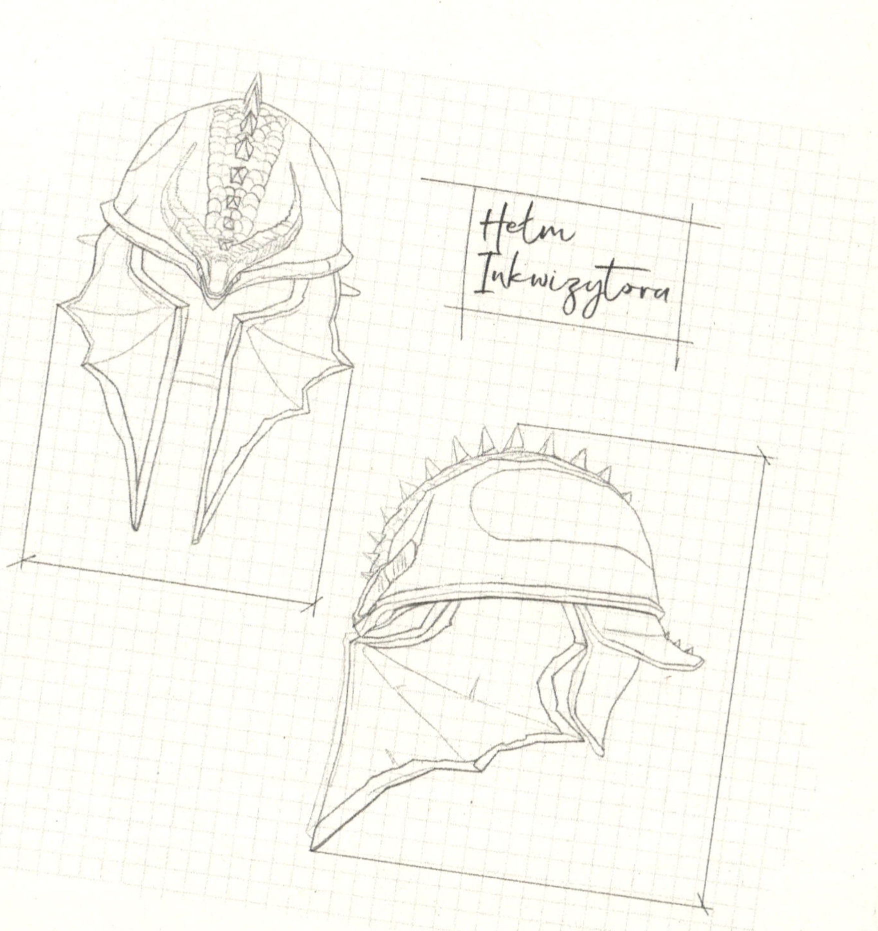

Portal internetowy Consumerist publikował niegdyś co roku wyniki ankiety na „Najgorszą amerykańską firmę". Czytelnicy portalu wybierali najbardziej nikczemną korporację, wykorzystując system March Madness, czyli na zasadzie stopniowej eliminacji. W 2008 roku, po upadku krajowej gospodarki, tytuł ten przypadł ubezpieczycielom z AIG. W 2011 roku wybrano BP, które wypuściło do Zatoki Meksykańskiej ponad 800 milionów litrów ropy naftowej. W 2012 i 2013 roku na szczycie listy znalazła się zupełnie inna firma, która pobiła między innymi Comcast i Bank of America. Ponad 250 tysięcy głosujących uznało, że najgorszą firmą w Stanach Zjednoczonych jest wydawca gier wideo – Electronic Arts (EA).

Istniało wiele powodów tego sromotnego zwycięstwa, łącznie z rosnącą popularnością opcjonalnych „mikrotransakcji"*, które EA przemycało do swoich gier, oraz ewidentną klęską

* Mikrotransakcje, które zdobyły popularność w połowie pierwszej dekady zeszłego tysiąclecia dzięki wydawcom takim jak EA, to płatności prawdziwymi pieniędzmi za przedmioty dostępne w grze (jak broń czy kostiumy). Niewiele rzeczy wywołało u graczy większą złość.

dostępnego jedynie online rebootu „SimCity”*. Ale szczególnie rozsierdziło graczy domniemane przez nich niegodne postępowanie EA wobec BioWare.

BioWare, studio developerskie założone w 1995 roku przez trzech lekarzy, którzy uznali, że produkcja gier może być fajnym hobby, zasłynęło w 1998 roku opartą na „Dungeons & Dragons” grą role-playing „Baldur's Gate” (tytuł ten okazał się na tyle znaczący, że odegrał niebagatelną rolę w opowieściach o dwóch innych grach z tej książki, „Pillars of Eternity” i „Wiedźminie 3”). Studio w kolejnych latach wypuściło serię RPG najwyższej próby, jak chociażby „Neverwinter Nights” i „Star Wars: Knights of the Old Republic”, oraz space operę „Mass Effect”, która spodobała się nie tylko tym, którzy lubili postrzelać do obcych, ale też lubili ich poprzytulać.

W 2007 roku Electronic Arts wykupiło BioWare i w ciągu paru następnych lat fani nabrali przeświadczenia, że firma obniżyła loty. Flagowe serie studia – „Mass Effect” i tolkienowskie w duchu „Dragon Age” – nadal uwielbiano, lecz uważano, że zatrzymały się w miejscu. Z kolei wydane w 2011 roku „Dragon Age 2” krytykowano z powodu wielu niedoróbek. Jakby tego było mało, „Mass Effect 3” z 2012 roku, które miało być zwieńczeniem kosmicznej trylogii, rozzłościło fanów kontrowersyjnym zakończeniem. Co więcej, podejmowane przez

---

* Z powodu problemów z siecią, zaraz po premierze w marcu 2013 roku, w „SimCity” nie dało się zagrać przez parę dobrych dni. Nawet kiedy zapanowano nad serwerami i gra zaczęła działać, odkryto błędy w symulacji: na przykład samochody zawsze wybierały najkrótszą drogę do celu, choćby ta była zakorkowana. Policja nie mogła pokonać prostego skrzyżowania. Handel miał wiele niedociągnięć. Na Kotaku pojawił się nawet specjalny hashtag: „Patrol katastrof SimCity”.

gracza decyzje fabularne wydawały się nie mieć wpływu na finał*.

Za tę sytuację obwiniono oczywiście EA. Czy problemy nie rozpoczęły się po przejęciu studia przez wydawcę? Wystarczyło spojrzeć na długą listę ikonicznych załóg, które musiały zwinąć żagle po wykupieniu przez EA – znalazły się na niej choćby Bullfrog („Dungeon Keeper"), Westwood („Command & Conquer") i Origin („Ultima"). Człowiek zaczynał myśleć z przestrachem, że niebawem przyjdzie kolej na BioWare. Fani głosowali w ankiecie Consumerist, chcąc w ten sposób przekazać pewną wiadomość, nawet jeśli miało to namaścić wydawcę gier na firmę podlejszą niż polujący na kredyty hipoteczne lichwiarza.

W tym czasie w owych niesprzyjających okolicznościach, szef BioWare, Aaryn Flynn, głowił się nad innym pilnym wyzwaniem: „Dragon Age: Inkwizycją", trzecią grą z serii fantasy. Miał to być najambitniejszy jak do tej pory projekt studia i zarazem dowód na to, że BioWare powróciło do formy, a umowa z EA nie okaleczyła kreatywności firmy. Flynn zamierzał udowodnić, że potrafią stworzyć RPG z „otwartym światem", gdzie gracz będzie mógł dowolnie przemierzać rozległe obszary. Ale „Inkwizycja" już miała opóźnienia z powodu nieznanej jeszcze developerom technologii. Nowy silnik gry, Frostbite, wymagał więcej pracy, niż ktokolwiek ze studia się spodziewał. „Odkrycie jego możliwości jest i podniecające, i wymaga

* BioWare wypuściło potem darmowe rozszerzenie z rozbudowanymi zakończeniami. Decyzję tę poparł prezes EA Labels Frank Gibeau. Szef studia Aaryn Flynn opowiadał: „Frank zapytał [twórcę gry] Caseya [Hudsona] i mnie, czy naprawdę chcemy to zrobić tylko po to, aby »nakarmić trolli«. Odparliśmy: »Nie, chcemy to zrobić, bo tak trzeba, musimy to naprawić«. A on na to: »Okej, skoro tak uważacie«".

pokory" – pisał w październiku 2012 roku Flynn na blogu BioWare, zaraz po ogłoszeniu nowego „Dragon Age". Być może gdyby wcześniej machnął kilka kolejek wódki – albo nie musiał się martwić tym, co pomyśli sobie dział PR Electronic Arts – dodałby to, czego naprawdę bało się całe BioWare: niewykluczone, że ów nowy silnik to nic innego jak techniczna katastrofa.

Siedziba BioWare mieści się w niewielkim kompleksie biurowym niedaleko od centrum Edmonton, mieście słynącego z gigantycznych galerii handlowych i temperatur, które spadają poniżej akceptowalnego przez człowieka poziomu. Nic dziwnego, że to akurat oni wymyślili „Dragon Age", bo jeśli chciało się wyśnić fantastyczny świat zamieszkały przez mityczne stworzenia zionące ogniem, to niewiele miast nadawało się do tego bardziej niż Edmonton.

BioWare miało nadzieję, że „Dragon Age", które rozpoczęło swój żywot w 2002 roku, odniesie sukces porównywalny z grami z serii „Władca Pierścieni", lecz cykl produkcyjny przeciągnął się do piekielnych siedmiu lat i „Dragon Age: Początek" ujrzało światło dzienne dopiero w listopadzie 2009. Ale za to spodobało się praktycznie wszystkim graczom. Miłośnicy rasowych RPG docenili oparte na strategii pojedynki i okupione konsekwencjami wybory, a co bardziej romantyczni – opcję uwodzenia rozmarzonych członków wyprawy, jak przemądrzały rycerz Alistair i zmysłowa czarodziejka Morrigan. „Dragon Age: Początek" okazało się ogromnym sukcesem. Sprzedano miliony egzemplarzy i – co najważniejsze – zainspirowano setki tysięcy linijek fanowskiej prozy.

Na czele zespołu odpowiedzialnego za grę stał Mark Darrah, lubiany weteran BioWare, który pracował w firmie od drugiej połowy lat 90. Darrah miał sarkastyczne poczucie humoru i krzaczastą brodę, która – kiedy go poznałem w 2013 roku – była płomiennoruda, ale trzy lata później wykwitły na niej plamki siwizny.

„Mark znakomicie sobie radzi w branży gier – mówił Cameron Lee, producent z BioWare. – Ekipę »Dragon Age« nazywamy tutaj załogą pirackiego okrętu, bo dotrą tam, gdzie trzeba, i wszędzie ich pełno. Popłyńcie tu. Łyknijcie rumu. Popłyńcie tam. Zróbcie to i siamto. Tam Mark prowadzi swój zespół". Odmienną opinię na ten temat miała inna pracująca nad grą osoba: „»Dragon Age« nazywaliśmy statkiem pirackim, bo kurs wyznaczał zwykle ten, kto najgłośniej krzyczał. Mądrze przejęli tę nazwę i przekuli na coś pozytywnego".

Po wypchnięciu „Dragon Age: Początku" w 2009 roku Darrah i jego piracka załoga mieli już zarys kolejnej dużej gry. O ile w „Początku" grało się fanatycznym Szarym Strażnikiem, który poświęcił życie na walkę z demonami, sequel miał opowiadać o konflikcie politycznym na dużą skalę. Darrah wymyślił fabułę o Inkwizycji, autonomicznej organizacji rozwiązującej problemy na całym świecie, której przewodziłby gracz. Ale plany się zmieniły.

Prace nad inną grą BioWare MMO „Star Wars: The Old Republic" stanęły w miejscu. Studio w Austin w Teksasie ciągle nie wyrabiało się na wyznaczone daty premiery, stopniowo przesuwając termin z 2009 roku na 2010, a potem 2011. Sfrustrowani szefowie EA domagali się od BioWare nowego produktu, żeby podnieść kwartalne wyniki sprzedaży, i zdecydowali, że zespół „Dragon Age" musi wypełnić lukę. Po długich dyskusjach Mark Darrah i Aaryn Flynn zgodzili się ukończyć sequel „Dragon Age" do marca 2011 roku, czyli 16 miesięcy po premierze pierwszej gry.

„Przesunięto »The Old Republic« i zrobiła się wyrwa – mówił Darrah. – Ogólnie rzecz biorąc, »Dragon Age« istnieje tylko dlatego, aby ją załatać. Takie było założenie. Zawsze miała to być łata". Darrah chciał nadać grze tytuł „Dragon Age: Exodus" („Żałuję, że na niego nie przystali"), ale specjaliści EA od marketingu nalegali na „Dragon Age 2", nie bacząc na to, co ze sobą niósł.

Pierwsza część powstawała siedem lat. Teraz BioWare miało zaledwie rok z hakiem na wyprodukowanie kontynuacji. Stworzenie dużej gry w rok to trudne zadanie, jeśli mowa o RPG, osiągnięcie tego zakrawało o niemożliwe. Chodziło o różnorodność zmiennych. Na „Dragon Age: Początek" składały się cztery gigantyczne obszary zamieszkiwane przez inną frakcję i potwory z osobnym katalogiem misji. Decyzje, które gracz podejmował, na przykład odnośnie do swojego pochodzenia miały niebagatelny wpływ na resztę fabuły, co oznaczało, że scenarzyści i projektanci BioWare musieli stworzyć sceny na każdą możliwą ewentualność. Jeśli grałeś krasnoludzkim szlachcicem wygnanym z labiryntowego miasta Orzammar, inni przedstawiciele tej rasy reagowali żywiołowo na twój powrót. Na człowieka nie zwracali zbytniej uwagi.

Takiej różnorodności nie uzyskuje się w rok. Nawet jakby zaprzęgnięto do pracy absolutnie wszystkich i ustanowiono nadgodziny, to i tak nie wystarczyłoby, żeby stworzyć „Dragon Age 2" z takim rozmachem, o jakim marzyli gracze. Aby rozwiązać ten problem, Mark Darrah i jego załoga zrezygnowali z pomysłu z Inkwizycją i zdecydowali się na ryzykowny krok: zamiast konstruować rozległy, fantastyczny świat, osadzili akcję w jednym mieście, Kirkwall, tyle że w ciągu dekady. Tym sposobem ekipa „Dragon Age" mogła kilkakrotnie wykorzystać te same lokacje i zaoszczędzić dzięki temu całe miesiące pracy. Pozbyli się także paru funkcji obecnych w „Dragon Age: Początku", jak chociażby możliwości personalizowania ekwipunku drużyny. „Nie ułożyło się to po naszej myśli, lecz jeśli nie podjęlibyśmy tych decyzji, byłoby jeszcze gorzej – mówił Mike Laidlaw, dyrektor kreatywny*. – Dlatego, zważywszy na presję czasu związaną z napiętym grafikiem, postąpiliśmy najlepiej, jak mogliśmy".

Kiedy „Dragon Age 2" wyszło, jak zaplanowano, w marcu 2011 roku, gracze zareagowali złością i głośną krytyką wymierzoną w nużące questy i recykling otoczenia**. Jeden bloger napisał: „Spadek jakości jest zatrważająco kosmiczny, nie ma mowy, abym polecił komuś kupno tej gry, obojętne, co by się działo". Wyniki sprzedaży również nie dorównywały tym, jakie osiągnęło „Dragon Age: Początek" – choć „w mrocznych zakątkach EA uważano tę grę za ogromny sukces" – jak mówił Darrah. Do lata 2011 roku BioWare zrezygnowało z dalszych prac nad planowanym dodatkiem do gry, „Exalted March". Aby pozbyć się stygmatu „Dragon Age 2", zabrano się do nowej gry.

---

* Zwykle w studiach produkujących gry stanowisko dyrektora kreatywnego odnosi się do prowadzącego projekt, ale EA używało innej nomenklatury.

** Niektórzy fani po latach docenili grę bardziej, a część ekipy BioWare utrzymuje, że jest z niej dumna. „»Dragon Age 2« okazało się projektem, który, jak mi się wydaje, zbliżył do siebie wszystkich nad nim pracujących, bo zdawaliśmy sobie sprawę, że jedziemy na tym samym wózku" – mówił John Epler, designer scen filmowych.

Zaistniała potrzeba rebootu całej serii. „Cały zespół musiał sobie udowodnić, że potrafi robić gry kategorii AAA – powiedział Darrah. – Panowało bowiem pewne przeświadczenie, i nie mówię o studiu, ale całej branży, że w BioWare były dwie ekipy, ta od »Mass Effect« i ta od całej reszty. Myślę, że chcieliśmy temu zaprzeczyć. Bo goście od »Dragon Age« to twardzi zawodnicy".

Pewne rzeczy w grach RPG zwykliśmy traktować jako pewniaki. Rzadko kiedy gracz przychodzi do domu ze sklepu z nowym „Final Fantasy" pod pachą, siada przed PlayStation, a po sesji pisze na Facebooku o tym, że zastosowano świetny system zapisu gry. Nie znajdziemy entuzjastycznych recenzji opisujących, jak płynnie przechodzi się w ostatnim „Falloucie" z trybu bojowego na spoczynek. Nie sprzedano milionów egzemplarzy „Skyrima" dlatego, że gra potrafi dobrze katalogować ekwipunek. Systemy te są niezbędne, lecz mało spektakularne i z pewnością ich projektowanie ma niewiele wspólnego z zabawą, co jest jednym z powodów, dla których większość gier wideo korzysta z gotowych silników.

Samo słowo „silnik" przywołuje na myśl bebechy samochodu, lecz w branży gier chodzi raczej o całą fabrykę aut. Za każdym razem, kiedy konstruuje się nową maszynę, wykorzystuje się te same komponenty: opony, osie, obite pluszem skórzane fotele. Prawie wszystkie gry potrzebują mniej więcej tych samych rzeczy: systemu fizyki, renderowania graficznego, menu głównego. Kodowanie nowych wersji do każdej gry byłoby jak projektowanie kół za każdym razem, kiedy chce się wyprodukować sedana. Silnik, jak fabryka, pozwala użytkownikom wykorzystywać zestawy pewnych funkcji i oszczędzić niepotrzebnej pracy.

Nawet jeszcze przed zakończeniem prac nad „Dragon Age 2" Aaryn Flynn i Mark Darrah szukali nowego silnika zdolnego pociągnąć ich serię fantasy. Ten opracowany przez BioWare, Eclipse, był już przestarzały i chrupał przy próbach opracowania przy jego pomocy pięknie wyglądających gier z górnej półki, jakie mieli nadzieję robić. Nie ciągnął efektów wizualnych jak flary. „Nie miał koniecznych opcji graficznych – tłumaczył Darrah. – Z tej perspektywy się mocno zestarzał".

Ponadto seria „Mass Effect" wykorzystywała opracowany przez zewnętrzną firmę silnik Unreal Engine, co utrudniało współpracę obu zespołów BioWare. Podstawowe zadania, jak renderowanie modelu 3D, wymagały zupełnie innego procesu na Eclipse i na Unreal. „Nasza strategia technologiczna przypominała bałagan – powiedział Flynn. – Za każdym razem, kiedy zaczynaliśmy nową grę, ludzie mówili: »Ej, a może jednak wykorzystamy jakiś nowy silnik«".

Flynn i Darrah spotkali się na naradzie z jednym ze swoich szefów, dyrektorem z EA Patrickiem Söderlundem, i wymyślili pewne rozwiązanie: użyją silnika Frostbite, zaprojektowanego na potrzeby serii „Battlefield" przez szwedzkie studio DICE, którego EA było właścicielem. Choć nikt nigdy nie próbował przy jego pomocy robić gier RPG, Flynn i Darrah chcieli zmierzyć się z tym wyzwaniem z paru powodów. Po pierwsze, silnik był potężny. DICE oddelegowało cały zespół inżynierski tylko po to, aby dopracował możliwości graficzne Frostbite, dopracowując go tak, że zdolny był wygenerować, na przykład, kołysanie drzew na wietrze. A jako że mowa o grach, równie dużo czasu spędzono, aby pięknie wyglądały rzeczy wysadzane w powietrze.

Inną ogromną zaletą Frostbite było to, że należał do EA. Oznaczało to, że jeśli BioWare chciałoby pracować na nim przy wszystkich swoich grach, mogło podzielić się silnikiem z siostrzanymi studiami, pożyczając narzędzia od innych deweloperów należących do EA, jak Visceral („Dead Space") albo Criterion („Need for Speed") za każdym razem, kiedy tamci wymyślą jakąś nową sztuczkę na ulepszenie systemu przechwytu ruchu twarzy lub dopieszczenie eksplozji.

Wiosną 2010 roku, kiedy lwia część zespołu „Dragon Age" kończyła „DA2", Mark Darrah zlecił niewielkiej grupce zadanie opracowania prototypu gry „Blackfoot". Przedsięwzięciu temu towarzyszyły dwa główne cele: zapoznanie się z silnikiem Frostbite i stworzenie darmowej gry multiplayer osadzonej w uniwersum „Dragon Age". Jednak po paru miesiącach porzucono „Blackfoot" i skupiono się na większych wyzwaniach. „Nie robiliśmy spodziewanych postępów, przede wszystkim dlatego, że nasz zespół był za mały – mówił Darrah. – Z Frostbite ciężko się pracuje, kiedy masz niewielu ludzi. Aby uzyskać spodziewane efekty, potrzeba licznej ekipy".

Jako że jeszcze przed końcem 2011 roku skasowano zarówno „Blackfoot", jak i dodatek do „Dragon Age 2", Darrah miał nareszcie wystarczająco duży zespół, aby rozpocząć pracę nad kolejnym dużym projektem. Odkurzono stary pomysł z Inkwizycją i rozpoczęto rozmowy na temat tego, jak „Dragon Age 3" mogłoby wyglądać na Frostbite. Plan był gotowy jeszcze przed nastaniem 2012 roku. „Dragon Age 3: Inkwizycja" (potem zrezygnowano z „3") miało być inspirowanym „Skyrimem" – wielkim hitem studia Bethesda – RPG z otwartym światem, które odkryje przed graczami zupełnie nowe obszary tego uniwersum, i ogólnie rzecz biorąc, zrobi wszystko to, czego nie dokonało „Dragon Age 2". „Moja tajna misja polegała na zaskoczeniu i zachwyceniu graczy bogactwem tego projektu – mówił Matt Goldman, art director. – Ludzie narzekali: »Och, 'Dragon Age 2' było ubogie«, a teraz już nie będą mogli tak powiedzieć. Zamierzam sprawić, żeby pod koniec »Inkwizycji« mówili raczej: »Boże, tylko nie jeszcze jeden poziom«".

BioWare chciało, żeby „Dragon Age: Inkwizycja" było tytułem towarzyszącym premierze konsol nowej generacji, PlayStation 4 i Xboxa One, lecz analitycy EA, zwracając uwagę na rosnącą popularność gier na iPada i iPhone'a, obawiali się, że sprzęt nie sprzeda się zbyt dobrze. Chcąc mieć bufor bezpieczeństwa, wydawca nalegał, aby przygotować wersje także na starsze PlayStation 3 i Xboxa 360, które stały w dziesiątkach milionów domów. Podobną strategię stosowano przy większości wczesnych gier na PS4/Xboxa One; poza pewnym polskim RPG, o którym traktuje rozdział dziewiąty. A jeśli dorzucimy do tego jeszcze komputery osobiste, będzie to oznaczało, że Inkwizycja miała wylądować jednocześnie na pięciu platformach, co było dla BioWare nowością.

Ambicje rosły. Gra miała być pierwszym trójwymiarowym projektem BioWare z otwartym światem wykorzystującym nowy silnik, którego jeszcze nikt nie wykorzystywał przy produkcji RPG. Do tego zespół miał mniej więcej dwa lata i pięć platform do obskoczenia, no i oczywiście przydałoby się jeszcze naprawić mocno nadszarpniętą reputację studia. „Mieliśmy ogarnąć nowe konsole, nowy silnik, nowy gameplay, zbudować największą grę, jaką do tej pory zrobiliśmy, w standardzie wyższym niż kiedykolwiek wcześniej – mówił Matt Goldman. – Narzędziami, które nie istniały".

Skoro silnik jest jak fabryka aut, to w 2012 roku, gdy zainicjowano cykl producencki „Inkwizycji", Frostbite było niczym ogromny zakład bez odpowiednich linii montażowych. Przedtem EA korzystało z niego przeważnie przy strzelaninach FPP, jak „Battlefield" czy „Medal of Honor". Inżynierowie Frostbite nigdy nie opracowali narzędzi pozwalających na – powiedzmy – stworzenie widocznego dla gracza modelu głównego bohatera. Bo czemu mieliby, skoro w strzelaninach pierwszoosobowych patrzymy na akcję z oczu naszej postaci, która składa się z dłoni, pistoletu i – jeśli mamy prawdziwe szczęście – nóg? „Battlefield" nie potrzebowało statystyk RPG, magicznych zaklęć czy nawet systemu zapisu gry, bo kampania odmierzała postęp automatycznie, odhaczając punkty kontrolne. Dlatego Frostbite tego wszystkiego nie potrafiło.

„To był silnik zaprojektowany do strzelanek – mówił Darrah. – Musieliśmy praktycznie zacząć od nowa". Z początku jego zespół źle ocenił, ile pracy będzie to wymagać. „Postacie musiały się poruszać, rozmawiać, sięgać po miecz, a ten przy zamachu zadawać obrażenia, no i przydałby się przycisk, którym by się wymierzało cios" – mówił Mike Laidlaw. Przy pomocy Frostbite dało się co nieco zrobić, lecz nie wszystko.

Darrah i jego ekipa zdawali sobie sprawę, że są królikami doświadczalnymi – za cenę krótkotrwałego bólu otrzymają długoterminowe korzyści – lecz nawet początkowa faza prac nad grą, obejmująca zwyczajne rozmowy, wydawała się nie do przejścia. Frostbite nie było skrojone pod RPG. Bez odpowiednich narzędzi designer nie potrafił powiedzieć, ile czasu będzie potrzebował na tak podstawowe zadanie, jak projektowanie obszaru gry. „Dragon Age: Inkwizycja" miała pozwolić graczowi objąć kontrolę nad drużyną składającą się z czterech osób, lecz gra nie posiadała takiego systemu. Jak designer leveli miał ustalić, gdzie rozmieścić pułapki na mapie, skoro nie mógł jej przetestować, mając do dyspozycji pełną ekipę?

Nawet kiedy narzędzia Frostbite zaczęły działać, okazały się kapryśne i trudne w użyciu. John Epler, designer sekwencji filmowych, wspomina pracę nad wewnętrznym demem, która okazała się syzyfową pracą; jego owocem miała być scenka przerywnikowa. „Musiałem dojść do konkretnego dialogu, równocześnie otworzyć narzędzia i jak tylko pojawiła się wyczekiwana przeze mnie linijka, nacisnąć bardzo, ale to bardzo szybko pauzę – mówił Epler – bo inaczej akcja poszłaby dalej. Potem musiałem dodać animacje, a jak już zdążyłem je dwu- czy trzykrotnie oszlifować, wszystko się zawieszało i zaczynałem cały proces od początku. Było to zdecydowanie moje najgorsze doświadczenie z narzędziami developerskimi w karierze".

Ekipa z DICE zajmująca się Frostbite służyła Eplerowi i innym designerom radą, odpowiadając na pytania i naprawiając błędy, lecz ich środki również były ograniczone. Nie pomagało też to, że Szwecję i Edmonton dzieliło osiem godzin różnicy, dlatego kiedy ktoś z BioWare miał po południu pytanie do kogoś z DICE, mógł minąć cały dzień, zanim usłyszał odpowiedź. Jako że tworzenie nowych treści przy pomocy Frostbite było bardzo trudne, ocenienie jakości powstałego materiału okazało się prawie niemożliwe. Któregoś razu Patrick Weekes, scenarzysta, ukończył scenę dialogową pomiędzy paroma postaciami i umieścił ją w grze, a potem poprosił o ocenę jakości. Kiedy uruchomili program, zorientowali się, że mówi tylko główny bohater. „Silnik nie chciał podpiąć kwestii dialogowych pod postacie niesterowane przez gracza – tłumaczył Weekes. – I na każdą twoją wypowiedź odpowiadało: »bip bip bip bip bip«, potem znowu coś mówiłeś i odpuszczałeś sobie, bo nie dało się określić jakości, skoro nie padały z ekranu konieczne słowa".

Aktualizacje silnika dodatkowo utrudniały ten proces. Za każdym razem, kiedy ekipa od Frostbite dodawała nowe funkcje i naprawiała usterki, programiści BioWare musieli dostosować wszystko do zmian, które nanieśli na poprzednią wersję. Trzeba było przebić się przez nowy kod, skopiować i wkleić starsze rzeczy, które napisali – ekwipunek, zapisy stanu gry, postacie – a potem kompleksowo przetestować, czy aby nic się nie zepsuło. Nie mogli znaleźć sposobu na zautomatyzowanie tego procesu, dlatego musieli robić to ręcznie. „Osłabiało nas to – mówił Cameron Lee. – Bywało, że kompilacja nie działała przez miesiąc albo była niestabilna jak diabli. A kiedy przychodziła nowa wersja silnika, goście od narzędzi zaczynali integrację, a zespół pracował dalej i robił postępy, czyli robiło się coraz gorzej i gorzej, i gorzej".

W tym czasie dział graficzny nie posiadał się z radości. Mimo słabości silnika jako fundamentu produkcji RPG Frostbite było idealnym narzędziem do tworzenia rozległych, zapierających dech środowisk i graficy korzystali z tego dobrodziejstwa, nie szczędząc mapie gęstych puszczy i mrocznych bagnisk. Kierując się strategią „szoku i podziwu" Matta Goldmana, zespół odpowiedzialny za obszar gry pracował całymi miesiącami, aby stworzyć tyle elementów, ile to możliwe, rozgryzając, czego mogą od nich wymagać designerzy. „Projekty środowisk pojawiły się wcześniej niż inne aspekty gry – mówił główny artysta środowiskowy, Ben McGrath. – Długo krążył żart, że stworzyliśmy fantastycznie wyglądający generator zrzutów ekranu, bo można było chodzić i chodzić po tych poziomach, ale nie było nic do roboty. Tylko robić zdjęcia!"

Lecz to nie wystarczyło, żeby można było mówić o pełnoprawnej grze. Mike Laidlaw, który kierował zespołami odpowiedzialnymi za fabułę i kształt gameplaya, pracował ze scenarzystami i designerami nad opracowaniem podstawowych elementów „Dragon Age: Inkwizycji". Ze szkicem fabuły poszło łatwo. Ustalili, że gracz zorganizuje i poprowadzi Inkwizycję, organizację żołnierzy o podobnych poglądach; że głównym złym będzie demoniczny czarownik o imieniu Koryfeusz; i że – jak zawsze – dostępni będą towarzysze, których gracz będzie mógł rekrutować i uwodzić. Ale koncepcja „Dragon Age: Inkwizycji" jako „otwartego świata" blokowała Laidlawa i jego zespół. Choć graficy stworzyli te wszystkie rozległe obszary, co gracze mieli tam robić*? Jak BioWare miało się upewnić, że gigantyczna mapa po dziesiątkach spędzonych na niej godzin nadal będzie ciekawym terenem do eksploracji?

W idealnym świecie do tak dużego projektu jak „Dragon Age: Inkwizycja" zostałby przypisany osobny zespół designerów systemu oddelegowany tylko i wyłącznie do rozwiązywania tych problemów. Wymyślaliby questy, zadania dodatkowe i inne rzeczy, które zajmowałyby gracza podczas zapoznawania się z ogromnym światem „Inkwizycji". Próbowaliby ustalić kształt, jak mówili designerzy, „głównej pętli rozgrywki" – czyli

* Pewnego pomysłu BioWare nigdy jednak nie wzięło pod uwagę poważnie: ujeżdżania smoków. „[Dyrektor wykonawczy EA] John Riccitiello powiedział, że powinniśmy dodać funkcję jazdy na smokach – mówił Mark Darrah. – I że wtedy sprzedamy dziesięć milionów sztuk". Dodajmy, że w „Dragon Age: Inkwizycji" nie dało się jeździć na smokach.

jak powinna wyglądać 30-minutowa sesja z grą – i testować prototyp, póki nie byliby z niego zadowoleni.

W prawdziwym świecie Laidlaw i jego ekipa nie mieli na to czasu. Frostbite na to nie pozwalał. Im designerzy dłużej ślęczeli nad grą, tym bardziej docierało do nich, że nie mają jak testować nowych koncepcji, bo brakuje zbyt wielu podstawowych elementów. Czy było co robić w każdym rejonie mapy? Trudno było im stwierdzić, bo kamera nie działała. Czy questy były dość interesujące? Nie potrafili jeszcze odpowiedzieć, ponieważ nie istniał jeszcze żaden system walki.

Laidlaw i jego zespół wymyślili więc coś zupełnie abstrakcyjnego. Gracz, jako Inkwizytor, miał chodzić po świecie, rozwiązywać różne problemy i podnosić poziom swojej siły czy też poziom szacunku, który potem miał się przekładać na jego wpływ na losy świata. Lecz przez długi czas pozostawało niejasne, jak ma ten system funkcjonować. Myślano o tym, aby punkty „szacunku" wykorzystywać jako walutę, niczym złoto, ale ostatecznie pomysł ten zarzucono. „Przydałoby się nam ograniczyć skalę, dopracować szczegóły, przetestować rozgrywkę i powiedzieć: »Spróbujmy to zrobić na trzy różne sposoby« – mówił Laidlaw. – Zamiast tego powiedzieliśmy: »Zbudujmy kilka poziomów z nadzieją, że coś uda nam się z tym zrobić w trakcie«".

Któregoś dnia pod koniec 2012 roku, po roku ciężkiej przeprawy z „Inkwizycją", Mark Darrah zaprosił Mike'a Laidlawa na lunch. „Poszliśmy do jego auta – opowiadał ten drugi – i wydaje mi się, że [Darrah] trzymał w ręce fragment scenariusza. Powiedział wtedy: »Słuchaj, nie jestem pewien, od czego zacząć, dlatego powiem wprost. Na skali od jednego do apokalipsy… Jak bardzo byś się wkurzył, gdybym ci powiedział, że [gracz] może być, dajmy na to, Qunarim?«".

Laidlaw zaniemówił. Zdecydowali przecież, że będzie można grać jedynie człowiekiem. Dodanie kolejnych ras, jak na przykład rogatych Qunarich, o których pytał Darrah, oznaczało czterokrotne zwiększenie budżetu na animację, obsadę głosową i ekipę scenariuszową.

„Cóż, damy radę" – odparł Laidlaw, upewniając się, że Darrah przyzna mu dodatkowe środki na dialogi. Ten odpowiedział, że jeśli uda się dodać więcej ras, którymi mógłby sterować gracz, znajdą się pieniądze nie tylko na dialogi. Przedłużą wtedy cykl produkcyjny o cały okrągły rok.

Laidlaw był wniebowzięty. „Kurwa, świetnie" – miał wtedy powiedzieć.

Jak się okazało, Mark Darrah zdążył się już połapać, że nie ma szans na ukończenie „Dragon Age: Inkwizycji" w 2013 roku. Gra była zbyt rozbudowana i nie wzięto pod uwagę poprawki, ile będzie trwało pokonywanie trudności związanych z Frostbite. Aby „Inkwizycja" była dobrym RPG z otwartym światem, tak jak założył to sobie Darrah i jego ekipa, musieli przełożyć premierę przynajmniej o kolejny rok. Darrah był w trakcie kompletowania propozycji dla EA: niech pozwolą BioWare przesunąć deadline, a w zamian gra będzie jeszcze większa i lepsza, niż oczekiwał wydawca.

Siedząc w salce konferencyjnej na drugim piętrze, której okna wychodziły na promenadę sąsiadującego ze studiem hotelu, Darrah omawiał z szefami działów wykaz najważniejszych argumentów przetargowych, gdzie znalazły się między innymi: wierzchowce, dynamiczna kamera taktyczna i – co było największym hitem – różne rasy do wyboru. Złożyli do kupy listę propozycji, którą nazwali „elastycznym zakresem działań" i podzielili na następujące grupy: to i to dadzą radę zrobić, jeśli dostaną dodatkowy miesiąc; to i to, jeśli dostaną sześć; a to i to, jeśli dostaną rok. W najgorszym razie zostaną z zestawieniem rzeczy, z których będą musieli zrezygnować, jeśli EA nie pozwoli im przesunąć premiery „Dragon Age: Inkwizycji" nawet o jeden dzień.

Pewnego marcowego dnia 2013 roku Mark Darrah i szef BioWare, Aaryn Flynn, polecieli wczesnym lotem do biura EA w Redwood Shores w Kalifornii. Choć mieli pewność, że wydawca da im przynajmniej trochę luzu, nadal wyprawa ich stresowała, bo EA miało na głowie swoje problemy. Dopiero co firma rozstała się ze swoim dyrektorem wykonawczym Johnem Riccitiello, a na jego stanowisku obsadzono członka zarządu Larry'ego Probsta, który miał grzać stołek aż do znalezienia nowego szefa. Trudno było orzec, jak Probst zareaguje na ich prośbę, bo przesunięcie „Dragon Age: Inkwizycji" wpłynęłoby negatywnie na prognozy finansowe EA na bieżący rok fiskalny, co nigdy nie wróżyło dobrze*.

Darrah i Flynn zjawili się w siedzibie EA z samego rana. Kiedy przybyli na miejsce, pierwszą osobą, którą spotkali, był ich nowy szef, Larry Probst. „Weszliśmy razem z Larrym do środka i z nim pod koniec dnia wyszliśmy, co, jak mi się wydaje,

* Zastanawialiście się kiedyś, czemu naprawdę duże gry często wychodzą w marcu? Istnieje prosta odpowiedź: wtedy kończy się rok fiskalny, kiedy to przedstawia się udziałowcom kondycję finansową firmy, co wpływa na proces decyzyjny każdego obecnego na giełdzie przedsiębiorstwa. Wydawcy gier zwykle domykają rok fiskalny 31 marca, dlatego jeśli zachodzi potrzeba przełożenia danego tytułu, starają się wypchnąć projekt do końca tego miesiąca.

oznaczało, że zrobiliśmy na nim dobre wrażenie" – mówił Darrah. Spotkanie trwało około dwóch godzin. „Omawiasz scenariusze, mówisz o wpływie na finanse – tłumaczył Mark – i jest też trochę przekrzykiwania się".

Być może ich propozycja była przekonująca. Być może to zasługa zamieszania na najwyższych stołkach. Być może widmo „Dragon Age 2" nadal prześladowało Probsta i spółkę. Być może EA nie chciało już dłużej funkcjonować jako „najgorsza firma w Ameryce". Co prawda internetowa ankieta nie sprawiła, że akcje EA spadły na łeb na szyję, lecz wygrana w niechwalebnym plebiscycie „Consumerist" dwa lata z rzędu nie pozostała bez wpływu na pion kierowniczy i doprowadziła do paru ożywionych spotkań, na których omawiano, jak EA mogło naprawić swoją reputację. Niezależnie od powodu ostatecznie wydawca zgodził się na przesunięcie terminu premiery „Dragon Age: Inkwizycji". Może i rok obsuwy zmniejszy dochody z trzeciego kwartału, lecz jeśli dzięki temu wypuszczą lepszą grę, każdy na tym zyska.

Po raz pierwszy zobaczyłem „Dragon Age: Inkwizycję" w pełnym przepychu apartamencie na jednym z pięter hotelu Grand Hyatt w centrum Seattle. Był sierpień 2013 roku i następnego dnia BioWare planowało pokazać grę fanom na odbywającym się po sąsiedzku Penny Arcade Expo (PAX). Zaproszono dziennikarzy, żeby rzucili okiem na nowy tytuł wcześniej. Pijąc wodę z butelki, którą dostałem na wejście, patrzyłem, jak Mark Darrah i Mike Laidlaw przedzierają się przez piękne, półgodzinne demo obejmujące dwa rozdarte wojną regiony – Crestwood i Zachodnie Podejście. Kontrolowany przez gracza Inkwizytor ruszał z odsieczą oblężonej twierdzy, palił łodzie, aby żołnierze wroga nie mogli uciec, i zajmował fortece na potrzeby Inkwizycji. Demo wyglądało fantastycznie.

Żaden jego element nie trafił do pełnej gry.

Tak jak mnóstwo innych gorących trailerów zaprezentowanych na targach typu E3, także ten był prawie w całości spreparowany. Do jesieni 2013 roku zespołowi „Dragon Age" udało się wykorzystać liczne części Frostbite – opony, osie, biegi – lecz nadal nie mieli pojęcia, jakie auto robią. Laidlaw i jego ekipa napisali demo na PAX na czuja, bazując jedynie na swoich pobożnych życzeniach odnośnie do tego, co BioWare chciałoby w grze zobaczyć. Większość leveli i grafik była prawdziwa, ale gameplay już nie. „Nie mieliśmy jeszcze solidnego prototypu – mówił Laidlaw. – Musieliśmy go mieć ze względu na »Dragon Age 2«, być transparentni i powiedzieć: »Patrzcie, tak wygląda gra, leci na żywo na PAX«. Chcieliśmy pokazać, że jesteśmy tam dla graczy".

Wspomnienie „Dragon Age 2" odcisnęło się piętnem na zespole, prześladowało Laidlawa i szefów poszczególnych działów, kiedy ci próbowali rozgryźć, jakie mechaniki przysłużą się „Inkwizycji" najlepiej. Nawet po pokazie na PAX mieli problem z ujednoliceniem wizji. „Panowała atmosfera niepewności, biorąca się, jak sądzę, z konieczności otrząśnięcia się z ciążącego na nas potężnego uroku – mówił Laidlaw. – Które krytykowane elementy »Dragon Age 2« były dziećmi swojego czasu, a które wynikały z podejmowania błędnych decyzji? Co powinniśmy przerobić, skoro dostaliśmy taką szansę? Takie pytania prowadzą do dręczącej niepewności". Debatowano nad systemem walki: zdecydować się raczej na dynamiczną akcję z „Dragon Age 2" czy powrócić do taktycznych batalii z „Początku"? No i prowadzono niezliczone spory, czym zaludnić dzikie ostępy.

Kilka miesięcy po PAX 2013 zespół BioWare odrzucił sporą część tego, co pokazano na targach, jak płonące łodzie, i szukał dalej*. Nawet drobne elementy, takie jak pasek „szukaj", przechodziły niezliczone mutacje. „Dragon Age: Inkwizycja" nie przeszła standardowej fazy preprodukcji, podczas której zwykle designerzy mogli pobawić się prototypami i odrzucić te niedziałające, dlatego Laidlaw był wyczerpany. Musiał podejmować pod wpływem impulsu. „Jestem pewien, że, zależnie od tego, kogo zapytasz, spotkasz ludzi z mojego teamu, którzy powiedzą: »Kurde, odwalił naprawdę kawał dobrej roboty, zważywszy na trudną sytuację« – opowiadał – ale od innych usłyszysz: »Ten Mike to prawdziwy dupek«".

Poprzednie gry wyprodukowane przez BioWare nie były małe, lecz żadna nie dorównywała ogromowi „Inkwizycji". Przed końcem 2013 roku zespół przypisany do tego projektu liczył ponad 200 osób, w tym kilkudziesięciu zewnętrznych grafików z Rosji i Chin. Każdy dział miał swojego prowadzącego, lecz nikt nie pracował w próżni. Jeśli scenarzystka chciała napisać scenę z dwoma walczącymi smokami, musiała zwrócić się do designerów z prośbą o layout, pogadać z grafikami o modelach, a potem upewnić się u ludzi od scenek filmowych, że wszystkie kamery są odpowiednio rozmieszczone. Potrzebowali animacji, bo inaczej dwa smoki stałyby tylko naprzeciwko siebie i gapiły się bezmyślnie jeden na drugiego. Dochodziły jeszcze dźwięki, efekty wizualne i testy jakości. Skoordynowanie

* Od lat producenci gier mocują się z kwestią tego, co należy umieszczać w demach. Czy jest to okłamywanie graczy, jeśli pewna funkcja obecna na E3 nie znajdzie się w ostatecznej wersji gry? To zniuansowana kwestia. „Gdy ludzie naprawdę się wściekają, bo: »Pokazaliście to i to, a gra tak nie wygląda« – mówił Mark Darrah – odpowiadamy, że tak miała wyglądać, albo wtedy myśleliśmy, że tak będzie wyglądać".

tej pracy było zajęciem na pełny etat dla całego sztabu ludzi. „Istnym wyzwaniem było zorganizować wszystko tak, aby każdy miał przed oczyma ten sam cel" – mówił Shane Hawco, główny grafik postaci.

„Gdy chce się wejść w szczegóły dotyczące skomplikowania cyklu producenckiego przy projekcie na taką skalę, trzeba porozmawiać o zależnościach – mówił Aaryn Flynn. – Pewne rzeczy muszą się wydarzyć, aby mogły zadziałać inne". Popularnym terminem w branży gier jest „blokowanie", co opisuje sytuację, kiedy developer nie może wykonać pracy, bo czeka, aż ktoś inny dostarczy mu niezbędne grafiki albo linijki kodu. „»Okej, miałem dzisiaj zrobić to, ale nie dam rady, bo mamy zawias, i zrobię coś innego« – mówił Flynn. – Dobrzy developerzy stale żonglują pomniejszymi zadaniami, to dla nich na porządku dziennym".

Blokowanie zawsze było kłopotliwe, lecz kiedy inżynierowie z BioWare i DICE dodawali do Frostbite coraz to nowe funkcje, praca nad „Dragon Age: Inkwizycją" stawała się coraz wyraźniej mniej kłopotliwa. Narzędzia zaczęły odpowiednio dobrze funkcjonować. Levele nabierały wyraźnego kształtu. Ludzie, którzy wcześniej wolniej pracowali na silniku Frostbite, na przykład designerzy systemu, nareszcie mogli wdrażać i testować pomysły w otwartym świecie. Tyle że kończył im się czas i nie było mowy o kolejnym przesunięciu terminu.

Każdego roku na święta Bożego Narodzenia wszystkie zespoły z BioWare wysyłały całemu studiu aktualną wersję opracowywanej gry, żeby koledzy i koleżanki mogli sobie pograć podczas kilkudniowej przerwy. Priorytet miał ten tytuł, który był najbliższy ukończenia, a na święta 2013 roku padło na „Dragon Age: Inkwizycję". Darrah i jego ekipa ślęczeli w listopadzie i październiku po godzinach, klecąc grywalną wersję. Nie musiała być idealna (nikt spoza EA i tak jej nie miał zobaczyć), ale Darrah uznał to za okazję, żeby podbić stawkę. Tegoroczna wersja jego gry miała mieć w pełni „grywalną narrację", czyli można było przejść całą fabułę. Tam, gdzie były jeszcze braki, zamiast nowego questa pojawiały się ramki z tekstem wyjaśniającym, co powinno się teraz zdarzyć. Kiedy reszta BioWare zagrała w demo i podzieliła się swoimi opiniami z zespołem odpowiedzialnym za „Dragon Age", Darrah zdał sobie sprawę, że mają nie lada kłopoty.

Narzekano przede wszystkim na fabułę. „Niektóre komentarze wskazywały, że gra nie ma tak naprawdę zbyt wielkiego sensu, a motywacja bohatera jest nielogiczna" – mówił Cameron Lee. Na samym początku „Inkwizycji" ogromna eksplozja wyrwała dziurę w Całunie, magicznej granicy oddzielającej prawdziwy świat od sennego (a w świecie „Dragon Age" to nic dobrego). Pierwotnie gra miała pozwolić graczowi zamknąć wyłom i oficjalnie przyjąć tytuł Inkwizytora po przejściu prologu, co budziło pewne wątpliwości. „Nie przysłużyło się to naszej opowieści – mówił Lee – bo skoro zamykało się przejście, to dlaczego niby gracz miał przeć dalej?"

Scenarzyści wiedzieli, że naprawienie tego problemu oznacza kolejne dodatkowe godziny każdego dnia roboczego, ale czy mieli inne wyjście? Przystępując do misji, którą nazwali „Operacją Młot Kowalski", spece od fabuły przepisali cały pierwszy akt „Dragon Age", dodając sceny i przerabiając istniejące tak, aby gracz przed zamknięciem wyłomu i przyjęciem tytułu Inkwizytora musiał zwrócić się o pomoc do którejś z wojowniczych frakcji – magów albo templariuszy. „[Młot Kowalski] nie zniszczył całej naszej fabuły, ale trzeba było pogruchotać parę kości, aby je potem odpowiednio nastawić – mówił Lee. – To częsta praktyka przy produkcji gier".

Inny istotny komentarz dotyczył bitew – były nudne. Aby zaradzić temu problemowi, w styczniu 2014 roku Daniel Kading, główny designer starć, rozpoczął pewien eksperyment. Kading był stosunkowo nowym nabytkiem, bo dołączył do studia po 12 latach spędzonych w Relic, firmie z Vancouver znanej z gier strategicznych, takich jak „Dawn of War", skąd przeniósł do BioWare rygorystyczną metodę testowania systemu walk.

Kading udał się do szefostwa z następującą propozycją: niech dadzą mu możliwość zwoływania całego zespołu „Inkwizycji" raz w tygodniu na godzinę, przez cały miesiąc, na obowiązkowe sesje z grą. Wyrażono zgodę. Tym samym Kading otworzył swoje małe laboratorium, gdzie pracował z innymi designerami nad budową systemu, który reszta mogłaby przetestować. A że na bitwy w „Dragon Age" składały się rozmaite czynniki – umiejętności gracza, statystyki, siła potwora, zajmowana pozycja i tak dalej – Kading patrzył na swój eksperyment jak na szansę zidentyfikowania usterek. Po każdej takiej sesji testerzy musieli wypełnić ankiety i odpowiedzieć na pytania o doświadczenia wyniesione z rozgrywki. O ile wersja przygotowana na przerwę świąteczną była dość złożona, to testy Kadinga skupiały się na konkretnym aspekcie.

Kiedy przyszły ankiety z pierwszego tygodnia eksperymentu, średnia wystawiona nota wynosiła okropne 1,2 (na 10). Co ciekawe, wynik ten – co może się wydać osobliwe – był dla zespołu „Inkwizycji" pocieszający. „Nasze morale tego tygodnia się poprawiło – mówił Kading. – Nie dlatego, że nareszcie jasno określiliśmy problemy, ale dzięki temu, że od nich nie uciekaliśmy".

Przez następny tydzień Kading i jego ekipa poprawili kilka drobnych rzeczy związanych z umiejętnościami bojowymi, skrócili okres regeneracji i zmienili szybkość animacji, kierując się wskazówkami, które otrzymali. „Indywidualne komentarze wydawały się szarpane – tłumaczył Kading. – »Zimowy Chwyt jest lepszy jako czterosekundowe zaklęcie niż dwusekundowe«, »Teraz to starcie wydaje się fajniejsze, skoro mogę skuteczniej odciąć olbrzyma«". Cztery tygodnie później, kiedy Kading domknął swój eksperyment, średnia ocena z ankiet wzrosła do 8,8.

2014 rok mijał, a zespół „Dragon Age: Inkwizycji" robił znaczące postępy, choć chyba nikomu nie było w smak pracować nad wersją na toporne stare konsole. PS4 i Xbox One były znacznie potężniejsze niż ich poprzednicy, szczególnie gdy chodziło o pamięć systemu (RAM), która pozwala nadążać za wszystkim, co dzieje się na ekranie*. PS3 i Xbox 360, działające na procesorach graficznych z 2004 i 2005 roku, nie nadążały za tym, co musiało zostać zrobione.

RAM konsol przypomina kubeł, a wyświetlanie postaci, rzeczy i skryptów jest jak dolewanie do niego różnych ilości wody i kiedy się go napełni, gra zwolni, zacznie się czołgać albo nawet padnie. Kubły PS4 i Xboxa One były niemal 16 razy większe niż te w PS3 i Xboxie 360. Już na wczesnym etapie Darrah i Laidlaw uznali, że nie będą dodawać funkcji na konsole nowej generacji, których nie zdołają zaimplementować na

* Co może wywołać pewną konfuzję, o miejscu na dysku twardym również mówimy „pamięć"; komputery niepotrzebnie komplikują rzeczy, które mogłyby być proste.

tych starych. Nie chcieli, aby posiadacze PS3 i Xboxa 360 czuli, jakby mieli do czynienia z zupełnie innym tytułem. Ograniczało to ilość wody, jaką mogli nalać do kubła, dlatego zespół musiał rozejrzeć się za kreatywnymi rozwiązaniami.

„Niejedno markowaliśmy, ale kierując się dobrymi intencjami – mówił Patrick Weekes, podając za przykład nowy quest zatytułowany „Oto jest otchłań". – Atak na fortecę poprzedza spektakularna scena: tłum żołnierzy Inkwizycji i Szarzy Strażnicy na murach. Kto zwrócił na to uwagę albo rozglądał się po fortecy podczas potyczki, mówił: »Ej, przecież walczę tylko z trzema albo czterema gośćmi naraz i rzadko dołączają do mnie inni żołnierze Inkwizycji«. Aby gra działała [na PS3 i Xboxie 360], nie mogliśmy rzucić na ekran mnóstwa rożnych postaci".

„Prawdopodobnie powinienem był upierać się mocniej, abyśmy nie robili tej wersji [na poprzednią generację konsol]" – mówił Aaryn Flynn. Okazało się jednak, że parasol bezpieczeństwa rozpostarty nad starymi konsolami nie był nawet potrzebny. EA i inni duzi wydawcy mocno zaniżyli potencjał PS4 i Xboxa One. Obie platformy rozbiły bank w 2013 i 2014 roku, a sprzedaż „Inkwizycji" na starsze konsole stanowiła tylko, jak podawał Mark Darrah, dziesięć procent ogólnego wyniku.

Choć zespół „Dragon Age" robił postępy i coraz sprawniej pracowało mu się z Frostbite, z paroma częściami gry nadal zalegano. Z uwagi na to, że niektóre narzędzia zaczęły funkcjonować ze sporym opóźnieniem, a „Inkwizycja" była projektem na ogromną skalę i o wysokim stopniu skomplikowania, niektóre funkcje udało się wdrożyć dopiero w ostatniej chwili.

„Dopiero na osiem miesięcy przed wypchnięciem gry mieliśmy drużynę w komplecie" – mówił Patrick Weekes, który próbował przetestować lubianego towarzysza, Żelaznego Byka, i zorientował się, że nie da się go zwerbować. – Pomyślałem: »Czekajcie, mamy osiem miesięcy [do premiery – przyp. tłum.] i nikt jeszcze nie zagrał z Żelaznym Bykiem?«. Nie miałem pojęcia, czy jego linijki dialogowe, czy przekomarzanki są dostatecznie dobre. I nie chodziło o lenistwo z naszej strony. Tak wyglądała rzeczywistość: próbujemy zbudować silnik. Wszyscy programiści i scenarzyści przez cały czas, i to dosłownie, zajmowali się tworzeniem tego świata na bieżąco".

Z uwagi na spore opóźnienia zespół „Dragon Age" mógł w trakcie tych ostatnich miesięcy prac rozpoznać jedynie część usterek. Próby ustalenia, jakie tempo powinna mieć gra, przypominało jazdę testową autem z trzema kołami. „Piszesz fabułę, sprawdzasz ją i mówisz: »Okej, to może coś pozmieniajmy« – mówił Mark Darrah – i rozpoczynasz testy białej skrzynki*. Przechodzisz poziom i wygląda na to, że wszystko jest dobrze. A potem dostajesz nagranie głosowe i myślisz: »Kurde, to nie tak miało być, jest okropnie«". Czas się kończył, a BioWare nie mogło przełożyć „Inkwizycji" o kolejny rok; studio musiało bezwzględnie oddać grę do jesieni 2014 roku.

Tym samym Darrah i jego zespół miał dwie możliwości. Pierwsza to pogodzić się z tym, że wypuszczą niedokończoną grę opartą na grubo ciosanych szkicach i nieprzetestowanych pomysłach. Mając w pamięci reakcje na „Dragon Age 2", nie była to atrakcyjna koncepcja – nie chciano znowu rozczarować

* Białą skrzynką nazywamy zarys poziomu gry bez ukończonych obiektów graficznych, który wykorzystuje się przy szybkich testach i prototypach. Inne studia mówią o czarnych skrzynkach, jeszcze inne o szarych. To, że tak istotny koncept nie posiada ujednoliconej nazwy, sporo mówi o młodym wieku przemysłu gier wideo.

graczy. Potrzebowali czasu, aby przeanalizować i wypolerować każdy aspekt gry. „Myślę, że »Inkwizycja« to bezpośrednia odpowiedź na »Dragon Age 2« – mówił Cameron Lee. – Jest aż za duża. Znalazło się tam wszystko, mydło i powidło, poszliśmy za daleko... Chyba doświadczenie z odbiorem »Dragon Age 2« i negatywnymi komentarzami popchnęło zespół do upchania tam wszystkiego, co się da, i uporania się z każdym, domniemanym nawet problemem".

Drugą możliwością był crunch. Ekipa „Dragon Age" podczas pracy nad „Inkwizycją" nie raz brała nadgodziny, lecz najgorsze miało dopiero nadejść. Oznaczało to całe miesiące siedzenia do późnej nocy i weekendy spędzane w biurze, co prowadziło do, jak mówił Shane Hawco: „utraty cennego czasu z rodziną". „Chciałbym już nigdy nie musieć przechodzić przez crunch – mówił Aaryn Flynn. – Jeszcze nie potrafimy stwierdzić, czy crunch w ogóle działa, bo mnóstwo opracowań mówi, że nie. [Ale] chyba każdy natrafia w ciągu swojej kariery developerskiej na taki moment, że myśli: »Nie dostrzegam innych możliwości«".

John Epler, inżynier od scen filmowych, przypomina sobie nocny rytuał, kiedy z zapuchniętymi oczyma podjeżdżał do tego samego sklepu spożywczego, kupował paczkę chrupek, jechał do domu i odpływał przed telewizorem. „Dochodzi się do momentu, kiedy przebywasz w pracy po 12–14 godzin, jedziesz do siebie i myślisz, że jedyne, na co masz teraz ochotę, to obejrzeć serial, który widziałeś już ze sto razy, i napchać się śmieciowym jedzeniem, które jadłeś już ze sto razy, bo to znajome rzeczy i wiesz, jak się skończą – mówił Epler. – A w pracy każdy nowy dzień to kolejna rzecz, która zostaje dorzucona do kupy z tekstem: »Kurwa, ktoś musi się tym zająć«". Kiedy sprzedawcy zaczęli go rozpoznawać, Epler uznał, że musi zmienić swój styl życia.

I kiedy tak crunchowali przez 2014, Darrah i jego zespół nareszcie wyłowili rzeczy, które powinni byli dokończyć w ciągu pierwszego roku cyklu produkcyjnego. Opracowali system „mocy" pozwalający graczowi budować zaufanie do Inkwizycji przez włóczenie się po świecie i rozwiązywanie problemów. Pustynie i bagniska wypełnili zadaniami pobocznymi, ukrytymi skarbami i astrologicznymi zagwozdkami. Co nie działało, na przykład interaktywne elementy środowiska (możliwe do zniszczenia drabiny, błoto przyklejające się do podeszew buta), zostało czym prędzej usunięte. Scenarzyści, jak naliczył pewien producent, sześć razy wykreślali i pisali od nowa cały prolog, choć nie mieli czasu, aby podobnie przyłożyć się do zakończenia. Zaledwie kilka miesięcy przed wypchnięciem gry dodali parę funkcji, które okażą się kluczowe, jak przycisk pozwalający na skakanie, dzięki czemu Inkwizytor mógł przeskakiwać ogrodzenia i stopniowo pokonywać góry (jak się okazało, przez ciągłe naskakiwanie na ich zbocza aż do szczytu).

Zespół pierwotnie zaplanował „Inkwizycję" na październik, ale zanim nastało lato, przesunęli ją o sześć tygodni, żeby – jak mówią developerzy – ją „wypolerować", co oznacza fazę, podczas której dokonuje się optymalizacji gotowych już funkcji i naprawiania błędów. „»Dragon Age: Inkwizycja« miała jakieś 99 tysięcy usterek – mówił Mark Darrah. – Nie jest to zmyślona liczba. Oczywiście ocenienie skali wymaga znajomości kontekstu, bo liczyliśmy błędy zarówno jakościowe, jak i ilościowe, dlatego komentarz: »Tutaj się trochę nudziłem«, uznawaliśmy za błąd".

„Nigdy nie widziałem tylu błędów w grze z otwartym światem – mówił Ben McGrath, główny artysta środowiskowy – ale wszystkie były łatwe do naprawienia, dlatego łataliśmy dziury i na bieżąco poprawialiśmy, co się dało". Nie można było jednak wszystkiego łatwo wykryć, bo wymagało to kreatywnego eksperymentowania zespołu zapewnienia jakości (QA), który – jak się wydawało – ślęczał przez niekończące się noce nad testami dosłownie wszystkiego, od zagmatwanego systemu tworzenia ekwipunku do kwestii, czy da się zeskoczyć z półki skalnej i przelecieć przez obiekty.

Podczas tych paru ostatnich miesięcy scenarzysta Patrick Weekes zwykł brać do domu kolejne wersje „Inkwizycji" i pozwalał grać dziewięcioletniemu synowi. Ten obsesyjnie lubił wsiadać i zsiadać z konia, co bawiło Weekesa. Któregoś wieczoru chłopiec powiedział ojcu, że zabiły go pająki. Scenarzysta się zdziwił, bo postacie, którymi grał jego syn, były na zbyt wysokim poziomie, aby mogły zostać pokonane przez tak słabego przeciwnika. Zmieszany Weeks załadował grę i przekonał się, że faktycznie pająki wybiły całą drużynę.

Po chwili grzebania Weekes odnalazł problem: kiedy zeszło się z konia w złym miejscu, znikała broń wszystkich towarzyszy. „I wyszło to tylko dlatego, że mój syn bardziej niż ktokolwiek inny kochał i pokocha konia – mówił Weekes. – Wątpię, że kiedykolwiek byśmy to dostrzegli, bo trzeba by było non stop naciskać przycisk, aby odkryć, że istnieje szansa jedna na tysiąc, kiedy znajdziesz się w niewłaściwym miejscu, że zniknie cały ekwipunek twojej drużyny".

Mark Darrah, odpowiedzialny za sterowanie pirackim okrętem „Dragon Age: Inkwizycja" do portu przeznaczenia, miał nosa do tego, które błędy warto było poprawić (jak ten umożliwiający wskoczenie na głowę należącego do twojej ekipy krasnoluda, żeby dostać się do niedostępnych wcześniej miejsc), a które nie (przenikającą przez ściany broń). Przy RPG z otwartym światem tego rozmiaru niepraktycznie było zajmować się wszystkimi usterkami (i zajęłoby to stanowczo zbyt dużo czasu), dlatego musieli nadać każdej właściwy priorytet. Nie zaszkodziło też, że do „Dragon Age" zasiedli starzy wyjadacze, którzy przez lata wypracowali między sobą chemię umożliwiającą sprawną pracę drużynową. „Pamięć mięśniowa odgrywała na tym etapie niebagatelną rolę – mówił Cameron Lee. – Przechodząc razem przez piekło produkcji gier, zahartowaliśmy się jako kolektyw i wiedzieliśmy, o czym kto myśli, i znaliśmy nasze wzajemne oczekiwania, nie musieliśmy się zastanawiać, co trzeba zrobić, tylko to robiliśmy".

I udało się – 18 listopada 2014 roku BioWare wypuściło „Dragon Age: Inkwizycję" mimo trudności stwarzanych przez Frostbite. „Chyba nawet w dniu premiery nie wszystkie nasze narzędzia działały prawidłowo – mówił Mark Darrah. – Ale działały wystarczająco".

Niemal natychmiast „Inkwizycja" została najlepiej sprzedającą się grą z serii, po zaledwie paru tygodniach przebijając oczekiwania EA. System walki działał sprawnie (choć niekiedy zbyt chaotycznie), środowiska wyglądały pięknie, a członkowie drużyny, dzięki świetnemu scenariuszowi i znakomitemu aktorstwu głosowemu (w tym brawurowej roli niegdysiejszego bożyszcza nastolatek Freddiego Prinze'a Juniora jako Żelaznego Byka), wypadli znakomicie. Jedna z wyróżniających się scen, zaraz po tym, jak została zniszczona siedziba gracza, przedstawiała sponiewierane niedobitki armii Inkwizytorów śpiewające unisono pełną nadziei pieśń „Nadejdzie świt". „Dragon Age: Inkwizycja" była pod wieloma względami okrzykiem tryumfu.

Choć jeśli przyjrzeć się jej bliżej, nadal można tam odnaleźć ślady chaosu towarzyszącego cyklowi producenckiemu. Na samym początku gracz trafia na leśny obszar upstrzonego gospodarstwami Zaziemia, pierwszego otwartego środowiska „Dragon Age". Pełno było tam zadań polegających na przyniesieniu komuś jakichś ziół i zabiciu wilczej watahy – czyli, jak mówił Darrah, „śmieciowych questów" – które były użytecznymi pożeraczami czasu, lecz wydawały się nużące, jeśli porównać je z fascynującymi misjami fabularnymi „Inkwizycji". Problem jednak polegał na tym, że nie każdy zdawał sobie sprawę z istnienia owej fabuły.

Niektórzy gracze nie wiedzieli, że można opuścić Zaziemie, powrócić do Azylu, siedziby Inkwizycji, i tam rozpocząć kolejną misję główną. Inni utknęli w przedziwnej pętli kompulsywnego wykonywania każdego zadania pobocznego przed pójściem dalej. Jeden z moich najpopularniejszych artykułów opublikowanych na Kotaku w tygodniu premiery „Dragon Age: Inkwizycji" był zatytułowany: „Ogłoszenie: jeśli grasz w »Dragon Age«, wyjdź z Zaziemia".

Internetowi komentatorzy od razu obwinili za ten problem „tych cholernie leniwych developerów", ale tak naprawdę była to naturalna konsekwencja trudności, na jakie natknął się zespół. Gdyby jakimś cudem ekipa „Dragon Age" otrzymała jeszcze jeden rok na prace nad grą lub miała szansę przed przystąpieniem do fazy produkcji spędzić kilka lat na opracowywaniu narzędzi Frostbite, być może owe questy byłyby bardziej interesujące. Może nikogo by nie znudziły. Może zaskakiwałyby twistami i komplikacjami, jak te znane z wydanego parę miesięcy później „Wiedźmina 3". „Wyzwanie, jakie stawiało w pierwszych dziesięciu godzinach gry Zaziemie, było zobrazowaniem naszego studia, przyzwyczajonego do rozgrywki linearnej, trudu przy budowaniu gameplaya i mechanizmu otwartego świata" – mówił Aaryn Flynn.

Mimo wszystko dla BioWare „Dragon Age: Inkwizycja" była zwycięstwem. Aaryn Flynn, Mark Darrah i reszta zespołu odniosła sukces. „»Dragon Age 2« to produkt morderczej presji czasu, z kolei »Inkwizycja« to produkt wyzwania technicznego – powiedział Mark Laidlaw. – Ale mieliśmy wystarczająco dużo czasu, żeby coś upichcić, dlatego otrzymaliśmy znacznie lepszą grę".

7

SHOVEL KNIGHT

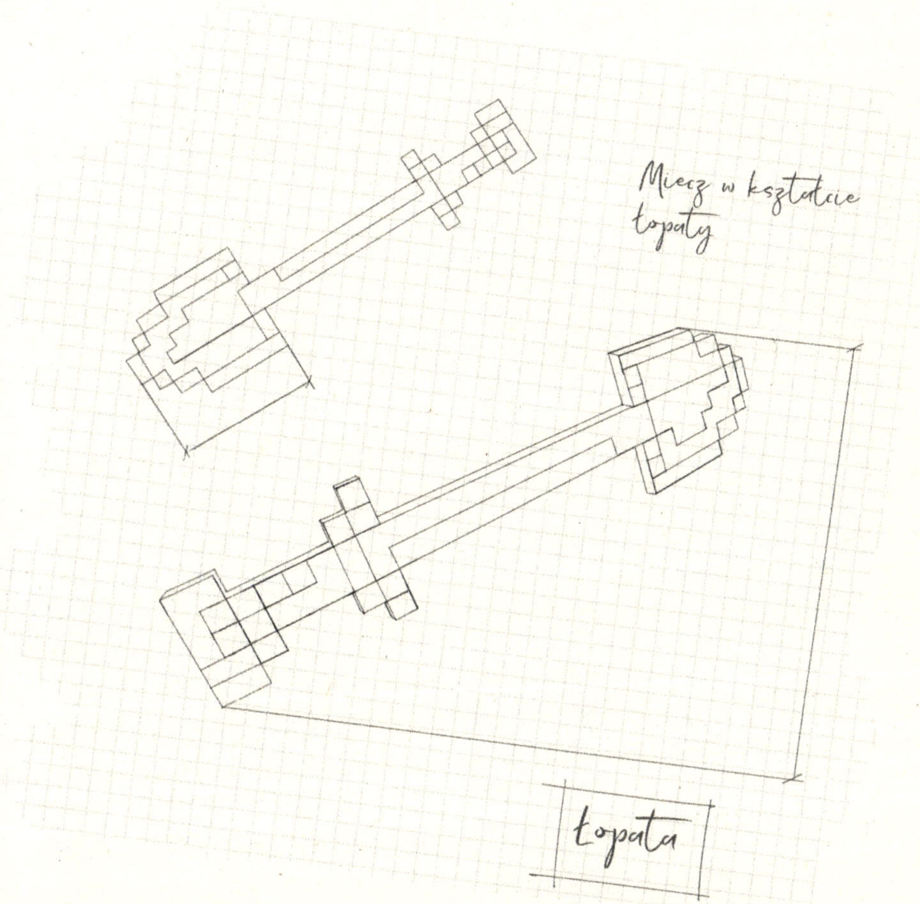

14 marca 2013 roku grupa wyczerpanych developerów siadła w zatłoczonym mieszkaniu w kalifornijskiej Valencii, otoczona tablicami korkowymi i stołami z Ikei. Sean Velasco, człowiek o roztrzepanych włosach, charyzmatyczny lider teamu, wyciągnął aparat i skierował jego obiektyw na zmęczone twarze trójki towarzyszy: Nicka Wozniaka (speca od pixel artu), Iana Flooda (programisty) i Erin Pellon (artystki koncepcyjnej). Na linii z Chicago mieli Davida D'Angelo (ich drugiego programistę), którego twarz, dzięki Google Hangouts, wyświetlała się na ekranie stojącego na książkowym regale laptopa. Mieszanka niepokoju i zmęczenia wywołanego niedostatkiem snu sprawiła, że wszyscy trzęśli się jak osiki.

– Patrzcie tutaj – powiedział do kamery Velasco. – Za moment odpalamy jebanego Kickstartera... O mój Boże... Dobra... Jedziemy. Jesteśmy gotowi.

Nick Wozniak nacisnął odpowiedni klawisz.

– Boże, musisz potwierdzić – popędzał Velasco.

Wozniak powtórzył operację.

– I wisi – oświadczył.

– Boże – mruknął znowu Velasco. – Okej. Dobra. Ej, jest dobrze. Okej. Gotowi? Siadamy do roboty.

Tak rozpoczęła się kampania „Shovel Knighta" na Kickstarterze. Poproszono graczy o 75 tysięcy, które miały umożliwić przyjaciołom stworzenie ich wymarzonej gry, lecz zbiórka nie powtórzyła spektakularnego sukcesu Obsidiana i „Pillars of Eternity".

Ba, mało kto poświęcił jej jakąkolwiek uwagę.

„Przyprawiało nas to o ból głowy – opowiadał później David D'Angelo. – Mnóstwo czasu spędzaliśmy, rozmyślając, jak zaplanować tę kampanię. A potem ruszyliśmy ze zbiórką, która nikogo nie obeszła, ale czy mogło być inaczej? Jak zauważyć kolejny nowy projekt na Kickstarterze pośród innych zaraz po tym, jak zostanie odpalony?"

A jeśli nikt nie zauważyłby ich zbiórki, cała piątka miałaby nie lada kłopot. Wszyscy rzucili dotychczasową pracę, żeby móc zająć się grą, tym samym kładąc na szalę finansową stabilność w nadziei, że na ich projekt łaskawym okiem spojrzy wystarczająco dużo osób i pomyśli: „Zapłacę, aby udało im się z tym wystartować". Velasco i jego zespół mieli tak ambitne plany, że potrzebowali o wiele więcej niż 75 tysięcy. Chcieli uczynić swojego odzianego w niebieską zbroję rycerza ikoną. „Shovel Knight" nie miał być po prostu kolejną zwyczajną grą, lecz fenomenem na miarę „Maria". Nawet jeśli mieliby przez to splajtować.

Jeszcze parę miesięcy wcześniej Sean Velasco i pozostali członkowie jego ekipy pracowali dla WayForward, niezależnego studia z siedzibą tuż za rogiem, które słynęło z wypuszczania rokrocznie nadzwyczajnej liczby gier na konsole. Niektóre bazowały na licencjach, jak towarzyszący filmowi Marvela „Thor" albo „Batman: The Brave and the Bold", będący adaptacją kreskówki o tym samym tytule. Inne to spadkobiercy klasyki z NES, na przykład gra akcji „Contra 4" czy platformówka „A Boy and His Blob", gdzie manewrowało się młodym chłopakiem pomiędzy przeszkodami i rozwiązywało się zagadki, karmiąc bezkształtnego towarzysza magicznymi kolorowymi żelkami.

Wszystkie miały ze sobą jedną wspólną rzecz: szybko się je robiło. Innymi słowy, były tanie. WayForward specjalizowało się w dwuwymiarowych „przewijanych" grach, nad którymi pracowało 20, może 30 osób, zamiast 12 albo 13, a cykl produkcyjny trwał zwykle krócej niż rok, co było, jak na nowoczesne tytuły, niezwykle szybkim tempem. Po ukończeniu jednego projektu firma przesuwała ludzi do innego, tego, który akurat wymagał od WayForward uwagi.

Seanowi Velasco nie podobał się ten system, uważał, że cierpi na tym panująca pomiędzy członkami zespołu chemia. „Wydaje mi się, że byliśmy silnymi ludźmi, produkowaliśmy mocne gry – mówił. – Dlatego pomyśleli sobie: »Jeśli przerzucimy kogoś tu, a kogoś tam, będą mogli przez cały czas dzielić się ze sobą swoją wiedzą«". Ale po ukończeniu prac nad paroma udanymi grami zręcznościowymi, jak chociażby „BloodRayne: Betrayal", Sean Velasco nie chciał rozstawać się ze swoimi kolegami. „Zawsze korzystam z analogii z droidem R2 – tłumaczył. – Luke nie wyczyścił mu pamięci i dlatego R2 działał naprawdę dobrze, zżyli się. A w WayForward za każdym razem jednostce R2 kasowano pamięć i nie miało się szansy zbudować mocniejszych więzi".

WayForward było studiem zatrudniającym „na zlecenie", mogącym przetrwać jedynie przez żonglowanie kontraktami i produkcję gier na licencji przy krótkich terminach*. Utrzymywanie stałego zespołu nie było priorytetem studia i w 2012 roku, po ukończeniu bijatyki „Double Dragon Neon", szefostwo WayForward przydzieliło Seana Velasco, Iana Flooda, Nicka Wozniaka i Davida D'Angelo do różnych projektów.

Źli, że nie mogą już dłużej pracować razem, spotykali się prywatnie. Wieczorami i w weekendy chodzili do mieszkania Velasco i eksperymentowali z pobocznymi projektami, łącznie z grą na smartfony, z którą daleko nie zaszli. Żaden z nich nie przepadał za ekranami dotykowymi – preferowali namacalne przyciski – i nie chcieli pracować nad tego rodzaju grami. Ekscytowała ich za to myśl o prawdziwej platformówce, która mogłaby się ukazać na konsole Nintendo, jak 3DS i Wii U.

D'Angelo wspomina: „Pamiętam, jak powiedziałem: »Wszedłem w cały ten interes, żeby móc robić gry na Nintendo«". Usłyszałem: „»No to zróbmy grę na Nintendo«. Spojrzeliśmy na siebie i zgodziliśmy się co do tego, że dokładnie to chcemy zrobić. Interesowały nas gry stawiające na przyjemność płynącą z rozgrywki. Nie mamy pojęcia o ekranach dotykowych. Chcemy zrobić dobrą grę wykorzystującą tradycyjny kontroler".

Po powrocie do firmy Velasco zaproponował szefostwu WayForward radykalne rozwiązanie: a może on i jego zespół spróbują napisać coś zupełnie nowego? Studio wynajmowało dwa budynki, z których jeden zajmował dział zapewniania jakości. A może w takim razie ekipa Velasco wprowadzi się do

* Ian Flood tak wspomina przebieg procesu kreatywnego: „Bywało tak: »To bardzo fajnie, że według ciebie Batman powinien zrobić to i to, ale powiem ci, co teraz zrobi: do Bożego Narodzenia wyląduje na sklepowej półce«".

drugiego biura i zacznie działać jako na poły autonomiczna jednostka? Management WayForward i tak myślał o rozkręceniu kampanii na Kickstarterze, czemu nie miałby się tym zająć nowo utworzony zespół? Wymyślić coś absolutnie oryginalnego, grę skrojoną pod konsole Nintendo, z której wszyscy będą dumni?

Po odbyciu paru rozmów z Velasco szefostwo WayForward odmówiło. Nie tak funkcjonowało studio, a przerzucanie ludzi z projektu na projekt miało na celu przyśpieszenie produkcji kolejnych gier. „Pracując dla WayForward, człowiekowi towarzyszyła myśl, że jest »pracownikiem na zlecenie« – mówił Nick Wozniak. – Przede wszystkim trzeba było wypełnić obowiązki względem wydawcy, niekiedy kosztem wszystkiego innego".

Któregoś dnia przy lunchu w Dink's Deli, restauracji mieszczącej się przy ich biurze, Velasco zaczął opowiadać Floodowi i Wozniakowi o ich wymarzonej grze „na Nintendo". Miała być, jak zdecydowali, dwuwymiarowa, zarówno dlatego, że wyjdzie taniej niż 3D, a poza tym mieli w tej materii nieliche doświadczenie. Ustalili, że będzie wyglądać jak gra na NES i mieć podobną atmosferę, tyle że gracz nie musiałby się martwić o nieprecyzyjne skoki i frustrujące błędy będące plagą lat 80. Velasco i przyjaciele naprawdę chcieli wypuścić grę, która przypomni ludziom czasy gry na NES, pozwoli założyć na nos różowe okulary i tak dalej.

Ich gra miała wykorzystywać prostą mechanikę kluczową, a rozgrywka opierać się na podpatrzonym w „Zeldzie II: The Adventure of Link" atrakcyjnym z ich punktu widzenia ruchu zwanym „pchnięciem w dół". Dzięki tej umiejętności Link mógł wyskakiwać wysoko w powietrze i uderzać z impetem w ziemię, zabijając tym samym przeciwników i niszcząc stojące mu na drodze przeszkody. „Pchnięcie wydało nam się zabawnym i wszechstronnym ciosem – mówił Velasco – i przy jego pomocy dało się niszczyć kawały kamienia albo zwalać całe tabuny wrogów z nóg".

Ktoś zasugerował, żeby bohater dzierżył łopatę. Kto inny wysunął propozycję, aby był rycerzem i wszyscy wyobrazili sobie rosłego mężczyznę w ciężkiej zbroi, który snuł się po prowincji i bił się z potworami ogromną łopatą. Mógł razić pająki pchnięciami albo podskakiwać niczym na sprężynowym kiju, naskakując na bańki, duchy i duże sterty błota. Na samą myśl zachciało im się śmiać i wszyscy szybko zgodzili się co do kształtu gry i ogólnego wyglądu głównego bohatera, który miał nosić imię Shovel Knight. Brzmiało wystarczająco ironicznie, aby umieścić je na T-shirtach i pudełkach śniadaniowych.

Kiedy Velasco, Flood i Wozniak usiedli przy restauracyjnym stole, gdzie przerzucali się pomysłami i opracowywali strukturę gry. Shovel Knight miał toczyć boje z innymi rycerzami – każdego z nich charakteryzował inny motyw – tak jak w grach z Mega Manem, gdzie tytułowy bohater bił się z bossami-robotami o takich imionach, jak Crash Man czy Metal Man. Shovel Knight jednak nie chłonął mocy swoich przeciwników – nie chcieli aż tak zżynać z „Mega Mana" – lecz każdy boss miał charakterystyczny dla siebie obszar. Polar Knight mieszkał na oblodzonym statku. King Knight rządził i mieszkał w wspaniałym zamku. Nasz bohater, Shovel Knight, miał pokonać ich wszystkich. „O to chodziło – mówił Velasco. – O pobicie ośmiu gości. I każdy byłby świetnie zaprojektowany, miał wyjątkową sylwetkę, a na końcu czekałby główny zły. To był nasz punkt wyjścia".

Mając świadomość, że WayForward nigdy nie pozwoli im zrobić „Shovel Knighta", wszyscy zdecydowali się odejść, ryzykując przeznaczenie oszczędności na grę, którą – jak uważali – musieli zrobić. Sean Velasco i Ian Flood złożyli wypowiedzenia*. David D'Angelo, który przeprowadził się do Chicago, bo jego narzeczona robiła tam magisterkę, pracował dla WayForward zdalnie, lecz obiecał poświęcać „Shovel Knightowi" tyle uwagi, ile mógł, aby z czasem zająć się projektem na pełny etat. Przed dołączeniem do koleżeńskiego przedsięwzięcia Nick Wozniak chciał zostać w WayForward i zaoszczędzić jeszcze trochę pieniędzy, ale kiedy jego szefowie dowiedzieli się, że planuje odejść, wylali go. Opowiadał potem: „[Zapytali:] »Zamierzasz nas opuścić, prawda?«, a ja na to: »No kiedyś tak«. Usłyszałem: »To może uznamy, że dzisiaj jest twój ostatni dzień?«".

Tradycyjnie pracownicy WayForward żegnali odchodzących z firmy ludzi podczas posiedzenia w pobliskim lokalu Red Robin. („Nie to, żebyśmy wyjątkowo lubili Red Robin – mówił Wozniak. – Po prostu tak już robiliśmy, choć to okropne"). Kiedy Wozniak dowiedział się, że stracił posadę, zaprosił wszystkich na zaimprowizowane spotkanie, łącznie ze swoją żoną. Nikt nie wiedział, że kobieta jest w ósmym tygodniu ciąży i głównym powodem, dla którego Wozniak chciał zostać w firmie, była chęć uzbierania trochę grosza przed narodzinami

---

* Choć niektórzy nie rozstali się ze studiem w wyjątkowo przyjaznych stosunkach, całemu zespołowi udało się utrzymać z WayForward koleżeńskie relacje. Sean Velasco wspomina: „WayForward zawsze było dla nas w porządku. Użyczali nam swoich technologii, pomogli z referencjami, widujemy się cały czas na targach i imprezach branżowych. Pracowałem z nimi siedem lat. To cudowni przyjaciele i dobrzy ludzie. Ani Yacht Club, ani moja kariera designera nigdy nie ruszyłyby z miejsca, gdyby nie to, czego się tam nauczyłem".

dziecka. „Drżała ze strachu – opowiadał o żonie. – Była naprawdę zdenerwowana".

Do stycznia 2013 roku wszyscy pracowali nad „Shovel Knightem". Było to doświadczenie równie ekscytujące, co przerażające. Podniecała ich możliwość napisania wymarzonej gry, lecz zdawali sobie sprawę, że minie przynajmniej rok, zanim zaczną na niej w ogóle zarabiać. Złym pomysłem wydawało im się szukanie pieniędzy po inwestorach i wydawcach, bo wydawca zażąda kreatywnej kontroli nad projektem i – co gorsza – będzie nadzorował marketing. Velasco i jego ekipa miała ściśle określoną wizję marki „Shovel Knight", taką, której nie powierzyliby dużej firmie skupionej przede wszystkim na zysku. Jedynym rozsądnym rozwiązaniem pozostawał crowdfunding, nie tylko dlatego, aby zebrać potrzebne środki, ale żeby zacząć budować bazę lojalnych graczy. „Pomyśleliśmy, że Kickstarter jest prawdopodobnie najlepszym sposobem na dorobienie się grupy fanów, którzy będą nas przez cały ten czas wspierać" – mówił David D'Angelo. I tak „Shovel Knight", jak gry innych niezależnych firm, ostatecznie wylądował na Kickstarterze.

Przez następne dwa miesiące przygotowywali się do rozpoczęcia zbiórki, a zespół żył z oszczędności zgromadzonych na kontach. Rysowali postaci bossów, szkicowali levele i próbowali wymyślić, jak powinna wyglądać główna postać – Shovel Knight. Musiał się wyróżniać i być momentalnie rozpoznawalny. Cała ekipa dorastała pod koniec lat 80. i w kolejnej dekadzie, kiedy wąsaty hydraulik w czerwonej koszuli i niebieskich ogrodniczkach dzięki bezwzględnej strategii marketingowej Nintendo podbił Amerykę Północną. Przyjaciele chcieli powtórzyć sukces. Chcieli bluz z Shovel Knightem. Chcieli pluszowych zabawek z Shovel Knightem. Chcieli czasopism z Shovel

Knightem. „Wymarzyłem sobie stworzenie marki niczym z lat 80., na którą składała się sama postać i gdzie tytułem gry było imię głównego bohatera – mówił Velasco. – Już się tego raczej nie praktykuje".

Finalnie Shovel Knight otrzymał jasnoniebieską zbroję podobną do tej, którą nosił Mega Man i dzierżył nieodłączną łopatę. Gracz nigdy nie widział jego twarzy, przez cały czas ukrytej pod hełmem z otworem w kształcie litery T na środku. Z obu jego stron wystawały perłowe rogi. Nie tylko był łatwo rozpoznawalny, ale i prosty do narysowania: wystarczyło naszkicować hełm i pociągnąć owe rogi, dać mu małą łopatę i miało się swojego Shovel Knighta. Umyślnie nie posiadał on żadnej osobowości. „Shovel Knight może być każdym – objaśniał Velasco. – Niektórym wyda się uroczym rycerzykiem, innym twardzielem, który urwał się z »Dark Souls«".

Codziennie przez dwa miesiące spotykali się u Velasco w mieszkaniu i tam pracowali nad grą. Za każdym razem z ekranu laptopa obserwowała ich głowa D'Angelo, który – choć formalnie nadal zatrudniało go WayForward – skupiał się głównie na projekcie o rycerzu z łopatą. Nie sypiali wtedy zbyt dużo. Podjęli decyzję o budowie etapu King Knighta, Pridemoor, aby podzielić się z graczami wczesnym demem i dowodem na istnienie zapowiedzianej koncepcji. Oznaczało to mnóstwo pracy do wykonania: zaprojektowanie leveli, wymyślenie wrażych stworów, narysowanie sprite'ów i animowanie wszystkiego, zaprogramowanie fizyki i… ech, dużo więcej.

Velasco i jego ekipę motywowała świadomość, że pracowali dla siebie, a nie na umowę z inną firmą. Nikt nie czerpał przyjemności z crunchu, lecz spędzanie nawet długich godzin przy własnej grze wydawało im się bardziej satysfakcjonujące niż zarywanie nocek przy licencjonowanych grach dla WayForward. „Wcześniej tylko o tym gadaliśmy [nocami i weekendami], a teraz mogliśmy zająć się robotą na pełny etat, co było dla nas odświeżające – wspominał Ian Flood. – Pamiętam, jak zadzwoniłem do taty i powiedziałem: »Hej, odrzuciłem podwyżkę i odszedłem z pracy«, a on zapytał: »Czemu?«. Odparłem: »A, bo pracujemy nad takim tam projektem, który ma szansę się mocno rozrosnąć, i robimy zbiórkę na czymś, co nazywa się Kickstarter, gdzie będziemy zbierać fundusze«. Ojciec odpowiedział: »No to daj znać, kiedy już zaczniecie żebrać«".

Swoją firmę nazwali Yacht Club Games, pewnie dlatego, że grupce biednych i zmęczonych developerów o zapuchniętych oczach, którzy pracowali z niewielkiego mieszkania zastawionego meblami z Ikei, wydawało się to ponuro ironiczne.

14 marca 2013 roku rozpoczęli kampanię na Kickstarterze. Króciutki zwiastun, do którego muzykę napisał uznany kompozytor Jake Kaufman (który ostatecznie skomponował całą ścieżkę dźwiękową do „Shovel Knighta"), był niczym innym jak prezentacją grafik i screenów, które do tej pory przygotowali. Krótkie klipy pokazywały rycerza bijącego się z przeciwnikami i skaczącego na łopacie. „Wierzymy w Shovel Knighta – napisali w opisie kampanii na Kickstarterze. – Gra będzie świetna. Jesteśmy tego tacy pewni, że rzuciliśmy pracę, aby móc zająć się nią na pełny etat, i zainwestowaliśmy czas, pieniądze i wysiłek, bo to rzecz, która płynie prosto z serca. Ale to nie wystarczy, abyśmy ukończyli tę grę. Potrzebujemy was, aby »Shovel Knight« ujrzał światło dzienne!"

Lecz „oni" nie chcieli się zjawić. Do końca tygodnia uzbierano jedynie 40 z wymaganych 75 tysięcy. Przyczyniło się do tego parę artykułów, w tym tekst, który ukazał się na portalu dla graczy IGN. Na ich konto wpływało dziennie jedynie kilka tysięcy*. Kiedy Yacht Club dodawał kolejne funkcje do gry, żeby zachęcić do współfinansowania, przyjaciele zaczęli się martwić, że „Shovel Knight" nie zarobi wystarczającej sumy. Lub – co jeszcze gorsze – osiągnie jedynie minimalny pułap. „Przez cały czas mieliśmy Kickstartera otwartego na drugim monitorze, nieprzerwanie robił nam za tło, cokolwiek robiliśmy – mówił Nick Wozniak. – Cały czas zerkaliśmy na niego, starając się dokonać choćby wstępnych obliczeń". Mimo że prosili o 75 tysięcy, mieli nadzieję zebrać o wiele więcej, bo tak naprawdę potrzebowali raczej 150, aby wypchnąć „Shovel Knighta". „Nie mieliśmy nawet planu awaryjnego, w razie gdyby nam się nie udało – przyznał Sean Velasco. – Domyślam się, że moglibyśmy spróbować dalej pracować razem i podsuwać »Shovel Knighta« wydawcom. Nie jestem jednak pewien, czyby na to poszli. To było być albo nie być".

Mieli jednak pewien plan, aby zwrócić na siebie uwagę: jechali na PAX East. Odpowiednio wcześniej zarezerwowali sobie stoisko na corocznym konwencie Penny Arcade w Bostonie, gdzie mogli pokazać „Shovel Knighta" dziesiątkom tysięcy fanów, dziennikarzom i kolegom z branży gier. Tyle że nadal nie ukończyli dema. Zespół Yacht Clubu harował po 16 godzin dziennie z nadzieją ukończenia poziomu King Knighta na PAX, robiąc sobie przerwy jedynie na naciskanie F5, odświeżanie i monitorowanie Kickstartera.

---

* Przed odpaleniem kampanii skontaktowali się z redaktorem z IGN, Colinem Moriartym, któremu – jak podejrzewali – ich gra się spodoba, bo zaczynał swoją dziennikarską karierę od pisania przewodników do gier, takich jak „Mega Man" i „Castlevania". Trafili. Moriarty wspierał ich projekt przez kolejne lata.

Zaczęli się jednak poważnie denerwować, że im się nie uda, spanikowali i na szybko wymyślili plan awaryjny. Poustawiali duże pufy, odpalili stare gry na Nintendo 64 i namawiali graczy, aby po powrocie do domu rzucili trochę grosza na „Shovel Knighta". „Zajrzyjcie do nas, posiedzimy sobie i pogadamy o naszym Kickstarterze – powiedział Velasco. – Taki mieliśmy plan jeszcze na tydzień czy dwa przed samym PAX. Szaleństwo".

Nawet pod koniec marca, kiedy przyszła już pora wylotu do Bostonu, zespół Yacht Clubu nadal szlifował demo. Na parę godzin przed lotem spotkali się w mieszkaniu Velasco, żeby wprowadzić parę zmian na ostatnią chwilę, na przykład dodali tabelę z wynikami rodem z automatu, żeby uczestnicy PAX mogli rywalizować o punkty. Wydrukowali też kilka tysięcy ulotek „Shovel Knighta", ale nie mogli sobie pozwolić na wysłanie ich osobno do Bostonu, dlatego każdy z nich upchnął gigantyczny stos papieru do swojego bagażu, a następnie zważył go, aby nie musieć dopłacać na lotnisku.

Rozpętał się chaos. „Jakieś 20 minut przed wylotem próbowałem sobie zrobić kawę i zlew [u Velasco] zaczął wypluwać z siebie ziarna – mówił Ian Flood. – Ja mu na to: »Ej, twój zlew działa w odwrotną stronę«, a on: »Nie ma czasu, lecimy do Bostonu«. No to powiedziałem: »Okej, świetnie«, i zostawiliśmy tam bajoro".

Cała piątka – Sean Velasco, Ian Flood, David D'Angelo, Nick Wozniak i Erin Pellon – na wyprawę na PAX wydała łącznie około dziesięciu tysięcy, obiecując sobie, że odzyskają całość, kiedy uzbierają kasę na Kickstarterze. Nocą dzielili ze sobą wynajęty pokój. D'Angelo wspomina, że było okropnie. Za dnia stali na swoim stoisku, wygłaszając kazania na temat

„Shovel Knighta" każdemu uczestnikowi PAX, który zbliżył się do nich na odległość metra.

Ich demo zwracało uwagę jaskrawą, dwuwymiarową grafiką i rzucało się w oczy, od razu przyciągając zaciekawionych ludzi. Nawet z drugiego końca hali łatwo było powiedzieć, co dzieje się przy stoisku „Shovel Knighta": mały niebieski gość z łopatą podskakuje i bije potwory. Gra wyglądała jak żywcem z NES, co intrygowało nostalgiczną publikę PAX. „Po zaledwie paru krótkich dniach z malutkiej kropki na moim radarze »Shovel Knight« przeistoczył się w jedną z najbardziej wyczekiwanych gier roku" – napisał w relacji z imprezy reporter portalu Destructoid.

Mimo że PAX nie sprowadził na nich nagłego deszczu pieniędzy, targi pomogły Yacht Clubowi nagłośnić grę i 29 marca 2013 roku, kiedy do zakończenia kampanii na Kickstarterze zostały dwa tygodnie, osiągnięto cel 75 tysięcy. Nadal mogli zbierać środki, aż do połowy kwietnia, lecz już teraz ich gra została oficjalnie ufundowana. „Nie powiem, że nas to nie przerażało, bo teraz nie mieliśmy wyjścia, musieliśmy zrobić tę grę, a za 75 tysięcy było to cokolwiek trudne – powiedział D'Angelo. – Żałowaliśmy, że się nam udało. Oczywiście chcieliśmy zrobić tę grę, ale po swojemu, aby się przy tym nie męczyć i mieć za co kupić sobie jedzenie podczas długich miesięcy wytężonej pracy".

Na PAX David D'Angelo rozmawiał z innymi developerami, którym za pośrednictwem Kickstartera udało się zrealizować projekty i wyszarpał dwie istotne rady. Po pierwsze, mieli codziennie aktualizować Kickstartera, aby wspierający mogli aktywnie partycypować w zbiórce i zamiast bezczynnie czekać na grę, aktywnie o niej dyskutować. Dlatego zaraz po PAX zespół Yacht Clubu zaczął regularnie zamieszczać na stronie konkursy artystyczne, ujawniać kolejne postacie i wymyślać następne progi. Po dobiciu do 115 tysięcy oddadzą pod kontrolę gracza jednego bossa-rycerza. Za 145 dorzucą drugiego. A po dwustu dodadzą tryb kilkuosobowej bitwy. Jeśli jakimś cudem sięgną po ćwierć miliona, napiszą kampanię dla trzeciego bossa-rycerza.

Poradzono im również, aby wysłali demo „Shovel Knighta" do popularnych youtuberów i streamerów z Twitcha. Internetowe artykuły na temat gry to jedno, czym innym było pozwolić potencjalnym fanom gry na zobaczenie jej w akcji, dlatego kiedy duże kanały, jak Game Grumps, pokazały „Shovel Knighta", projektem zainteresowały się setki tysięcy ludzi. Zbiórka znacząco przyśpieszyła w ostatnich dniach i zamiast dotychczasowych paru tysięcy dziennie na konto gry wpływało po 30–40. A to wystarczyło, aby cały Yacht Club żałował, że zasady Kickstartera nie pozwalają na przedłużenie czasu trwania kampanii chociaż o tydzień.

Kiedy kampania zakończyła się 13 kwietnia 2013 roku, „Shovel Knight" uzbierał 311 502 dolary, czyli niemal cztery razy tyle, ile wynosił cel zbiórki, choć dla pięcioosobowego teamu z Los Angeles nie była to kwota oszałamiająca. Licząc po standardowej stawce dziesięciu tysięcy na głowę miesięcznie (w czym mieściło się nie tylko wynagrodzenie, ale i cena sprzętu, opłaty prawne i wydatki na nowe, niewielkie biuro, które zamierzali wynająć), mieli pieniądze na sześć miesięcy, może nieco dłużej, jeśli zgodzą się na mniejsze stawki. Kiedy już określili, ile potrzebowali na rachunki i jedzenie, przyznali sobie równe honoraria. „Obiecaliśmy, że z czasem wypłacimy sobie różnicę – mówił D'Angelo. – Musieliśmy wykorzystać każdego dolara najlepiej, jak potrafiliśmy". Mając przed sobą konieczność zaprojektowania ośmiu leveli – a poziom King Knighta zajął im miesiąc – zespół Yacht Clubu uznał, że potrzeba im roku na ukończenie „Shovel Knighta". Od kwietnia do grudnia 2013 roku mieli dopiąć wszystkie obszary gry i zostawić sobie trzymiesięczny bufor. Musieli skończyć do marca 2014 roku albo się spłuczą.

Wypadałoby jednak, aby nauczyli się, jak prowadzić biznes, co było czasochłonnym procesem, wymagającym objęcia całej ekipy ubezpieczeniem zdrowotnym, załatwienia spraw podatkowych i znalezienia adwokata zajmującego się prawem autorskim, który miał zadbać o to, że marka „Shovel Knight" będzie odpowiednio chroniona. Ostatecznie zdecydowali się wyznaczyć wtorek na „dzień biznesowy" i resztę tygodnia spędzać przy grze. Tyle że pracowali nad nią więcej czasu, niż się spodziewali.

Jako że ich fundusze były ograniczone, ekipa Yacht Clubu porzuciła pozory i przestała się łudzić, że uda im się zachować równowagę pomiędzy pracą a życiem prywatnym, bo jeśli nie przysiądą ostro nad „Shovel Knightem", niebawem skończą się im pieniądze. Deadline wyznaczony na marzec 2014 roku był bliżej, niż się wydawało. „Nie mogliśmy go nie dotrzymać, już chyba lepiej byśmy zrobili, gdybyśmy popełnili samobójstwo – komentował Nick Wozniak. – Tyle że musieliśmy poświęcić się projektowi całkowicie, widzieliśmy, że będzie trzeba pracować w weekendy i siedzieć nad tym całymi dniami. Czas to coś, co trzeba grze bezwarunkowo oddać".

Dla Nicka Wozniaka oznaczało to rysowanie i animowanie mnóstwa sprite'ów składających się na całego „Shovel Knighta", zwykle opartych na grafikach koncepcyjnych Erin Pellon. Sean Valesco zajął się projektowaniem leveli, stworów i mechanik. David D'Angelo i Ian Flood pisali kod, dzięki któremu gra działała, i poprawiali te linijki, przez które nie działała. A do tego musieli kolektywnie rozgryźć, co zrobić, aby się dobrze grało, czyli testować, dostrajać, polerować i codziennie obgadywać istotne kwestie dotyczące zarówno gry, jak i firmy. Już na samym początku Yacht Club podjął nieortodoksyjną decyzję, że żadne z nich nie będzie szefowało pozostałym. Technicznie rzecz biorąc, Sean Velasco był reżyserem „Shovel Knighta" i prowadził większość spotkań, lecz nie był szefem. Kierowali się prostą, acz radykalną zasadą: jeśli ktoś się z czymś nie zgadzał, nie robili tego. Nic nie miało prawa się wydarzyć, jeśli cały zespół temu nie przytaknął. Była to demokratyzacja procesu designu gry. „Od początku chcieliśmy być równi – mówił Wozniak – i uważaliśmy się za partnerów, cała piątka, zarówno na papierze, jak i w rzeczywistości"*.

Co oznaczało, że spędzali dużo czasu, debatując na temat najmniejszych detali. Jeśli jednemu z nich nie podobało się, jak Shovel Knight rusza ramieniem, kiedy uderza do góry, musieli to razem przegadać. Jak ktoś z Yacht Clubu upierał się, że powinno się udostępnić graczowi możliwość ponownego przejścia ukończonych leveli, rozpoczynała się trwająca tydzień debata. Seanowi Velasco spodobało się niebieskie opancerzone ramię trzymające wędkę? To, cholera, cały czas męczył zespół,

* Szósty partner, Lee McDole, odszedł z Yacht Clubu niedługo po sporze dotyczącym płaskiej struktury organizacyjnej, bo na podstawie wcześniejszych dyskusji i pracy, którą wykonywał przez parę minionych miesięcy i lat, myślał, że są z Seanem Velasco równymi partnerami i mają po 50 procent firmy. „Przez parę dni biłem się z myślami odnośnie do tego nowego układu, ale uznałem, że to nie mój kierunek" – powiedział McDole.

dopóki nie dano Shovel Knightowi łapać pstrągów. On sam opowiadał: „Cały czas powtarzałem, ale w ramach żartu, ej, dajmy mu powędkować. Głupie, ale fajnie. Wszyscy powtarzali: »Nie, to tylko głupie, nawet bardzo«. I chyba w końcu ich tym gadaniem zamęczyłem".

Ten chaotyczny multilateralizm być może nie zadziałałby w innej firmie, ale Yacht Club jakoś funkcjonował. Po części dzięki niewielkiemu zespołowi, co pozwalało im na elastyczność, bo gdyby mieli 50 osób, a nie pięć, nie byłoby im tak łatwo walczyć o każdą designerską pierdółkę. Przyczyniła się też do tego chemia, którą wykształcili między sobą po latach wspólnej pracy nad grami w WayForward. „Kiedy pokazuję im projekty albo widzę, jak im się udało wszystko wdrożyć, nie musimy nawet się do siebie odzywać albo przedstawiać specyfikacji, mamy zaufanie do siebie – mówił Velasco. – Przypomina to trochę granie w kapeli".

Nie byłoby to możliwe, gdyby nie mieli spójnej wizji. Cały zespół zgadzał się co do tego, że „Shovel Knight" powinien być dwuwymiarową platformówką w stylu NES z ośmioma różnymi poziomami, i nie było mowy, że to się zmieni. Podstawy rozgrywki również pozostawały te same. Nikt nie zamierzał nagle spróbować przekuć gry na MMO albo zastąpić opartą na pchnięciu w dół mechanikę karabinem maszynowym. Nie mieli nad sobą wydawcy czy inwestora, który mógł wpaść do biura i powiedzieć, że Shovel Knight wyglądałby lepiej bez hełmu. Nawet kiedy zespół darł koty o niektóre rzeczy, wszyscy zgadzali się co do ogólnego kierunku rozwoju gry.

Jeśli „Shovel Knight" miał się kiedyś przeistoczyć w globalną markę – następnego „Maria" – to ich pierwsza gra musiała być idealna. Przez cały 2013 rok Yacht Club projektował, wykłócał się i crunchował, stopniowo i pieczołowicie konstruując wszystkie osiem poziomów gry. „Shovel Knight" wyglądał teraz o niebo lepiej niż demo, które zaprezentowali na PAX, no i dodali jeszcze parę fajnych efektów graficznych. Szczególnie oczarowało ich przewijanie równoległe, technika pozwalająca na przesuwanie tła niezależnie od pierwszego planu, co stwarzało iluzję głębi. I teraz, kiedy Shovel Knight wchodził na szczyt złotych wież twierdzy Pridemoor, różowe chmury w oddali poruszały się razem z nim.

Ponadto Sean Velasco wymyślił serię designerskich wytycznych, zainspirowanych czasem spędzonym w WayForward i studiowaniem klasycznych gier Nintendo, z których korzystał przy każdym poziomie gry. Jedna z nich, na przykład, mówiła, że gra powinna uczciwie wyjaśniać graczowi, jak pokonywać trudności, nie przez suchy samouczek, ale samą rozgrywkę. Powiedzmy, że Velasco chciał zderzyć gracza z nowym przeciwnikiem, przenoszącym dżumę szczurem, który wybuchał po uderzeniu. Gdybyś po prostu podszedł do takiego, zadał cios i zginął, bo nie miałbyś pojęcia, że wybuchnie, rozzłościłbyś się na grę. Dlatego lepszym podejściem było uprzednie zaprezentowanie zasad poprzez umieszczenie szczura obok sterty ziemi. „I kiedy uderzyło się łopatą o ziemię, istniało spore prawdopodobieństwo, że szczur też ucierpi – mówił Velasco – a gracz zobaczy, jak eksploduje".

Pytaniem, nad którym Yacht Club musiał się zastanowić podczas cyklu produkcyjnego, był stopień trudności gry. Wspierający i fani nie byli co do tego zgodni. Niektórzy prosili, aby nie okazał się zbyt wymagający, inni nie chcieli słyszeć o niczym łatwym. „Połowa spodziewała się naprawdę trudnej gry rodem z NES, bo między innymi dzięki temu były one fajne – tłumaczył David D'Angelo – a połowa chciała czegoś, co da im ten klimat, ale nie będzie trudne. I jak znaleźć tutaj równowagę?". Pewnym rozwiązaniem było udostępnienie graczowi rozmaitych użytecznych przedmiotów, jak śmigłowy sztylet pozwalający Shovel Knightowi przeskakiwać nad przepaściami albo medalion zapewniający tymczasową odporność na ciosy. Kolejna propozycja – i jeden z bardziej eleganckich pomysłów w grze – to opcjonalne punkty kontrolne. Za każdym razem, kiedy natrafiło się na takowy, można go było aktywować (aby rozpocząć od tego miejsca po utracie życia i nie stracić postępu) albo zniszczyć, dostając za to coś cennego, ale podnosząc stawkę.

Do końca 2013 roku cała piątka nabrała przekonania, że robi świetną grę, tyle że nie mieli zielonego pojęcia, ile to jeszcze potrwa. 311 502 dolary, z których, po odjęciu podatków i innych opłat zostało około ćwierć miliona, szybko topniały. Co prawda otrzymali jeszcze dodatkowe 17 180 dolarów przez PayPal z dodatkowej zbiórki, lecz nie zmieniało to ich sytuacji. Dlatego ukończenie „Shovel Knighta" do marca 2014 roku wydawało się nierealne. „Spóźniałem się z każdą grą, przy której kiedykolwiek pracowałem – mówił Sean Velasco – a to dlatego, że zawsze upierałem się, aby przeglądać powtórnie wszystko, co zrobiliśmy, ulepszać, polerować". Crunch trwał od miesięcy, ale nadal pozostawało mnóstwo rzeczy do zrobienia. Druga połowa gry nie była dość dynamiczna i niemal całkowicie zmienili zakończenie, co wymagało kolejnych godzin spędzonych na dopracowywaniu i dopieszczaniu pewnych rzeczy. „Przypuszczam, że gdybyśmy pracowali nad tą grą dla WayForward, skończylibyśmy ją do marca – mówił David D'Angelo. – Na tym, jak myślę, polega różnica pomiędzy dobrym a rewelacyjnym, czy coś. Naprawdę przyglądaliśmy się każdemu pikselowi z osobna i upewnialiśmy się, czy mamy to, czego chcieliśmy".

Jak mówił D'Angelo, zespoły, z którymi pracował w WayForward, wypuszczały gry, gdy te były ukończone w 90 procentach. Teraz interesowało ich wyłącznie 100 procent, aby mogli szczerze i pewnie powiedzieć, że „Shovel Knight" jest najlepszą grą, na jaką było ich stać. Ale poświęcenie na nią dodatkowego czasu oznaczało pracę za darmo. 1 marca 2014 roku skończą im się pieniądze.

Lecz mimo to zdecydowali się przełożyć premierę. „Nie mieliśmy wyjścia – tłumaczył Sean Velasco – choć grunt palił nam się pod nogami i harowaliśmy od 16 miesięcy tak, że nie wychodziliśmy praktycznie z domu, a przyjaciele stali nam się obcy… Ludzie pytali mnie, jak nam idzie. Opowiadałem, że wszystko beznadziejnie, poza »Shovel Knightem«, z którym szło nam z kolei coraz lepiej". Pracowali dalej, sięgając do kont oszczędnościowych, aby pokryć nie tylko osobiste wydatki, ale i te bieżące, generowane przez Yacht Club.

Nick Wozniak, któremu urodziło się dziecko, musiał zapożyczyć się u rodziców („Nie była to najłatwiejsza rozmowa" – mówił). Pracował nocami, regularnie nie zdążał na kolację, a bywało też tak, że kiedy przyjeżdżał do domu, witał go świt i wtedy żołądek przypominał mu o głodzie. Jako że jedyną otwartą restauracją był 24-godzinny lokal sieci Jack in the Box, zaglądał tam codziennie. „Znałem gości z okienka samochodowego po imieniu – opowiadał. – Od razu mogłem powiedzieć, który z nich spierdoli moje zamówienie i wtedy z pewnych rzeczy rezygnowałem. A kiedy pojawiał się ktoś nowy, kusiło mnie, aby powiedzieć: »O, cześć, świeżak«".

Sean Velasco szczególnie niemiło wspomina pewien dzień już pod koniec cyklu produkcyjnego, kiedy zatrzymał się na stacji benzynowej po śmietankę do kawy. „Podaję gościowi moją kartę [debetową] i rozlega się dźwięk. »Przykro mi, ale odrzuciło pańską kartę«. Sięgam do kieszeni po kredytową, podaję. I znowu to samo. »Przykro mi, ale tę też odrzuciło«. I musiałem wyjść stamtąd z głową spuszczoną ze wstydu, bez śmietanki. Owszem, było aż tak źle".

Jedynym, co ich napędzało przez te wycieńczające i demoralizujące miesiące, były opinie, którymi dzielili się z nimi przyjaciele i członkowie rodziny testujący „Shovel Knighta". „Otrzymywaliśmy od nich słowa zachęty" – mówił Velasco. Jego kolega z college'u po partyjce we wczesną wersję gry przesłał mu sympatyczną notkę, twierdząc, że to jest to i jeśli Yacht Clubowi uda się doprowadzić ten projekt do końca, „Shovel Knight" będzie rewelacją. Velasco czytał wiadomość od kolegi z narastającym podnieceniem, aż dotarł do listy problemów, na które ten natrafił. „Musieliśmy się cofnąć, zabrać do roboty i poprawić wszystkie błędy" – mówił.

26 czerwca 2014 roku, po niemal czterech miesiącach pracy bez wypłat, Yacht Club Games wypuściło „Shovel Knighta". Uważali, że to dobra gra, ale szczerze mówiąc, trudno było im przewidzieć, ile osób się na nią zdecyduje, czy jest skazana na prędki spadek z listy Steama, tak jak tysiące gier, które wychodzą co roku i znikają. Zrobili, co mogli, przy PR i marketingu, aby zainteresować ludzi grą, lecz to zawsze loteria. Rozmawiali o gadżetach i pudełkach śniadaniowych, ale co będzie, jeśli nikt nie kupi ich gry? Po biurze krążył żart, że jeśli wszystko szlag trafi, to rzucą tę branżę i otworzą piekarnię.

A wtedy zaczęły spływać pierwsze recenzje. Ludzie pokochali „Shovel Knighta". Był niegłupi, wymagający (ale uczciwy) i wypolerowany do połysku. Minęło parę dni, zanim ekipa Yacht Clubu doszła do tego, ile kopii sprzedano (poza wspierającymi z Kickstartera, którzy już zapłacili) i kiedy otrzymali dane, zamurowało ich – w tydzień zeszło 75 tysięcy egzemplarzy. Po miesiącu liczba ta wzrosła do 180 tysięcy. Sprzedali znacząco więcej kopii gry niż jakiegokolwiek tytułu, nad którym pracowali w WayForward. „Shovel Knight" był krytycznym i komercyjnym sukcesem. Ale Seanowi Velasco trudno było się z tego cieszyć. „Nadeszły naprawdę mroczne czasy" – opowiadał. Czuł się bowiem zdezorientowany po wydostaniu się z piekielnego ognia crunchu i powrocie do rzeczywistości. Był jak skazaniec po odbyciu długiego wyroku.

„Emocje na każdym froncie sięgały zenitu – mówił. – Podniecenie wywołane wypchnięciem gry, która spodobała się ludziom. Spokój, jaki przyniosło ukończenie pracy i zostawienie tego za sobą. I ekscytacja wywołana licznymi wyprawami do rozmaitych miejsc, gdzie spotykaliśmy się z graczami, rozmawialiśmy o naszym projekcie i widzieliśmy same pozytywne reakcje. Lecz minusem tego wszystkiego było emocjonalne i fizyczne wypalenie".

Tak jak wielu innych twórców gier, Velasco doświadczał ciężkiego przypadku depresji wywołanej końcem pracy nad projektem i cierpiał na syndrom oszusta. „[Myślałem:] »Kogo to obchodzi, toć skopiowaliśmy 'Mega Mana'« – mówił. – Ogłupiliśmy ludzi. Nawet mi się ta gra nie udała".

Minęła chwila, zanim Velasco odzyskał równowagę. Najgorsze miał za sobą. Crunch dobiegł końca. Niebawem mieli otrzymać nie najgorsze honoraria – z uwagi na płaską strukturę organizacyjną firmy każdy współzałożyciel dostał tyle samo – i mogli ponownie odpowiednio zbilansować czas przeznaczony na pracę i na życie osobiste. Zostało im co prawda parę usterek do naprawienia i musieli dorzucić obiecanych rycerzy, ale to koniec. „Shovel Knight" był gotowy.

Nieprawdaż?

Jedną z pierwszych rzeczy, które zauważa się od razu, patrząc przez panoramiczne okna eleganckiego biura Yacht Club Games, mieszczącego się na 12. piętrze budynku w kalifornijskiej Marina Del Rey, jest dok pełen luksusowych łodzi, przez co nazwa firmy wydaje się znacznie mniej ironiczna. Pojechałem tam w październiku 2016 roku, prawie dwa i pół roku po wydaniu „Shovel Knighta". Przebyli długą drogę od zapchanego zlewu i mebli z Ikei.

Studio rozrosło się i zatrudniało nie pięć, ale dziesięć osób, i próbowało ściągnąć jeszcze kogoś, co nie było proste z uwagi na specyficzną strukturę Yacht Clubu*. Szukali dobrego testera QA, lecz żaden nie przeszedł nawet etapu rozmowy kwalifikacyjnej. „Rozmowa z nami potrafi być trochę onieśmielająca – mówił Nick Wozniak – bo gada się jednocześnie z dziesięcioma osobami". Skoro ustalili, że wszyscy w firmie muszą się zgadzać co do słuszności podejmowanych decyzji, potencjalni pracownicy otrzymają pytania od każdego. I za każdym razem, kiedy na rozmowę przychodził kolejny tester, odbywała się ona w obecności całego zespołu zebranego w jednej salce konferencyjnej. Ta osobliwa praktyka nie była jednak najbardziej niezwykłą rzeczą, jaką w październiku 2016 roku można

* Erin Pellon, artystka koncepcyjna, odeszła z firmy w 2015 roku po kłótki z pozostałymi współzałożycielami.

było powiedzieć o Yacht Clubie, ale to, że studio nadal pracowało nad „Shovel Knightem". Jeszcze dwa i pół roku później realizowano obietnice złożone przy okazji zbiórki funduszy na Kickstarterze.

Opracowanie trybu gry trzema bossami-rycerzami, który mieli dorzucić po przekroczeniu pewnego progu, zabierało im więcej czasu, niż przewidywali. Po wypchnięciu „Shovel Knighta" i kilku tygodniach odpoczynku naprawili błędy, opracowali porty na parę konsol i rozpoczęli pracę nad osobną kampanią dla pierwszego bossa; gracz miał sterować złowieszczym alchemikiem Plague Knightem. Już na samym początku ustalili, że nie skończy się na podmianie sprite'ów. Chcieli, żeby Plague Knight miał takie umiejętności, jak rzucanie bombami i podwójne skoki. Dlatego musieli zaprojektować poszczególne poziomy od nowa, żeby do tych umiejętności pasowały. Co miało zająć kilka miesięcy, przemieniło się w roczny cykl produkcyjny. Po udostępnieniu kampanii Plague Knighta we wrześniu 2015 roku zostały im do ogarnięcia jeszcze dwie: Specter Knighta i King Knighta. Kiedy odwiedziłem Yacht Club, premiery obu były zaplanowane na 2017 rok. „Gdybyś powiedział mi [w 2014 roku], że nadal, w 2016, będę pracował nad »Shovel Knightem« i dłubał przy kolejnych kampaniach, odparłbym: »Czy cię, kurna, powaliło?« – mówił Sean Velasco. – A jednak".

Po paru latach od wypchnięcia gry Velasco czuł się lepiej. Spędzał mniej czasu w pracy i chodził opalać się na plaży. Po kolejnym wycieńczającym okresie crunchu, który przypadł na parę tygodni przed wypuszczeniem kampanii Plague Knighta, współzałożyciele Yacht Clubu przyrzekli zgodnie, że był to ostatni raz. „To wycieńczające – mówił David D'Angelo. – A robi się tym trudniejsze, że zaliczyliśmy chore godziny crunchu w WayForward, czyli naprawdę sporo przeszliśmy. Więcej niż przeciętne studio". I kiedy któregoś dnia przy lunchu, na który poszli do mieszczącej się nieopodal biura knajpki z kanapkami, D'Angelo napomknął, że nie chciał już nigdy przerabiać kolejnego crunchu, Ian Flood odetchnął ciężko, co znaczyło: „Aha, pewnie. Tylko poczekać, aż przyjdzie czas wypchnięcia Specter Knighta". „Nie chciałem pogodzić się z tym, że to nieuniknione – przyznał mi później Flood. – I mówię to z perspektywy pragmatyka, a nie człowieka skazanego na crunch, który nawija o tym, że trzeba się przygotować i zapomnieć o wszystkich dotychczasowych planach".

Nie sposób było stwierdzić, czy sukces Yacht Clubu byłby możliwy bez całych długich tygodni wypełnionych nadgodzinami, lecz z pewnością znacząco się do niego przyczyniły. Do 2016 roku sprzedano grubo ponad milion egzemplarzy gry. Wypuszczono wersję „Shovel Knighta" na każdą możliwą konsolę, na sklepowe półki trafiły fizyczne kopie gry (co było rzadką praktyką jak na niezależne studio) i nawet współpracowano z Nintendo nad stworzeniem kolekcjonerskiej figurki Amiibo z podobizną dzierżącego łopatę, nieustraszonego rycerza*. Wydawcy zwracali się do Yacht Clubu z propozycjami umów dystrybutorskich i składali oferty kupna firmy (którym Velasco i koledzy uprzejmie odmawiali). Shovel Knight pojawił się gościnnie w kilku mniejszych grach, zaszczycił swoją obecnością wyścigówkę „Runbow", platformówkę „Yooka-Laylee"

* Co znaczące, „Shovel Knight" był pierwszym Amiibo od zewnętrznego developera; wszystkie poprzednie zabawki Nintendo wyrosły z marek należących do firmy. Aby produkcja doszła do skutku, David D'Angelo zdradził mi, że co miesiąc nękał przedstawicieli Nintendo, aż ci się zgodzili.

i parę innych. Nie był co prawda tak wszędobylski jak Mario w latach 90., ale z pewnością stał się ikoną gier niezależnych.

Pomimo sukcesu nikt w Yacht Clubie nie sądził, że po latach nadal będzie pracował przy rzeczonym hicie. Nawet najwięksi fani słali do Yacht Clubu maile, domagając się, aby przestali aktualizować „Shovel Knighta" i zaczęli robić coś zupełnie nowego. Ale zespół był już zajęty realizowaniem obietnic z kolejnych progów kampanii na Kickstarterze: trzema kampaniami z bossami i trybem multiplayer. „To był nasz największy błąd, na dobre i na złe: obiecaliśmy naprawdę dużo – mówił David D'Angelo – a kiedy coś komuś przyrzekamy, to chcemy dotrzymać słowa. Czyli, okazało się, że źle zrobiliśmy. Bo zabierze nam to stanowczo zbyt dużo czasu".

Inny problem polegał na tym, że kampanie z bossami nie przynosiły żadnych pieniędzy, tylko pochłaniały środki – jak oceniali, przeszło dwa miliony – bez żadnej szansy na zwrot, bo sprzedawali je za oszałamiającą kwotę, to znaczy za darmo. Yacht Club obiecał, że Plague Knight, Specter Knight i King Knight będą bezpłatnymi dodatkami. Wycofanie się z danego słowa nie wyglądałoby najlepiej.

Optymizm podpowiadał im, że rozbudowywali grę i poświęcili się pracy nad aktualizacjami, aby przedłużyć jej żywotność, tak jak Blizzard z „Diablo III". „Tak się dzisiaj robi hity, produkujesz grę i dodajesz do niej nowe funkcje – tłumaczył D'Angelo. – Nie chodzi o wysoką sprzedaż na starcie, ale o ciągłe przeciąganie nowych ludzi na pokład i nieprzerwane inwestowanie".

Pesymizm jednak podpowiadał, że wydadzą miliony – i poświęcą kawał życia – na grę, która powinna zostać domknięta lata wcześniej. I nie sposób było powiedzieć, czy ludzie w ogóle zauważą wszystkie te dodatki. „Nie wiemy, czy ta strategia faktycznie działa – mówił D'Angelo. – Nasza gra sprzedaje się nieźle z miesiąca na miesiąc, ale czy dlatego, że to »Shovel Knight«, czy dlatego że udostępniliśmy nowe funkcje?"

Z początku planowali dopiąć wszystkie trzy kampanie z bossami do końca 2015 roku, ale przyszedł rok 2016, a potem 2017. Kiedy w styczniu 2017 roku zespół dostrzegł majaczący na horyzoncie koniec prac, Yacht Club wykonał śmiały ruch. Ogłoszono, że będą (a) sprzedawać wszystkie cztery kampanie oddzielnie i (b) podniosą cenę pakietu „Shovel Knighta", bo kupujący dostaną cztery gry zamiast jednej. Po wypchnięciu Specter Knighta i King Knighta nareszcie będą mogli odetchnąć, na co nikt by nie narzekał, bo całemu zespołowi robiło się niedobrze od samego patrzenia na „Shovel Knighta". „Byliśmy jednocześnie działem QA i musieliśmy ogrywać wszystko po sto razy – mówił Nick Wozniak. – Zaprzęgliśmy paru przyjaciół do pomocy, ale głównie sami non stop graliśmy".

Lubili fantazjować na temat tego, co zrobią potem. Najłatwiejszym krokiem do wykonania byłby zapewne „Shovel Knight 2", ale po czterech latach spędzonych z rogatym bohaterem współzałożycielom Yacht Clubu śpieszyło się do czegoś nowego. Sporo rozmawiali o dalszym naśladowaniu Nintendo. „Chciałbym mieć trzy duże, reprezentacyjne marki – mówił Velasco – i je rozwijać". „Shovel Knight" był ich „Mariem", ale to nie wystarczyło. Velasco marzył też o marce tak ikonicznej jak „The Legend of Zelda". I jeszcze jednej, lubianej niczym „Metroid".

Gdyby słowa te wyszły od innego developera, mogłyby się wydać urojeniem, zupełnie jakby upalony student szkoły filmowej marzył o nakręceniu nowych *Gwiezdnych wojen*. Okej, pewnie, będziecie kolejnym Nintendo, powodzenia. Ale kiedy odwiedziłem piękne biuro Yacht Clubu i przeszedłem obok maskotek Shovel Knighta i koszulek z jego podobizną oraz dużej, bogato zrobionej statuy przedstawiającej rogatego, niebieskiego rycerza dzierżącego łopatę, jakoś nie wydawało mi się to takie absurdalne.

8

DESTINY

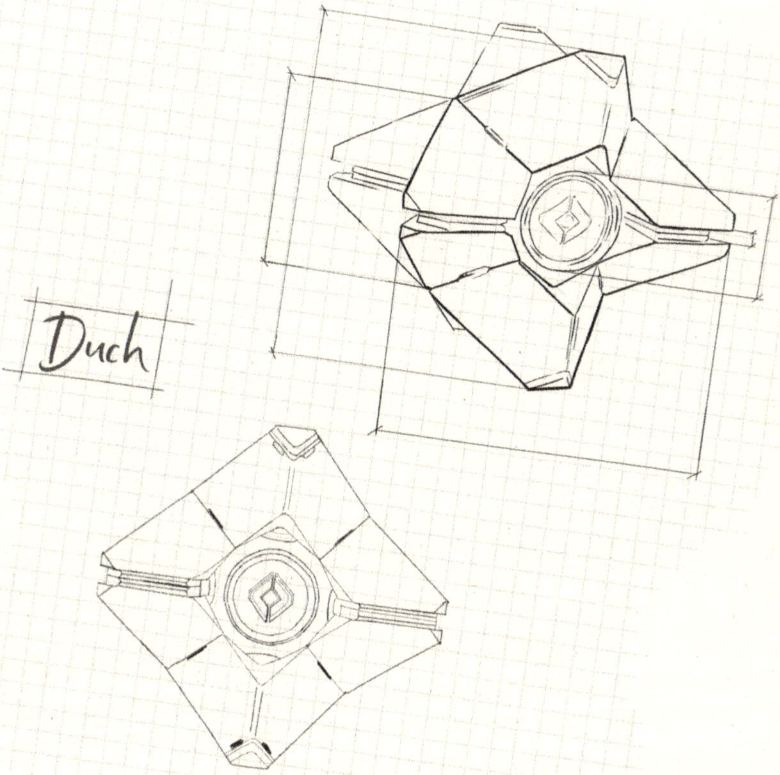

Pewnego dnia pod koniec 2007 roku pracownicy Bungie zebrani w wynajętej sali kina mieszczącej się naprzeciwko ich biura w Kirkland w stanie Waszyngton hałaśliwie wiwatowali. Udało im się wywalczyć niepodległość. Byli wolni po siedmiu latach pod skrzydłami Microsoftu.

Jeszcze niedawno ukrycie się pod korporacyjnym parasolem wydawało im się całkiem niezłym pomysłem. Bungie, które w 1991 roku zrodziło się jako niezależne studio, odniosło na przestrzeni lat parę mniejszych sukcesów z takimi grami, jak „Marathon" (strzelanina SF) czy „Myth" (gra strategiczna osadzona w fantastycznym świecie), ale nie miało na koncie prawdziwego przeboju aż do czasu „Halo", pierwszoosobowej gry akcji opowiadającej o galaktycznej wojnie pomiędzy ludzkością a Przymierzem, teokratycznym sojuszem obcych kosmicznych istot mających fioła na punkcie fioletu. Kiedy Bungie pokazało „Halo" w 1999 roku podczas targów Macworld, ekscytacja nadchodzącą grą sięgnęła zenitu.

Rok później Microsoft kupił Bungie i przeniósł „Halo" z Maca i PC na Xboxa* i kiedy w listopadzie 2001 roku gra ukazała się razem z konsolą, z miejsca stała się dla firmy dojną krową, sprzedając się w milionach kopii i pomagając zbudować markę mogącą rywalizować z mającymi już mocną pozycję na rynku produktami Sony i Nintendo. Magazyn „Edge" nazwał ją „najważniejszą jak do tej pory grą towarzyszącą premierze konsoli".

Z biegiem lat, kiedy Bungie pracowało nad „Halo 2", a potem „Halo 3", developerzy stęsknili się za niezależnością. Męczyła ich konieczność ciągłego dostosowywania się do decyzji podejmowanych przez kolejne szczeble korporacyjnej drabiny Microsoftu i chcieli stworzyć markę należącą do nich, a nie gigantycznego konglomeratu. Część ekipy frustrowało również to, że „Halo" już dłużej nie było jedynie ich własnością i Microsoft przekazał zlecenie na produkcję nowej gry pewnemu studiu specjalizującemu się w RTS-ach. Szefostwo Bungie – łącznie z topowym designerem i współzałożycielem Jasonem Jonesem – zaczęło grozić odejściem i założeniem nowego studia, dlatego Microsoft prędko zasiadł z nimi do rozmów o wydzieleniu firmy jako osobnej komórki.

Po paru miesiącach negocjacji doszli do satysfakcjonującego obie strony porozumienia. Bungie miało dokończyć „Halo 3" i wyprodukować jeszcze dwie gry z serii. Microsoft zachowywał prawa do marki, lecz Bungie mogło zatrzymać technologię opracowywaną i dopieszczaną przez minione siedem lat. I po raz pierwszy od 2000 roku miało działać jako niezależna firma.

---

* Ostatecznie „Halo" wylądowało na Macach i PC dwa lata po premierze w 2003 roku.

Owego dnia pod koniec 2007 roku management Bungie oświadczył zebranym w kinowej sali pracownikom, że odłączają się od Microsoftu. Całe studio było podekscytowane. „Wszyscy się cieszyli, a moja pierwsza myśl brzmiała: »Jejku, co my wam zrobiliśmy?« – opowiadał Shane Kim z Microsoftu, wiceprezes, który pomagał koordynować całą operację. – Wydawało mi się, że byliśmy dla nich naprawdę dobrzy. Ale rozumiałem, o co chodzi. Czułem na tym elementarnym poziomie. Chcieli być niezależni".

Podniecony nowo nadaną im swobodą personel Bungie spisał na kawałku pergaminu zaimprowizowany dokument, który nazwano „Deklaracją niepodległości". Po podpisaniu przez całe studio zawisnął we wspólnej salce. „Owe prawdy uznajemy za oczywiste – obwieszczał font żywcem wyjęty z 1776 roku – chcemy tworzyć gry i tkać emocje po naszemu, bez odgórnych ograniczeń finansowych, kreatywnych i politycznych, wierzymy bowiem, że to najlepsze rozwiązanie. Chcemy czerpać zyski bezpośrednio z sukcesu odniesionego przez nasze dzieło i dzielić się nimi z ludźmi, którzy są za nie odpowiedzialni".

Nawet kiedy Bungie świętowało, dało się odczuć przeżerającą studio niepewność, bo zachłyśnięci niezależnością nagle poczuli na swoich barkach ciężar odpowiedzialności. Już nie uda im się na nikogo zrzucić winy za ich błędy. Nie mieli też zielonego pojęcia, jak będzie wyglądała ich pierwsza od dekady gra niebędąca „Halo", której dali roboczy tytuł „Tiger". Byli za to pewni, że zdołają zbudować coś dużego bez narzędzi Microsoftu, choć i tak nieustannie podgryzała ich podskórna niepewność, czy aby na pewno? „Trzeba uważać, czego sobie człowiek życzy – mówił Kim. – To nie tak, że wszystko się spełni, jak powinno. Kierowanie tak dużym studiem jest trudne".

Do 2007 roku Jaime Griesemer zdążył się już zmęczyć robieniem gier z serii „Halo". Ten stary wyga o kręconych lokach i z niezwykłym okiem do detali był czołowym designerem przy „Halo", „Halo 2" i „Halo 3"; podczas pracy z każdą z odsłon natrafiano na karkołomne przeszkody i musiano się ratować bezlitosnym crunchem. Mimo że z każdą kolejną częścią cyklu wprowadzano nowe pomysły, sam podstawowy rytm pozostawał bez zmian: gracz kierował superżołnierzem Master Chiefem i przy pomocy rozmaitego arsenału, na który składały się broń palna, granaty i pojazdy, torował sobie drogę przez tabuny obcych. Nie było tam zbyt wiele miejsca na rewolucyjne innowacje. Ensemble Studios mogło się pobawić ze strategią czasu rzeczywistego osadzoną w tym świecie, lecz Bungie nie miało podobnej swobody przy głównej serii. Nie było szans, aby, dajmy na to, oddalić kamerę i przyjąć perspektywę trzeciej osoby. Z „Halo" związane były skonkretyzowane oczekiwania i Bungie było zmuszone się pod nimi ugiąć.

„Czułem, że zrobiliśmy przy »Halo« wszystko, co chcieliśmy zrobić – mówił Griesemer. – Gry te miały dwa rodzaje rozwiązań: te, które podobały się Jaime'emu i te, które nie podobały się Jaime'emu. A kiedy już odhaczyliśmy te pierwsze i musieliśmy zająć się tymi drugimi, uznałem, że nie mam zamiaru ślęczeć nad czymś, co mi się nie podoba, dlatego musiałem dać sobie z tym spokój".

Po wypchnięciu przez Bungie „Halo 3" lwią część zespołu oddelegowano do dwóch ostatnich gier z serii, do wyprodukowania których obligował Bungie kontrakt z Microsoftem. Spin-offy te otrzymały później tytuły „Halo 3: ODST" i „Halo: Reach". W tym czasie Griesemer, przekonawszy szefostwo Bungie, pracował nad nowymi pomysłami, które zaowocują nową marką przynoszącą firmie miliony. Zaszył się samotnie z komputerem i po jakimś czasie wymyślił wieloosobową grę akcji, którą zatytułował „Dragon Tavern". Nie było to MMO w stylu „World of Warcraft", lecz coś, co nazwał „doświadczaniem dzielonego świata". Każdy gracz miał dostać swoją tawernę, prywatną przestrzeń, którą mógłby urządzić po swojemu. Spotykałby się tam z przyjaciółmi pomiędzy kolejnymi questami. Podczas przemierzania oferującego niezwykłe przygody świata gracze mogli ze sobą współpracować i rywalizować, jakby dołączyli do rozległego, dostępnego powszechnie MMO.

Griesemer zabrał się do pracy z Chrisem Butcherem, szefem działu inżynierskiego i jednym z najbardziej cenionych ludzi z Bungie, który powiedział, że ma fajne pomysły, jak gra mogłaby samodzielnie „parować" graczy i pozwalać im działać razem. Wszystko to było oczywiście czysto teoretyczne, lecz Griesemer był podekscytowany rysującymi się przed nim możliwościami, a przede wszystkim dlatego, że gra nia miała być nowym „Halo". „Czym jest »Halo«? Science fiction. Okej. A »Dragon Tavern« to fantasy – podniecał się Griesemer. – »Halo« jest pierwszoosobowe? Okej. A »Dragon Tavern« trzecioosobowe. Muszę uciec od »Halo« najdalej jak tylko potrafię, żeby trafić na zupełnie nowe pomysły".

W tym czasie współzałożyciel Bungie, Jason Jones, miał swoją wizję tego, jak powinien wyglądać następny krok studia. Jones, ceniony designer, który lubił samotność, teoretycznie nie był szefem firmy – rola ta przypadła dyrektorowi wykonawczemu Haroldowi Ryanowi – ale zdawano sobie sprawę z tego, że jeśli coś zarządził, to miało moc obowiązującą. To Jones cisnął, aby Bungie odłączyło się od Microsoftu, powtarzając, że jeśli to się nie uda, to założy własne studio. Po latach wytężonej pracy nad marką należącą do innej firmy Jones nie miał zamiaru robić gier, których właścicielem będzie ktoś inny niż Bungie (gdzie miał być największym udziałowcem)*.

Jones również chciał odłączyć się od „Halo" z innego powodu. Zawsze uwierało go to, że gry z ich flagowej serii są do bólu liniowe. Choć tryb multiplayer zapewniał rozrywkę bez względu na to, ile się w nie cięło, trzeba było choć raz przejść kampanię dla jego gracza, żeby zobaczyć wszystko, co gra miała do zaoferowania. Jones tego nie znosił. „Wydaje mi się, że tragedią »Halo« jest to, że przez całe lata gra zapewniała znakomity tryb jednoosobowy i świetny multiplayer – mówił w wywiadzie z 2013 roku – i nie oferowaliśmy ludziom praktycznie nic ponadto, żadnych wymówek i zachęt, aby zagrać, poza ową czystą radochą płynącą z powtórnej rozgrywki"**.

Swoją następną grę – a chciał zrobić pierwszoosobową strzelaninę – Jones zamierzał oprzeć na koncepcie otwartego świata, z misjami lub questami, które można by ogrywać raz po raz, i to w wybranej przez siebie kolejności. Ale tak, jak w przypadku „Dragon Tavern" Griesemera, jego pomysły były czysto teoretyczne, przeniesione na Excela i Vizio. „To brzmiało tak: »Oto naturalna ewolucja całego gatunku pierwszoosobowej strzelaniny«" – opowiadał Griesemer.

Jaime Griesemer miał w Bungie sporą siłę przebicia, lecz i tak nie mogła się ona równać z mocą dzierżoną przez Jasona Jonesa, co więcej – studio nie miało takiej przepustowości,

---

* Bungie (i Jason Jones) odmówili moim prośbom o rozmowę na potrzeby tej książki.

** Ryan McCaffrey, *Współzałożyciel Bungie, twórca Destiny mówi o „Największej tragedii »Halo«"*, IGN, 9 lipca 2013 roku, www.ign.com/articles/2013/07/09/bungie-co-founder-destiny-creator-on-halos-greatest-tragedy.

żeby uciągnąć „Dragon Tavern" i projekt Jonesa. „Któregoś dnia – mówił Griesemer – szefostwo zaprosiło mnie na rozmowę i usłyszałem: »Zrobimy tylko jedną grę i będzie to projekt Jasona, może byś się na niego przesiadł?«. Odparłem: »Dobra, ale naprawdę podoba mi się mój pomysł«. Jasonowi również się spodobał i zdecydowaliśmy się może nie tyle połączyć obie gry, ile sprawić, aby jego przejęła dobre pomysły, które padły podczas dyskusji o »Dragon Tavern«".

I tak zasiano pierwsze ziarna projektu, który ostatecznie otrzymał nazwę „Destiny". Przez całe miesiące Griesemer i Jones współpracowali przy nowej grze, omawiając podstawy rozgrywki i próbując ustalić, jak powinna wyglądać. Ciążyła na nich niebywała presja. Finansowo Bungie radziło sobie całkiem nieźle – umowy na „Halo 3: ODST" oraz „Halo: Reach" dawały im poczucie bezpieczeństwa – ale nie dawała im spokoju presja spowodowana tym, że „Destiny" powinno być absolutnie najlepszą rzeczą, jaką kiedykolwiek zrobili. Zespół Bungie musiał udowodnić, że po wszystkich latach spędzonych pod banderą Microsoftu potrafi poradzić sobie jeszcze lepiej w pojedynkę.

O tyle dobrze, że Bungie w odróżnieniu od większości firm z branży miało sporo czasu na próby i błędy. We wczesnym okresie produkcji, od 2007 do 2010 roku, gra o roboczym tytule „Project Tiger" przyjmowała rozmaite formy. Zmutowała nawet w klon „Diablo" od Blizzarda. Innym razem zboczyła w stronę „Overwatcha"*. Bungie spędziło mnóstwo czasu na

* Jedna z wczesnych inkarnacji „Destiny", według słów Jaime'ego Griesemera, faktycznie przywodziła na myśl „Overwatcha". „Pojechałem na moment do Blizzarda zagrać w »Titana« – opowiadał; „Titan" był skasowanym MMO, które przeistoczyło się w „Overwatcha". – I mówię: »Cholera jasna,

dyskusjach nad istotnymi pytaniami o podstawową strukturę gry, to, czy „Destiny" powinno być grą pierwszoosobową z perspektywą z oczu postaci, czy trzecioosobową, gdzie gracz steruje ruchami i działaniami bohatera z kamerą zawieszoną nad światem przedstawionym. Debata ta trwała latami.

Bungie, jak wiele dużych firm developerskich, poświęcało mnóstwo czasu na coś, co można by określić mianem „preprodukcji", lecz tak naprawdę chodziło o rozgryzienie tego, jak powinna wyglądać ich kolejna gra. A była to najtrudniejsza część prac nad jakąkolwiek grą, czyli zawężanie możliwości z nieskończoności do jednej. „Myślę, że to jedna z rzeczy, która wstrzymała postępy nad »Destiny« – mówił Jaime Griesemer. – Pracowaliśmy nad czymś przez jakiś czas, wydawaliśmy ciężkie pieniądze na obrany kierunek, a potem, jako że był to kompletnie niemożliwy do osiągnięcia cel pod tytułem »Ścigamy się z największą grą w dziejach, chcąc zrobić nową największą grę w dziejach«, musieliśmy kompletnie zrezygnować z paru rzeczy już po fakcie. A to się na nas mściło. »Testujemy prototyp, okazuje się, że to zły kurs, i cofamy się trochę, żeby następnie odbić w zupełnie inną stronę«. Raz wróciłem z tygodniowych wakacji i okazało się, że pozbyli się wszystkiego, nad czym przez rok pracowałem. Ale dosłownie, nieodwracalnie wykasowali. Nie miałem kopii na laptopie, przepadło. Bez ostrzeżenia, dyskusji, niczego".

Griesemer odczuwał coraz większy stres związany z faktem, że po każdym takim wymuszonym odświeżaniu „Destiny" coraz bardziej przypominało „Halo", jakby ikoniczna seria Bungie przyciągała ich siłą grawitacji, przed którą nie

---

pracujecie nad tą samą grą, nawet klasy postaci macie identyczne«". Oczywiście „Destiny", które trafiło na półki, nie przypominało „Overwatcha".

potrafili uciec. Gdy wyznaczony do tego zadania zespół wypchnął „Halo 3: ODST", ekipa przeszła do teamu od „Destiny". Kiedy domknięto „Halo: Reach", pracujący nad nim ludzie przeszli do teamu od „Destiny". Niedługo potem nad kolejną dużą grą Bungie pracowały całe setki osób, co wymusiło na studiu podejmowanie szybkich decyzji, aby każdy miał co robić (musieli „nakarmić bestię", jak niegdyś Bruce Straley i Neil Druckmann z Naughty Dog, gdy przejmowali „Uncharted 4"). Z początku Griesemer i pozostali developerzy chcieli osadzić „Destiny" w świecie fantasy, lecz z czasem zamki przebudowano na statki kosmiczne, a topory i miecze zastąpiono kosmicznymi toporami i mieczami.

„Mamy ogromny zespół graficzny, który zwykle zajmuje się rzeczami SF i nigdy nawet nie narysował orka albo miecza, dlatego może musimy zrobić science fiction – zastanawiał się Griesemer. – Myśleliśmy o grze trzecioosobowej, lecz mamy u siebie sztab ludzi specjalizujących się w animacjach pierwszoosobowych i cała nasza baza z kodami napisana jest pod celownik na środku ekranu. Dlatego mamy grę pierwszoosobową... Zanim się zorientowaliśmy, robiliśmy już »Halo«".

Uzbrojone w pomysły i prezentacje szefostwo Bungie rozesłało wici do największych wydawców na rynku: Sony, Microsoftu, EA, a nawet – jak przypomina sobie były menedżer – Nintendo. Bungie nie miało sprecyzowanej wizji „Destiny", ale chcieli zrobić coś gigantycznego. Ostatecznie udało im się podpisać imponujący, dziesięcioletni, opiewający na pół miliarda kontrakt na parę gier z Activision, wydawcą „Call of Duty". Bez wątpienia była to największa umowa developerska w historii przemysłu gier wideo. I choć podstawowe koncepty „Destiny" nadal były w powijakach, pion decyzyjny Activision podpisał umowę z nadzieją, że otrzymają coś na wzór „Halo". „Rdzeń [propozycji Bungie] pokrywał się mniej więcej z tym, co dostarczyli – mówiła osoba obecna przy negocjacjach. – Wypuścili space operę. Strzelaninę z domieszką MMO".

Na mocy zawartej umowy Bungie miało zachować prawa do marki „Destiny", a Activision zapewnić studiu swobodę twórczą, aby mogło pracować nad grami, jak chce, o ile będzie wyrabiało się w terminach. Terminarz Bungie przewidywał ostre tempo pracy. Activision oczekiwało pierwszego „Destiny" na jesieni 2013 roku, a rok później dodatku, który ochrzczono „Comet". Kolejny rok to „Destiny 2", potem „Comet 2" i tak dalej.

Jaime Griesemer zaczynał zdawać sobie sprawę, że choć robił, co mógł, aby nie wejść w pole grawitacyjne „Halo", wszyscy zostali w nie wessani. Co gorsza, zorientował się, że większej części zespołu w ogóle to nie przeszkadzało. „Gdy dołączyłem do Bungie, przy »Halo« pracowało osiem osób – opowiadał. – Kiedy wypchnęliśmy pierwszą część [w 2001 roku], liczba ta wzrosła do jakichś 50. A gdy zespoły od »Reach« i »ODST« przeszły do »Destiny«, nasza ekipa liczyła pewnie z 300 osób. Większość z nich została zatrudniona po oddaniu »Halo 3«. Wszyscy ci ludzie kochali »Halo«. Chcieli tam pracować ze względu na »Halo«. Dlatego nie mieli nic przeciwko wypuszczeniu czegoś, co przypominało »Halo«".

Rozzłoszczony kierunkiem, w którym podążało „Destiny", Griesemer toczył coraz częstsze spory z pozostałymi pracownikami Bungie i w którymś momencie przesłał personelowi e-mailem listę kluczowych problemów, z jakimi, jego zdaniem, gra będzie się borykać. Pytał, jak chcą uporać się z zaadaptowaniem gry na starsze generacje konsol bez konieczności pozbywania się fajnych funkcji stworzonych na potrzeby nowego sprzętu? Jak zamierzają stworzyć treść, która nie znudzi się ludziom nawet po tym, jak spędzą przy niej mnóstwo czasu? I – co prawdopodobnie najbardziej istotne – jak połączą precyzyjne strzelanie niezbędne w grze akcji, gdzie poziom umiejętności określa fizyczna sprawność, z mozolnym progresem charakteryzującym MMO, gdzie siła twojej postaci zależy przede wszystkim od poziomu i posiadanego ekwipunku?

Ostatecznie zarząd Bungie poprosił Griesemera o złożenie rezygnacji. „Dla mnie to jak honorowa odznaka – mówił – bo podjąłem świadomą decyzję: nie podoba mi się obrany kierunek, dlatego zamierzam to zamanifestować i kwestionować pewne rzeczy, aż dojdziemy do momentu, w którym albo zdecydują o konieczności przeprowadzenia zmian, albo pozbycia się mnie".

Nie był jedyny. W kolejnych latach wielu długoletnich pracowników, w tym Vic Deleon, starszy artysta środowisk, Adrian Perez, inżynier, Marcus Lehto, dyrektor kreatywny „Halo", i Paul Bertone, dyrektor działu designu, albo odchodzili, albo byli proszeni o złożenie rezygnacji. Potem lista ta powiększy się jeszcze o nazwisko samego prezesa Bungie, Harolda Ryana.

„Coś było w tej trajektorii lotu Bungie, które przebyło trasę od małej, ale walecznej firmy do władców świata i zramolałych dinozaurów – mówił Griesemer – po drodze zbierając negatywne cechy wszystkich tych wcieleń. Czyli zachowali młodzieńczą niedojrzałość i arogancję wynikającą z odniesionego sukcesu. Byli uparci i niezdolni do zmian z ostatniej fazy".

Zaledwie parę lat po odzyskaniu niezależności Bungie musiało się zmierzyć z narastającymi problemami. Jak pomyślał sobie Shane Kim podczas pamiętnego hałaśliwego spotkania: „Trzeba uważać, czego sobie człowiek życzy".

W lutym 2013 roku Bungie zaprosiło prasę do biura w Bellevue w stanie Waszyngton – gdzie studio od wyprowadzki z Kirkland w 2009 roku miało swoją siedzibę – na pierwszy oficjalny pokaz „Destiny". Dzięki paru wyciekom z ostatnich miesięcy co nieco było już wiadomo, ale miało to być prawdziwe objawienie, wydarzenie, podczas którego Bungie nareszcie obwieści wszystkim, czym w ogóle była ich gra. Najlepsi deweloperzy studia przemawiali z dużej sceny, składając wylewne i ambitne obietnice. Opisywali „Destiny" jako „pierwszą strzelaninę we współdzielonym świecie" i grę, gdzie twoja postać mogła przypadkowo spotkać przyjaciela albo nieznajomego na bagnach Chicago albo pierścieniach Saturna. Jason Jones i inni kierownicy z Bungie starali się wyperswadować przedstawicielom prasy określanie ich gry mianem MMO. Tyle że to było na poły „Halo", na poły „World of Warcraft". Ale nadal nie wyjaśniono, jak te dwie połówki miały do siebie pasować.

Ogólnie chodziło o to: „Destiny" osadzone było w futurystycznej wersji naszego wszechświata, gdzie ludzie żyli rozsiani na wielu planetach aż do momentu niewytłumaczalnego kataklizmu, który wybił większość gatunku. Pozostali przy życiu umknęli do miejsca zwanego Ostatnim Miastem, bezpiecznej strefy strzeżonej przez enigmatyczną białą kulę – Podróżnika. Wcielając się w rolę potężnych protektorów galaktyki zwanych Strażnikami, gracze mieli przemierzać Układ Słoneczny, bić się z obcymi i rozglądać za łupami na Ziemi, Wenus i innych planetach. Fabuła, jak opisywał Joe Staten, wieloletni scenarzysta Bungie, będzie podzielona na odcinki. „Kluczem do zrozumienia tej gry jest to, że najważniejsze historie nie zostaną opowiedziane przez nas – mówi prasie Jason Jones. – Opowiedzą je sami gracze, to ich osobiste legendy powstałe na bazie dzielonych przygód".

Staten przywołał scenariusz, w którym dwaj Strażnicy lecą razem na Marsa, aby zbadać zasypane miasto. Po drodze natykają się na zasadzkę zastawioną przez rosłych Cabali. Trzeci kontrolowany przez jeszcze innego gracza Strażnik, który akurat był w okolicy, przylatuje i rozprawia się z kosmitami, i sygnalizuje tamtym, że chce pomóc w poszukiwaniach. „Za każdym razem, kiedy natykasz się na innego gracza, dzieje się coś niezwykłego – powiedział zebranym dziennikarzom Staten. – Nie spotkacie się z czymś takim w zwyczajnych strzelaninach". Ot tak trzeci gracz mógł przyłączyć się do poszukiwaczy i eksplorować katakumby Marsa. Nie było jasne, jak będą wyglądały owe „osobiste legendy" – Staten ilustrował swoje słowa grafikami koncepcyjnymi i materiałami filmowymi, a nie fragmentami gry – lecz w teorii wszystko brzmiało niesamowicie. No i przecież było za to odpowiedzialne studio, które wyprodukowało „Halo". Wszyscy wierzyli, że Bungie wie, co robi.

2013 rok mijał, a Bungie z Activision pracowali ciężko, żeby zrobić szum wokół „Destiny", wypuszczono trailery i krótkie zwiastuny, które obiecywały jeszcze więcej. W trakcie konferencji prasowej Sony podczas czerwcowego E3, Joe Staten i Jason Jones zajęli miejsce na scenie i zaprezentowali demo gry, złapali za kontrolery i sztywno się przekomarzając, torowali sobie drogę przez wydrążone mury Starej Rosji. „Jest coś naprawdę magicznego w możliwości natknięcia się na innego gracza, szczególnie kiedy człowiek się tego zupełnie nie spodziewa – mówił pracownik Bungie w kolejnym pokazywanym filmie. – Słyszysz strzały, patrzysz w lewo, a tam twój kumpel".

Ale bodaj najbardziej przesadną gadkę zafundował Pete Parsons, dyrektor operacyjny Bungie, który powiedział portalowi GamesIndustry.biz, że według jego obserwacji „Destiny" będzie kulturowym punktem odniesienia. „Lubimy opowiadać historie z rozmachem i chcemy, żeby ludzie postawili »Destiny« na tej samej półce, co »Władcę Pierścieni«, »Harry'ego Pottera« czy „Gwiezdne wojny« – mówił. – Jesteśmy niesłychanie dumni z tego, co udało nam się osiągnąć z »Halo«... I jestem przekonany, że powtórzymy ten sukces z »Destiny«, a do tego dorzucimy jeszcze coś, czego nie udało nam się nigdy osiągnąć z »Halo«".

Za kulisami jednak ciężar tych ambicji przygniatał Bungie. Od ukończenia „Halo: Reach" w 2010 roku i przestawienia całego zespołu na »Destiny«, od niedawna niezależne studio co i rusz natykało się na rozmaite problemy. Nadal nie odpowiedziano na wiele z pytań zadanych przed odejściem przez Jaime'ego Griesemera. Jak będzie wyglądał system progresji? Co będą mieli do roboty gracze po ukończeniu kampanii? Jak „Destiny" opowie historię emocjonalnie głęboką i zachęcającą do powtórnego ukończenia? I co to znaczy, że każdy będzie miał swoją „legendę"?

Pewnie, zdążono już zrobić naprawdę sporo. Kto zobaczył efekty pracy działu graficznego, ten zbierał szczękę z podłogi: przerdzewiałe ruiny Starej Rosji; popielate bagniska Wenus; krwistoczerwone pustynie okalające pogrzebane miasta Marsa. Sama mechanika strzelania wydawała się jeszcze lepsza niż ta z „Halo", a mało która gra oferowała coś bardziej ekscytującego niż rozwalenie Cabalowi łba, który pękał jak foliowy bąbelek. Tyle że zebrane do kupy wszystkie te elementy nie tworzyły dobrej gry. Mimo że Bungie zachwalało „Destiny", publikując coraz to nowe klipy, developerzy zdawali sobie sprawę z kłopotu, z jakim musieli sobie poradzić. Mieli spore opóźnienie, a krzykliwe demo z E3, poziom nazwany roboczo M10, który zrobił takie wrażenie na fanach, kiedy Jones i Staten grali na scenie, było jedną z nielicznych ukończonych części gry.

Prawdopodobnie największy problem polegał na tym, że „Destiny" nadal nie miało określonej tożsamości, więc Bungie nie do końca wiedziało, z czym pracuje. „Jak pochodziłbyś po biurze i popytał ludzi, czym jest według nich »Destiny« – mówił pewien były pracownik – połowa studia odparłaby pewnie, że to strzelanka w stylu »Halo«, a druga, że coś jak »World of Warcraft«". Bungie rozrastało się błyskawicznie, co czyniło komunikację jeszcze trudniejszą. Do końca 2013 roku w niezrozumiale ciemnych biurach w Bellevue nad „Destiny" pracowały setki ludzi. Nie wszyscy codziennie mieli styczność z grą i tylko niewielu potrafiło sobie wyobrazić, jak będzie wyglądał nowy projekt, co prowadziło, jak mówił inny były pracownik, „do powstania wielu świetnych pomysłów, które w ogóle nie były spójne". Dziennikarze wyszli z lutowej prezentacji, zastanawiając się, jak „Destiny" będzie działać. Ekipa Bungie zadawała sobie to samo pytanie.

Jednym z najważniejszych chwytliwych sformułowań funkcjonujących w branży gier jest termin, na jaki można się natknąć w amatorskim planie marketingowym, a mianowicie: „ujednolicony kierunek". Innymi słowy, wszyscy muszą się ze sobą zgadzać co do obranej strategii. Jako że gry wideo składają się z tak wielu drobnych, ruchomych części – dźwięków, interfejsu użytkownika, efektów wizualnych i tak dalej – każdy dział musi mieć wyrazistą i spójną wizję tego, dokąd zmierza produkcja. Im większy zespół, tym ważniejszy stawał się ogólny koncept opracowywanego projektu.

Tak jak wiele innych gier, „Destiny" miało swoje filary – głównie oklepane pomysły jak „świat, który wyda się graczom atrakcyjny" i „fajne rzeczy do zrobienia" – lecz zespół pracujący nad grą miał trudności z wyobrażeniem sobie ostatecznego kształtu projektu, co wynikało z różnych powodów. „Firma rozrastała się szybciej niż struktury menedżerskie i pion decyzyjny za nią nie nadążał – mówiła osoba, która pracowała nad grą – przez co wiele działów było źle zarządzanych, bo nie rozumiano ambitnej wizji". Bungie było jak XV-wieczni odkrywcy wypływający z Europy: wiedzieli, jak sterować okrętem i że chcą płynąć na zachód, tyle że nie mieli pojęcia, do jakiego brzegu dobiją. Zespół „Destiny" był pewny, że pracował nad strzelanką – która miała wyglądać pięknie, zapewniać satysfakcjonującą rozgrywkę i pozwalać sprzymierzać się zarówno z przyjaciółmi, jak i z nieznajomymi – lecz pozostałe obszary gry pozostawały mętne, szczególnie pisany przez Joego Statena scenariusz.

Projekt rozrósł się bardziej, niż Bungie to sobie wyobrażało. Pierwsze „Halo", nad którym pracowało jakieś 50 osób, wydawało się starożytną historią. Do połowy 2013 roku pod „Destiny" podpięty był kilkusetosobowy zespół. „Kiedy grało się w »Halo«, od razu można było wyczuć ludzkie odciski; tylko spojrzało się na tę grę i od razu było wiadomo, że zrobił ją człowiek – mówił były pracownik Bungie. – A tutaj rozdmuchaliśmy ten projekt do takiego rozmiaru, że nie było o tym mowy".

Innym poważnym wyzwaniem, z którym Bungie musiał się uporać, było dostosowanie firmowego silnika do „Destiny", co sprawiło inżynierom sporo radości, lecz utrudniło życie praktycznie wszystkim innym (o czym boleśnie przekonała się już ekipa „Dragon Age: Inkwizycji"; budowanie nowego silnika równocześnie z grą zawsze jest przepisem na dodatkową pracę). Mimo że ekipa inżynierska Bungie opracowała imponującą, korzystającą z nowatorskich rozwiązań technologię zdolną unieść system dopasowywania graczy i inne zakulisowe funkcje, narzędzia developerskie, z których korzystano przy „Destiny" były – według ludzi nimi operujących – nieprzystającej jakości.

Wyświetlenie naniesionych zmian designerskich zabierało przy „Halo" 10, może 15 sekund, a „Destiny" przerabiało je w dobre pół godziny. „Mieliśmy bardzo słaby czas iteracji treści – przyznawał Chris Butcher, szef działu inżynierskiego, podczas debaty na Game Developers Conference w 2015 roku. – Małe zmiany zabierały parę minut, duże kilkadziesiąt". Dla działu graficznego i designerskiego oznaczało to, że praca nad podstawowymi elementami gry zajmowała o wiele więcej czasu, niż się spodziewano, przez co kumulowało się coraz więcej niewykonanych zadań.

„Największą różnicą pomiędzy studiem, które produkuje gry naprawdę wysokiej jakości, a studiem, które nie potrafi tego robić, nie są kompetencje zespołu – mówiła jedna z osób, które pracowały przy „Destiny" – ale posiadane przez nie narzędzia developerskie. Jeśli masz 50 strzałów na bramkę, a jesteś gównianym hokeistą, to najpewniej i tak ustrzelisz więcej niż, kurwa, Wayne Gretzky, który ma trzy próby. To umożliwiają narzędzia. Dzięki nim wiesz, jak szybko możesz iterować, jak stabilne i odporne są kody, jak łatwo nietechniczny grafik może przesunąć to i owo".

Każdy, kto wyklinał ślimacze tempo pracy programu komputerowego, zdaje sobie sprawę, jak frustrujące może być operowanie powolnymi narzędziami, nieważne, czy to Microsoft Word, czy silnik graficzny. „To najmniej atrakcyjna część cyklu produkcyjnego, ale to najważniejszy czynnik przy tworzeniu projektów – mówiła rzeczona osoba. – Dobre narzędzia oznaczają lepszą grę. Zawsze".

Trzecim problemem, poza niespójną wizją i mało wydajnymi narzędziami, były coraz bardziej napięte stosunki Bungie i Activision. Niesnaski pomiędzy developerem a wydawcą są nie do uniknięcia – rzadko kiedy ludzie od pieniędzy i ludzie od pomysłów są zgodnymi współtowarzyszami – ale przy „Destiny" stawka była bardzo wysoka. Activision jeszcze nigdy nie podjęło podobnego ryzyka, dlatego niektórzy szefowie byli zaniepokojeni, kiedy „pierwsza grywalna" wersja okazała się zaledwie przeciętna. „Dostarczyli nam tytuł, w który dało się zagrać, lecz nie z takimi standardami, jakie ustalaliśmy" – mówiła osoba, która pracowała wtedy dla wydawcy. Dodawała, że rozgrywka była wtórna i niezbyt satysfakcjonująca.

Bungie, choć nakręcało graczy i prasę, miało nie lada kłopoty. Liczna ekipa okazała się niewydolna, wizja gry mętna, a silnik bałaganiarski. Wszyscy widzieli, że to gruchnie. Czekali tylko kiedy.

Marty O'Donnell lubi mówić, że widział zbliżający się krach. Było lato 2013 roku i długoletni szef działu audio Bungie wplątał się w publiczny spór z Activision, którego przedmiotem był pokazany podczas E3 zwiastun „Destiny". Ku niezadowoleniu

O'Donnella wydawca okrasił trailer bombastyczną muzyką, a nie skomponowaną przez Michaela Salvatoriego i byłego beatlesa Paula McCartneya chóralną suitą. Oburzając się na, jak to sam określił, „podrobiony zwiastun", O'Donnell pierwszego dnia E3 opublikował następujące tweety:

11 czerwca, 2013, 12:33: Jestem dumny ze wszystkiego, co wymyśliła i wyprodukowała ekipa Bungie. Za zwiastun odpowiada marketing Activision, nie Bungie.

11 czerwca, 2013, 21:02: Gwoli ścisłości: „Oficjalny trailer z E3 prezentujący gameplay »Destiny«" nie został zrobiony przez @Bungie, ale przez firmę, która dała ci CoD*.

11 czerwca, 2013, 21:05: @Bungie wyprodukowało resztę rzeczy na E3 związanych z „Destiny".

Szefostwo Activision było wściekłe na złamanie protokołu. Branża gier, gdzie klauzule niejawności podpisywało się na lewo i prawo, uważała, że konflikty na tle kreatywnym powinno się załatwiać prywatnie, ale nie na Twitterze. Niemal natychmiast Eric Hirshberg, dyrektor wykonawczy Activision, napisał maila do Harolda Ryana, CEO Bungie, nalegając, aby „tak szybko, jak to możliwe, położył temu kres, zanim wyrządzone zostaną większe szkody". 58-letni O'Donnell, jeden z najstarszych etatowców z Bungie, nagle znalazł się po przeciwnej stronie barykady niż jego koledzy z firmy, z którymi pracował od przeszło dekady.

* Czyli „Call of Duty", popularną serię wojskowych strzelanin wydawanych przez Activision.

Nie licząc jednak owej przepychanki, Bungie miało większe problemy niż trailery i tweety. Przez ostatnie dwa lata spora część zespołu „Destiny" głowiła się nad tym, jak ma ostatecznie wyglądać fabuła gry. Słyszeli jakieś wyimki, pewnie. Nagrywali dialogi, montowali sceny, stworzyli modele postaci na bazie dostarczonych kawałków scenariusza przez Joego Statena i jego ekipę. Ale niewiele osób z Bungie poza Jasonem Jonesem i scenarzystami widziało na oczy całość, dlatego niektórzy, łącznie z Martym O'Donnellem, podejrzewali, że nie jest jeszcze ukończony. No i dochodziła do tego jeszcze paląca kwestia: jak „Destiny" połączy napisaną z rozmachem opowieść z owymi „osobistymi legendami", które Bungie tak zachwalało?

Dawniej, kiedy jeszcze pracowali nad „Halo", O'Donnell sporo czasu spędzał ze Statenem i Jonesem na dyskusjach o fabule. Jako człowiek odpowiedzialny za dźwięk, O'Donnell zajmował się nie tylko komponowaniem muzyki, ale także reżyserią i nagrywaniem kwestii głosowych, dlatego przydawała mu się choćby pobieżna znajomość całości scenariusza. Przy „Destiny" było jednak inaczej. Może chodziło o rozbudowę studia albo o fakt, że Jasona Jonesa jednocześnie ciągnięto w paru różnych kierunkach i nie miał czasu, aby poświęcić uwagę jedynie fabule, lecz bez względu na to, o co chodziło, O'Donnell był niepocieszony.

Opowiadał: „Zawsze, kiedy pracowałem z Joem [Statenem], mówiłem: »Joe, naprawdę nie mam zielonego pojęcia, do czego zmierza ta historia, nie rozumiem, co się tam dzieje«. A on na to, że też jest niezadowolony. Powiedział mi chociaż tyle, że jest sfrustrowany brakiem zaangażowania ze strony Jasona. Jason mówił: »Tak, to jest niezłe«, a miesiąc później: »Nie, nie powinniśmy tego robić«. Spotkaliśmy się z czymś, co wyglądało mi na niezdecydowanie".

Latem 2013 roku, parę miesięcy po tym, jak Jones i Staten nakręcili dziennikarzy na „Destiny" i kilka tygodni po sporze O'Donnella z Activision, dźwiękowiec poszedł do szpitala na operację zatok. Kilka dni później, kiedy wypisano go do domu, rozpoczęła się katastrofa.

O'Donnell opowiadał dalej: „Otrzymałem maila od spanikowanego Jonty'ego Barnesa [szefa produkcji Bungie]: »Kurde, Joe nareszcie wypuścił ten swój skrótowiec, ale wszyscy są urobieni po łokcie i obawiają się, co wyniknie z tej fabuły«. A ja leżałem na kanapie, nadal zamroczony lekami po zabiegu i myślałem: »To muszą być jakieś jaja. Przecież to koszmar«".

Tamten „skrótowiec" – a raczej, jak zwykło się mawiać, „skrót" – był dwugodzinnym klipem przeznaczonym wyłącznie do użytku firmowego, który opowiadał całą fabułę „Destiny". Zdaniem większości oglądających był to jeden wielki bajzel. Staten zebrał i zmontował skrót praktycznie samodzielnie, okraszając klip szczątkowymi dialogami, na poły nagranymi kwestiami i toporną animacją. Ludzie z Bungie, z których spora część denerwowała się obecnym stanem fabuły, nie zrozumieli z niej kompletnie nic.

Według tej wersji głównym celem gracza była gonitwa za obdarzoną sztuczną inteligencją machiną wojenną zwaną Rasputinem, która została porwana przez Rój, kłębiących się niczym chmara pszczół nieumarłych obcych. Podczas swojej podróży gracz miał odwiedzić Ziemię, Wenus, Marsa, Księżyc i Saturna, a także mistyczną świątynię na Merkurym, gdzie podobny do Obi-Wana Kenobiego czarownik o imieniu Ozyrys służył mu radą i słowami pełnymi mądrości. Po drodze natykał się na takie postaci, jak Wrona – gładki w obyciu obcy o bladoniebieskiej skórze i ze starannie zaczesaną grzywką – z którymi się później sprzymierzał.

Krążyły różne opinie co do jakości samej fabuły, lecz prawie wszyscy spoza zespołu scenariuszowego zgadzali się, że skrót był katastrofą. „Wizja Joego prawdopodobnie miała sporo sensu, kiedy ją sobie układał – mówił Marty O'Donnell. – A Joe tylko [myślał:] »Ej, ale wszyscy powinniśmy iść w tym samym kierunku. Począwszy od teraz. Oto co mamy. Nie jest idealne, lecz damy radę to naprawić...«. Ale wszystko się kompletnie posypało... I całe studio pomyślało jedno: »Kurde, ten pociąg się wykolei«".

Wypuszczając skrót, Joe Staten miał być może nadzieję popchnąć całe studio do zdecydowanej reakcji. Może chciał, aby Jason Jones i reszta szefostwa Bungie zobowiązała się opracować spójną wizję fabuły „Destiny" i się jej trzymać. Były pracownik firmy mówił, że to Jones poprosił, aby Staten przedstawił prezentację, aby mógł ocenić stan fabuły (Staten nie przychylił się do mojej prośby o rozmowę). Niewiele osób z Bungie podejrzewało, co stanie się dalej.

Niedługo po tym, jak skrót zaczął krążyć po studiu, Jason Jones wydał nową dyspozycję: muszą całkowicie przerobić ten scenariusz. Mieli jeszcze na to czas. Fabuła wymyślona przez Statena była, jak powiedział Jones, zbyt liniowa i za bardzo przypominała „Halo". Począwszy od teraz, mówił dalej Jones, zaczynają przepisywać tę fabułę od zera.

Joe Staten, Marty O'Donnell i reszta Bungie próbowali przetłumaczyć Jonesowi, że nie było realnego sposobu na odkręcenie tego wszystkiego na tak zaawansowanym etapie produkcji. Już raz przekładali „Destiny", z jesieni 2013 na wiosnę 2014, a minione miesiące były już dostatecznie paskudne dla ich relacji z Activision. Przeróbki fabularne na mniej niż rok przed planowanym oddaniem gry oznaczały niechybnie kolejne opóźnienie albo słaby scenariusz, albo jedno i drugie. Bungie przysięgało, że „Destiny" dorówna „Gwiezdnym wojnom" i „Władcy Pierścieni", a teraz mieli to wszystko, co do tej pory zrobili, wyrzucić i zacząć od nowa?

„Tak" – powiedział zespołowi Jones. Nie było więcej dyskusji. Zaczynają od początku.

Przez następne miesiące Jones pracował z niewielką ekipą, którą nazwał „Żelaznym Prętem". Należeli do niej przyboczni, którym Jones ufał najbardziej, jak art director Chris Barrett czy designer Luke Smith, były dziennikarz, który rozpoczął pracę w Bungie w 2007 roku jako menedżer do spraw społeczności*. Na pokładzie znalazł się również Eric Raab, długoletni redaktor ze świata wydawniczego, którego Bungie poprosiło o pomoc przy budowaniu uniwersum „Destiny".

Przez kilka miesięcy Jones codziennie organizował spotkania zespołu, podczas których obszernie omawiano nowy szkic fabularny „Destiny". Następnie Jones podzielił się wykoncypowanymi podczas tych dyskusji pomysłami z szerszym kierownictwem, które nazywał „Kowalami", aby wysłuchać uwag i rad. Bungie zawsze lubiło dramatyczną nomenklaturę, a Kowale mieli „wykuć" Żelazny Pręt. Poza Raabem w całym tym procesie uczestniczyło niewielu scenarzystów. Jak powiedział jeden z byłych pracowników: „Zespół zebrany przez Joego padł

* Nieprzypadkowo Chris Barrett i Luke Smith pełnili funkcję dyrektorów kreatywnych DLC „Destiny" i sequeli gry.

ofiarą firmowego ostracyzmu. Wszystko przez to, że pisano scenariusz bez scenarzystów".

Części ekipy Bungie wydawało się to drastyczną, ale konieczną zagrywką na ostatniej prostej, co w branży gier nie było niczym nadzwyczajnym, kiedy projekt zbliżał się ku końcowi. Inni jednak, w tym Joe Staten, uważali, że to samobójstwo. „[Joe] naciskał na rozwagę i racjonalne działanie – mówił jeden z byłych pracowników Bungie. – Ogólnie rzecz biorąc, powiedział: »Ludzie, skrót da się jeszcze uratować, [ale] jeśli zaczniemy robić grę od nowa w pół roku, unieszczęśliwimy tym całe mnóstwo ludzi«". Jego wysyłki spełzły jednak na niczym i odszedł przed końcem lata*.

Marty O'Donnell również czuł pismo – a raczej jego brak – nosem. Skomentował to tak: „Rozumiałem, że taką decyzję podjął [Jason Jones], więc powiedziałem: »Okej, cóż, powodzenia, bo zdajesz sobie sprawę, że według mnie to niemożliwe i skończy się marszem śmierci, a scenariusz nie zyska przez to na jakości«. Jason nadal chciał, żebym był częścią Kowali, na co odparłem: »Według mnie to błąd, nie zgadzam się z tobą i nie wierzę w twój plan«". O'Donnell, który uważał cały ten proces za żałosny, skończył jako „klasowy krytykant" i – jak sam przywoływał – ukręcił łeb niejednemu pomysłowi opracowanemu

---

* 24 września 2013 roku Staten opublikował na stronie Bungie serdeczną notkę: „Po 15 fantastycznych latach w Bungie, po przebyciu pól bitewnych »Myth« i poznaniu tajemnic »Halo«, odchodzę, aby stanąć przed nowymi wyzwaniami. Może się to wydać niespodzianką, ale się nie obawiajcie. Z przyjemnością spędziłem ostatnie cztery lata nad »Destiny« i po letniej prezentacji nasza nieprzeciętnie utalentowana ekipa jest na dobrej drodze ku osiągnięciu wielkości. Kiedy gra ukaże się w nadchodzącym roku, będę kibicował im razem z wami. Dzięki za wsparcie udzielone mi i Bungie. Nie dokonalibyśmy tego bez was".

przez Jonesa i jego zespół. Lecz tak czy inaczej nadal uczęszczał na spotkania Kowali.

Pod koniec lata 2013 roku, gdy gracze na całym świecie ochoczo czekali na „Destiny", czołowi developerzy Bungie organizowali maratony za zamkniętymi drzwiami salek konferencyjnych, próbując poskładać do kupy nową fabułę. Po pierwsze, zmniejszyli skalę gry, dzięki wycięciu takich kawałków jak Merkury i Saturn (które później wykorzystają jako DLC), i skoncentrują akcję na czterech planetach: Ziemi, Księżycu, Wenus i Marsie. Oczywiście Księżyc nie jest planetą, lecz w żargonie gry te dwa terminy były używane wymiennie. Zamiast odwiedzać wszystkie cztery lokacje już podczas pierwszych misji, tak jak proponował skrót, Bungie postanowiło potraktować każdą jako oddzielny akt i podkręcić poziom trudności proporcjonalnie do postępu gracza przechodzącego z poziomu na poziom. Na Księżycu gracz spotykał Rój; na Wenus starożytną maszynę Vex; na pustyniach Marsa trzeba było pokonać hordy Cabali.

Następnie Żelazny Pręt i Kowale wgryźli się w stworzone już przez Bungie misje, pokroili stare pomysły i rozłożyli na czynniki pierwsze zaplanowane starcia, tworząc chimerę, która miała być nową kampanią „Destiny". I tak stara misja mogła mieć, na przykład, nowy punkt wyjścia; inną podzielono na trzy kawałki i rozsmarowano na trzech różnych zadaniach. Przypominało to rozpruwanie pikowanej narzuty i ponowne zszywanie starych kawałków w nowy wzór, bez względu na to, czy do siebie pasowały. Jedna z osób pracujących przy grze powiedziała: „Jak miałeś fragment od A do Z [w oryginalnej wersji fabuły sprzed przeróbek], wyciągali z niego sekcję od H do J, bo roiło się tam od starć, odkładali na bok i zastanawiali się, jak je wykorzystać". Po czym dodała: „To było dosłownie składanie do kupy fabularnego potwora Frankensteina".

Zebrania Żelaznego Pręta zakończyły się tym, że „Destiny" otrzymało nową fabułę, która, raczej nieprzypadkowo, wyglądała, jakby spisał ją zespół designerów i producentów. Nie znalazły się tam żadne „osobiste legendy" obiecane przez Bungie. Fabuła każdej misji była rozpięta pomiędzy niespójnym a mętnym, które przepleciono nic nieznaczącymi nazwami własnymi i konfundującymi dialogami. Jedna kwestia, nieprzekonująco wydukana przez robota Exo Strangera (nowa wersja postaci ze scenariusza Statena), dość celnie podsumowywała fabułę: „Nie mam czasu tłumaczyć, czemu nie mam czasu tłumaczyć".

Wyboistą drogę, jaką kroczyło „Destiny", można było prześledzić na przykładzie współpracy z Peterem Dinklage'em, zdobywcą nagrody Emmy, znanym z roli bystrego karła Tyriona Lannistera z *Gry o tron*. Dinklage podkładał głos Duchowi, kieszonkowemu robotowi, który służył graczowi jako narrator i nieodłączny towarzysz podróży. Joe Staten i jego zespół chcieli, żeby Duch uzupełniał i tak obszerny katalog postaci, z którymi gracz miał się komunikować podczas wykonywania każdej z misji. Robot komentował działania głównego bohatera i wchodził w interakcję z otoczeniem. Ale po zmianach wprowadzonych przez Żelazny Pręt Duch stał się gwiazdą gry i autorem sporej części kwestii dialogowych, a na to Dinklage się nie pisał.

„Nie miał być przecież pierwszoplanową postacią, a już na pewno nie jedynym głosem, jaki słyszy gracz" – mówił Marty O'Donnell. Bungie wyłożyło niemałe pieniądze na tak znane nazwiska jak Bill Nighy, Nathan Fillion i Gina Torres, ale spisana na nowo fabuła przerabiała i marginalizowała ich role, kładąc cały ciężar na barkach Dinklage'a i Ducha.

Podczas gdy O'Donnell przez resztę 2013 i początek 2014 roku pracował z aktorami przy nagrywaniu kwestii, scenariusze ciągle zmieniano. Studio nieprzerwanie je poprawiało, czasem na ostatnią chwilę. Bungie przekonało Activision, aby pozwolono im raz jeszcze przesunąć termin oddania „Destiny", tym razem na wrzesień 2014 roku, lecz cały proces nie stał się od tego efektywniejszy.

„Nie otrzymywałem scenariusza aż do wejścia do studia nagrań, do tego momentu nie miałem pojęcia, co będziemy robić – opowiadał O'Donnell. – Zamiast 300 linijek dialogu i czterech godzin czasu dostawałem 1000. Mówiłem, że będzie to przypominało czytanie książki telefonicznej, że to jest złe. Ktoś mógłby powiedzieć, że sabotowałem projekt, ale to nieprawda, bo starałem się zrobić wszystko najlepiej jak potrafiłem, lecz mój pajęczy zmysł podpowiadał, że to zły kierunek. Nie było tam fabuły. Nie było postaci".

A jeśli mamy przepracowanego aktora i niezadowolonego realizatora dźwięku, efekt może być jedynie koszmarny, szczególnie że niektóre kwestie brzmiały następująco: „Miecz jest blisko. Czuję jego moc... Uważaj! Jest ona mroczna...".

W kwietniu Bungie zwolniło Marty'ego O'Donnella; ruch ten wydawał się zarówno zaskakujący, jak i nieunikniony*. Oczywiście jedną z jego pierwszych reakcji był tweet (16 kwietnia, 2014, 1:28: Przykro mi donieść, że zarząd Bungie wylał mnie bez powodu dnia 11 kwietnia 2014 roku). Był to koniec

* Po paru miesiącach O'Donnell wytoczył Bungie sprawę sądową za niewypłacone honoraria i konfiskatę pakietu akcji. Arbitraż uznał jego argumenty i studio musiało mu wypłacić niemałą sumkę.

pewnej ery, zarówno dla O'Donnella, jak i firmy, którą pomagał budować.

Jak wielu wydawców gier, Activision także umieszczało w zapisach umów specjalne premie dla developerów w zamian za przekroczenie pewnego progu ocen przyznanych grze na portalach agregacyjnych typu Metacritic czy GameRankings. „Destiny" nie było wyjątkiem. Dzięki wyciekowi wczesnej wersji kontraktu z 2012 roku nie było tajemnicą, że zespołowi obiecano dwa i pół miliona dolarów, jeśli średnia nota wyniesie 90 lub więcej.

Przez całe tygodnie przed premierą gry pracownicy Bungie podczas codziennych pogaduszek przy kawie zgadywali, jaka ocena zostanie im przyznana. Niektórzy obstawiali 90 lub 95, inni, bardziej konserwatywni, mówili raczej o osiemdziesięciu paru punktach, tuż poniżej granicy premii. Ich pięć gier z serii „Halo" miało średnią ocenę 92 na Metacritic, dlatego musieli mieć dobry powód, aby tryskać podobnym optymizmem.

„Destiny" ukazało się 9 września 2014 roku. Tydzień później, kiedy opublikowano już większość recenzji, licznik na Metacritic zatrzymał się na 77. Nie trzeba dodawać, że Bungie nie otrzymało swojego bonusu.

Recenzenci wytykali „Destiny" frustrującą i chropawą mechanikę gry oraz powtarzalność struktur kolejnych misji. Krytycy narzekali na skąpe łupy, nużący endgame i brak wyjaśnienia podstawowych funkcji. A przede wszystkim graczom nie spodobał się scenariusz. Postacie nie miały sensu, kluczowe elementy fabuły pozostawały niewyjaśnione, a dialogi okazały się komicznie drętwe. Nijaki głos Petera Dinklage'a stał się przedmiotem internetowych żartów i memów. Szczególnie wyszydzano kwestię: „Ten czarownik przybył z księżyca", którą

Bungie usunęło po testach wersji alfa, lecz reszta scenariusza wcale nie była lepsza.

Szczególnie frustrowało to, że świat „Destiny" pełen był soczystych, pysznych kąsków science fiction. Znaczna część postaci i broni miała zajmujące biografie i złożone genezy, tyle że zostały one ukryte na czymś, co „Destiny" nazywało „kartami grimoire", krótkimi opowieściami napisanymi przez stary zespół Statena, które udostępniono za pośrednictwem strony internetowej Bungie. Gra skupiała mnóstwo obiecujących pomysłów, jak chociażby Czarny Ogród, obszar na Marsie, który został „wyłączony z czasu" przez robota Vexa, lecz nie wykorzystywały one drzemiącego w nich potencjału. Stary cytat Pete'a Parsonsa stał się żartem. „Destiny" jako gra godna zająć miejsce w panteonie wielkich opowieści, obok „Gwiezdnych wojen" i „Władcy Pierścieni"? Ledwie można ją było postawić przy sadze „Zmierzch".

Morale w Bungie podupadło. Podczas serii nadzwyczajnych spotkań szefostwo studia zdecydowało się na przemyślenie planów na najbliższą przyszłość. Poza naprawą niektórych największych mechanicznych problemów z darmowymi łatkami zadecydowano o przerobieniu obu zaplanowanych pakietów z dodatkami – „The Dark Below" i „House of Wolves" – ponownym rozpisaniu wszystkich misji i wyrzuceniu kwestii nagranych przez Petera Dinklage'a*. „Destiny", jak uznano, raz

---

* Jedna z najtrudniej wytłumaczalnych wczesnych decyzji podjętych przy „Destiny" kręciła się wokół „engramów", czyli dziesięciościennych skrzyń ze skarbami, które gracze mogli otwierać, żeby pozyskać nowe łupy. Dla gracza ogrywającego endgame jedynym zasługującym na jego trud orężem był rzadki „legendarny" ekwipunek, broń i pancerz, które oznaczano fioletem. Znalezieniu fioletowego engramu towarzyszył lekki zastrzyk endorfin, bo oznaczało to możliwość zdobycia upragnionego przedmiotu. Ale niemal

na zawsze kończy z Dinklage'em. Przez nadchodzące miesiące designerzy Bungie chłonęli komentarze pojawiające się na takich forach, jak Reddit, starając się – na tyle, na ile mogli – nanieść na grę krótko- i długoterminowe poprawki. Zarówno przy „The Dark Below", jak i „House of Wolves" eksperymentowano z nowymi typami misji i systemami poziomowania, które – jak się okazało – przypadły graczom do gustu bardziej niż podstawowe rozwiązania.

Pod koniec 2014 roku część pionu kierowniczego Blizzarda, w tym Josh Mosqueira, reżyser „Diablo III: Żniwiarza Dusz", poleciała do biura Bungie, aby podnieść kolegów po fachu na duchu. Podobieństwa pomiędzy grami były niezwykłe. Nie tylko „Diablo III" i „Destiny" zostały wydane przez Activision, ale obie wystartowały z podobnymi problemami: frustrującym systemem zbierania łupów, niesatysfakcjonującym endgame'em i zbytnim poleganiu na przypadkowych liczbach. Podczas prezentacji przed personelem Bungie Mosqueira wyjaśnił, jak udało im się uporać z kłopotami prześladującymi „Diablo III" i jak przerobili grę podczas bolesnych, dwuletnich prac, od Błędu 37 do „Żniwiarza Dusz".

„Zupełnie jakbyśmy gadali do dawnych nas – podsumował Mosqueira. – Bali się tych samych rzeczy, których myśmy się bali... Niesamowite było tam polecieć i porozmawiać z nimi, aby usłyszeć po wszystkim: »Okej, wszystko, co przerabialiście przy okazji 'Żniwiarza', szło dokładnie w tym samym kierunku. Ale jesteście już po drugiej stronie płotu. Czyli tam też jest życie«".

---

w co drugiej skrzyni kryła się gorsza, niebieska broń, co było dziwaczną decyzją ze strony studia, która tylko denerwowała graczy. Zmieniono to w październiku 2014 roku.

Zespół Bungie uznał wykład Mosqueiry za prawdziwie nieoceniony. Mimo licznych potknięć – i lawinowej utraty doświadczonej kadry, która była w studiu od czasu „Halo” – nadal wierzono, że udało się stworzyć coś solidnego. W „Destiny” grały miliony ludzi. Choć większość narzekała na grę, okazała się ona na tyle uzależniająca, że i tak dobrze się przy niej bawili. Jej najważniejsze elementy – świat przedstawiony, scenografia, uczucie towarzyszące naciśnięciu na spust – były wykonane tak bezbłędnie, jak można się było spodziewać po studiu odpowiedzialnym za serię „Halo”. Jeśli Bungie udałoby się naprawić usterki, to może, tak jak Blizzard, również dostąpiliby odkupienia.

Proces ten miał się rozpocząć od obszernego dodatku, gry o roboczym tytule „Comet”, do wyprodukowania której zobowiązywał studio kontrakt. Pierwotnie planowano, że Bungie wprowadzi nową planetę, Europę, i parę nowych stref na Ziemi i na Marsie, lecz problemy produkcyjne po raz kolejny zmusiły studio do zweryfikowania ambitnych zamierzeń.

Po sfinalizowaniu planu dotyczącego dodatku „Króla Porwanych” zapadła decyzja, że akcja zostanie osadzona w jednej lokacji: na Dreadnaught, zainfekowanym przez Rój statku kosmicznym unoszącym się przy pierścieniach Saturna. Bungie przerobiło systemy poziomowania i łupów, korzystając wymiernie z fanowskich uwag i sugestii, aby uczynić „Destiny” przyjaźniejszym użytkownikowi. Pomógł również wkład reżysera „Króla Porwanych”, Luke'a Smitha, który obsesyjnie grał w „Destiny” i miał za sobą setki spędzonych przed ekranem godzin.

Bungie wiedziało, że aby zjednać sobie graczy i krytykę, musi napisać porządną fabułę. Pod kierownictwem scenarzysty

Claya Carmouche'a Bungie przyjęło nowe podejście do narracji, o niebo spójniejsze od poprzedniej odsłony. Pojawił się tam chociażby wyrazisty czarny charakter, Oryx, pan fantasmagorycznej grupy obcych zwanych Porwanymi. Wreszcie dano graczowi wiarygodną motywację, aby go ścigać i zabić. Irytujące postacie jak Stranger zniknęły na zawsze, a co bardziej czarujący członkowie obsady „Destiny", jak przemądrzały Cayde-6 Nathana Filliona, otrzymały znacznie bardziej rozbudowane role. Carmouche odszedł ze studia niedługo po premierze dodatku.

Bungie wykonało również niezwykły i bezprecedensowy ruch, wyrzucając z gry jej dotychczasową główną gwiazdę. Do roli Ducha na potrzeby „Króla Porwanych" zatrudniono Nolana Northa, który użyczył głosu nie tylko, żeby nagrać nowe partie dialogowe, ale także po to, by powtórnie zarejestrować wszystkie kwestie z oryginalnego „Destiny". Nawet Marlon Brando nie wyczarowałby niczego zjadliwego z „Uważaj! Jest ona mroczna", lecz przez zastąpienie monotonnej czytanki Petera Dinklage'a studio ogłaszało światu, że tym razem chciało zrobić to porządnie. Fani byli zadowoleni z pracy Nolana Northa, lecz po latach znaleźli się tacy, którym brakowało tak zwanego Dinklebota i chcieliby jeszcze kiedyś usłyszeć w „Destiny" jego drętwy głos.

„Król Porwanych" wyszedł 15 września 2015 roku i spotkał się z entuzjastycznym przyjęciem. Jak pisał na Kotaku Kirk Hamilton, mój dobry przyjaciel i towarzysz gry: „Po roku błądzenia po omacku i krótkich zrywach Bungie nareszcie, po raz pierwszy od września 2015 roku, znalazło stały grunt. Twórcy »Króla Porwanych« spojrzeli swoim graczom w oczy i pewnie zaprezentowali przekonującą wizję tego, czym »Destiny« się staje".

Byłoby miło, gdyby historia tej gry dobiegła tutaj końca, gdyby Bungie, jak Blizzard, naprawiło wszystkie błędy i rozpoczęło pracę nad kolejnym dużym projektem. Szefostwo Bungie zdawało sobie doskonale sprawę, że nawet po wypchnięciu „Króla Porwanych" droga, która ich czeka, będzie wyboista. Ich ambitny, dziesięcioletni kontrakt z Activision stanowił jasno, że na jesieni 2016 roku mieli wypuścić sequel, „Destiny 2". Nie było na to szans. Oczekiwania były zbyt duże, a plany zmieniały się za często, do tego dysponowali powolnymi narzędziami.

Bungie w styczniu 2016 roku opóźniło „Destiny 2" o rok, ponownie negocjując umowę z Activision i kupując zespołowi więcej czasu. Aby jakoś załatać tę dziurę, poskładali na szybko umiarkowanie rozbudowany dodatek „Rise of Iron", który mieli wypuścić we wrześniu 2016 roku. Parę dni później Bungie wylało dyrektora wykonawczego Harolda Ryana i przez cały następny rok z firmy odchodziły kolejne stare wygi, tocząc bitwy z zarządem studia w związku z polityką firmy i osobliwie długim okresem przyznawania uprawnień do przejęcia akcji*.

Niektórzy ze starych wyg, którzy zdecydowali się odejść, a tak głośno cieszyli się w 2007 roku z odłączenia się studia od Microsoftu i zdobytej niezależności, uważali teraz, że był to ogromny błąd firmy. Ilu z nich nadal pracowało dla Bungie dziesięć lat po podpisaniu ostentacyjnej Deklaracji niepodległości? „Kiedy pracowaliśmy z Microsoftem, Bungie było jak punkowa kapela, która wygraża mamie i tacie chudą piąstką – mówił pewien były pracownik – a kiedy się z tego układu

* Zwykle podobne firmy wyznaczają okres trzech lub czterech lat, po którym przyznawano pracownikowi pakiet akcji. Z uwagi na ich powiązanie z datami premier „Destiny" mogło to Bungie zająć nawet i dekadę.

wykręciliśmy, nie mieliśmy komu wygrażać. Musieliśmy rządzić się sami".

Kiedy piszę ten rozdział – a mamy początek 2017 roku – historia „Destiny" jeszcze nie dobiegła końca. Nadal krążą ważne pytania dotyczące przyszłości serii, zadawane zarówno przez Bungie, jak i osoby z zewnątrz. Jak ludzie zareagują na „Destiny 2"? Co się potem stanie z serią? Czy Bungie pozostanie niezależne, czy Activision znajdzie sposób, aby ich wykupić? Do czasu publikacji tej książki już poznamy odpowiedzi na część pytań. Odpowiedzieć na pozostałe pytania będzie można dopiero za pewien czas.

„Myślę, że prawdziwa historia cyklu produkcyjnego »Destiny« mówi jedno: robienie gier jest okropnie trudne – mówił Jaime Griesemer. – Praca pod presją nad ambitną grą jest zdumiewająco ciężka... Kiedy masz do zrobienia jednorodne eksplozje i leje, ogromne problemy z asymilacją i komunikacją w zespole, tracisz mnóstwo czasu, co z kolei odbija się na projekcie".

Biorąc to wszystko pod uwagę, to niesamowite, że Bungie znalazło sposób, aby cokolwiek przekazać wydawcy, a co dopiero stworzyć coś tak popularnego jak „Destiny" (grę, w której gracze podróżują przez czas i przestrzeń, narzekając na „Destiny"). Może i studio nie miało swoich „Gwiezdnych wojen" czy „Władcy Pierścieni" i straciło po drodze kawałek duszy oraz mnóstwo utalentowanych pracowników, jednak związane z „Destiny" wyzwania były charakterystyczne dla niemal każdego projektu. Tyle że stawka była większa.

Opowieść o „Destiny" – a raczej o wszystkim, co działo się wokół – okazała się fascynująca z wielu powodów, których Bungie nie mogło przewidzieć.

9

WIEDŹMIN 3

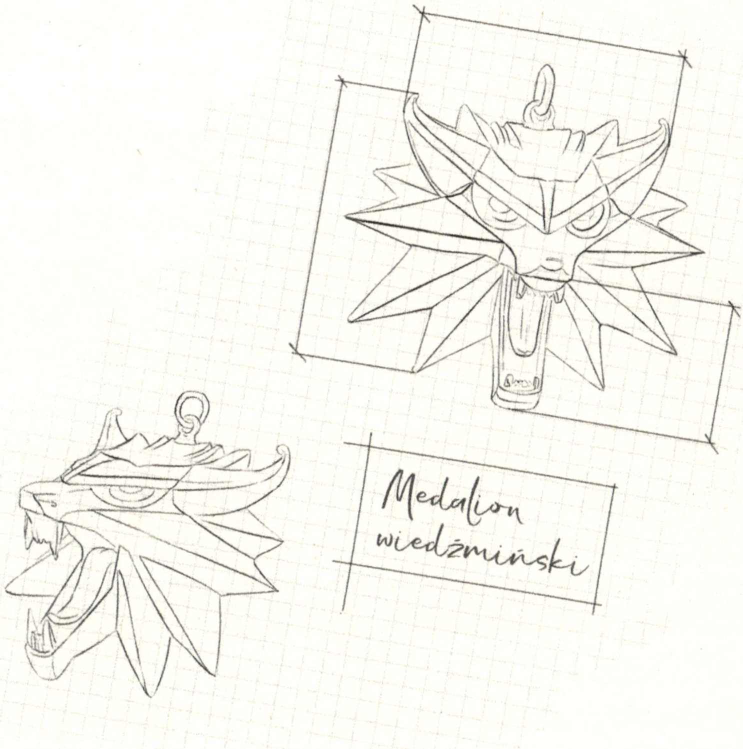

Marcin Iwiński dorastał z widmem stalinizmu nad głową, dlatego trudno mu było spędzać czas na graniu. Ten nastolatek o jasnych, niebieskich oczach i łagodnej, wyrażającej spokój twarzy tak jak jego rówieśnicy z Warszawy marzył o tym, aby grać w to samo, co inni na świecie.

Do 1989 roku Polska była krajem komunistycznym i nawet na samym początku lat 90., gdy nowo utworzona III Rzeczpospolita odkrywała wolny rynek, nie dało się tam kupić legalnych gier. Istniały jednak tak zwane „giełdy komputerowe", bazary pod otwartym niebem, gdzie miejscowe geeki zbierały się tłumnie, aby handlować pirackim oprogramowaniem. Polskie prawo autorskie jeszcze nie istniało, dlatego nie było nic niewłaściwego w przegraniu zagranicznej gry na dyskietkę i odsprzedaniu jej tanio na giełdzie. Marcin Iwiński i jego kolega ze szkoły średniej Michał Kiciński spędzali cały wolny czas na giełdach i przynosili do domu wszystko, co działało na ich starych ZX Spectrumach.

W 1994 roku, mając 20 lat, Iwiński zaczął myśleć nad założeniem firmy, która zajmowałaby się importem i dystrybucją gier komputerowych w kraju. Nazwał ją CD Projekt, nawiązując do zmieniających oblicze rynku płyt, które pojawiły się w Warszawie. Z początku Iwiński sprowadzał i handlował grami na giełdzie, potem zaczął podpisywać umowy dystrybucyjne z takimi firmami, jak LucasArts czy Blizzard. CD Projekt wybiło się na rynku, kiedy przekonało wydawcę Interplay, aby ten udostępnił firmie prawa do rozprowadzania na terenie Polski „Baldur's Gate", jednej z najpopularniejszych gier role-playing na świecie*.

Mając świadomość, że trudno będzie przekonać polską brać do kupowania oryginalnych kopii zamiast ściągania ich z sieci albo pozyskiwania z giełdy, Iwiński i Kiciński postawili wszystko na jedną kartę i oprócz opracowania polskiej wersji językowej „Baldur's Gate" (łącznie z nagraniem rodzimych kwestii dialogowych) do wydania gry dorzucili mapę, podręcznik do „Dungeons & Dragons" oraz soundtrack na płycie. Miało to przekonać polskich graczy, że warto wydać pieniądze na taki pakiet, zamiast nabyć pirata. Do nielegalnych kopii takich rzeczy nie dołączano.

Obrana strategia poskutkowała. Pierwszego dnia CD Projekt sprzedało 18 tysięcy kopii, a to duża liczba jak na kraj, gdzie jeszcze przed paroma laty nawet nie dało się kupić legalnego egzemplarza gry. Otworzyło to firmie Iwińskiego drzwi do wydania kolejnych znanych gier RPG, jak „Planescape: Torment", „Icewind Dale" czy „Fallout".

* Samo to, że „Baldur's Gate" wyprodukowało BioWare („Dragon Age: Inkwizycja"), za polską wersję odpowiadało CD Projekt („Wiedźmin 3"), a grą inspirował się Obsidian („Pillars of Eternity"), jest dowodem na ogromny wpływ tego tytułu na gatunek albo na to, że naprawdę lubię RPG i chciałem napisać o wszystkich trzech firmach.

Sukces na rynku dystrybucyjnym pozwolił Iwińskiemu na podążanie za prawdziwym marzeniem, czyli stworzeniem czegoś swojego. W 2002 roku założył odnogę firmy, CD Projekt Red, która miała się zająć produkcją gier. Pytanie jednak, nad czym miało pracować nowo utworzone studio? Ktoś zasugerował, żeby porozmawiali z Andrzejem Sapkowskim, cenionym autorem fantastyki, znanym powszechnie jako polski J.R.R. Tolkien. Sapkowski stworzył sagę o wiedźminie, uwielbianą zarówno przez dorosłych, jak i młodszych czytelników w całej Polsce. Jej bohaterem był białowłosy łowca potworów o imieniu Geralt z Rivii. Książki łączyły fantasy ze wschodnioeuropejskimi baśniami, były skrzyżowaniem *Gry o tron* i twórczością braci Grimm.

Okazało się, że Sapkowskiego nie interesują gry i zgodził się odsprzedać prawa CD Projekt Red za rozsądną cenę. Iwiński i jego ludzie nie znali się zbytnio na produkcji gier, lecz mieli do dyspozycji porządną markę, czyli było im łatwiej, niż mieliby zaczynać od zera. „Wiedźmin" był tytułem na tyle nośnym, że mieli nadzieję zainteresować nim nie tylko polskich graczy.

Po pięcioletnim cyklu produkcyjnym i paru rebootach CD Projekt Red wypuściło „Wiedźmina" w 2007 roku. Gra, przeznaczona na pecety, sprzedała się na tyle dobrze, że zapadła decyzja o sequelu, który ukazał się w 2011 roku. Obie gry charakteryzowały się paroma szczególnymi cechami, były mrocznymi, poważnymi RPG ze sporą domieszką akcji i próbowały tak pokierować narrację, aby gracz czuł, że dobrowolnie podejmuje znaczące decyzje niepozostające bez wpływu na przebieg fabuły. No i były to wyróżniające się gry, które stawiały przed graczem wyzwanie. Choć później CD Projekt Red zdecydowało się opracować port „Wiedźmina 2" na Xboxa 360, obie części postrzegano jako PC-centryczne, co znaczyło, że ich grono odbiorcze było ograniczone. Konkurencyjne gry, takie jak „Elder Scrolls V: Skyrim" (listopad 2011) sprzedawały się w milionach egzemplarzy po części dlatego, że wydawano je jednocześnie na pecety i konsole.

No i „Skyrim" był północnoamerykański. Do połowy pierwszej dekady XXI wieku coraz bardziej zglobalizowana branża gier wykształciła podział geograficzny. Stany Zjednoczone i Kanada mogły się pochwalić takimi firmami, jak Bethesda i BioWare, które szczyciły się znakomicie przyjętymi przez krytykę przebojami: „The Elder Scrolls" i „Mass Effect"; oba tytuły rozbiły bank. Japonia miała „Final Fantasy" i „Dragon Quest" od Square Enix, które może nie były tak popularne, jak w zdominowanych przez tamtejsze produkcje latach 90., ale nadal były cenione przez miliony graczy. No i byli także europejscy wydawcy RPG, którzy nigdy nie cieszyli się taką estymą, jak ich amerykańscy czy japońscy koledzy. Gry produkowane na Starym Kontynencie, jak „Two Worlds" albo „Venetica", były zazwyczaj wtórne, kiepsko wykonane i niemiłosiernie rozjeżdżane przez krytykę.

Ale dzięki „Wiedźminowi 2" Iwiński i jego studio przyciągnęli do siebie całkiem sporą rzeszę graczy spoza Europy, a nawet wypromowali kulturową ikonę, tak popularną w Polsce, że kiedy amerykański prezydent Barack Obama odwiedził kraj w 2011 roku, premier Donald Tusk podarował mu egzemplarz „Wiedźmina 2" (Obama przyznał jednak później, że nie miał okazji zagrać). Developerzy z CD Projekt Red mieli apetyt na więcej. Chcieli udowodnić, że mogą rywalizować z Bethesdami i Square Enixami tego świata, choć są z Polski. Iwiński zamierzał uczynić z CD Projekt Red markę tak rozpoznawalną jak BioWare, a środkiem prowadzącym do tego celu miał być „Wiedźmin 3".

Do pokierowania tym projektem Iwiński i pozostali menedżerowie zaprosili Konrada Tomaszkiewicza, który był testerem pierwszej z gier. Podczas wczesnej fazy cyklu produkcji „Wiedźmina 2" awansował na szefa „działu questów". Zwykle studia produkujące RPG miały osobne działy scenopisarskie i projektowe, które współpracowały ze sobą przy wszystkich pojawiających się w grze questach (Zabij smoka! Pokonaj mrocznego pana i uratuj księżniczkę!), a CD Projekt Red zdecydowało się na niezależny dział odpowiedzialny za questy, gdzie zespół zajmował się projektowaniem, implementacją i ulepszaniem swoich części gry. Jako szef tego działu, Tomaszkiewicz sporo czasu spędzał na komunikacji z innymi zespołami, co sprawiło, że był odpowiednim materiałem na reżysera „Wiedźmina 3".

Kiedy powiedziano mu, że stanie na czele nowego, dużego projektu, podenerwowany Tomaszkiewicz zaczął rozmawiać z innymi kierownikami z CD Projekt Red, próbując ustalić z nimi, jak mogą zainteresować grą jak największą rzeszę graczy. Jedno z pierwszych rozwiązań, na które wpadli, było proste: nadać jej rozmach. „Rozmawialiśmy z [szefem studia] Adamem Badowskim i zarządem, pytaliśmy, czego brakuje naszym grom, aby uczynić z nich jeszcze lepsze RPG – mówił Tomaszkiewicz. – I doszliśmy do tego, że brakowało im swobody eksploracji, czyli potrzebowaliśmy obszerniejszego świata".

Konrad Tomaszkiewicz fantazjował, że „Wiedźmin 3" nie ograniczy gracza do jednego konkretnego obszaru na rozdział, tak jak poprzednie odsłony serii, ale pozwoli na odkrywanie dużego, otwartego świata, polowanie na monstra i podejmowanie zadań wedle uznania. Iwiński najczęściej używał słowa

„swoboda", kiedy mówił o tym, co zaoferuje gra. Ponadto chcieli, aby ich gra była najlepiej prezentującym się dostępnym na rynku tytułem. Tym razem chcieli zawojować nie tylko komputery, ale i konsole. Dzięki „Wiedźminowi 3" CD Projekt Red zamierzało pokazać światu, że Polacy również mogą produkować gry, które odnoszą takie same komercyjne sukcesy i są tak samo cenione przez krytykę, jak gry wypuszczane przez konkurencję.

Tomaszkiewicz i jego zespół od razu położyli podwaliny pod powstającą grę. Chcieli, aby fabuła opowiadała o Geralcie poszukującym adoptowanej córki, Ciri, dobrze znanej fanom książek postaci władającej potężną magią. Uradzili również, że przeciwnikiem będzie grupa zwana Dzikim Gonem, falanga widmowych jeźdźców oparta na europejskim podaniu. Ponadto akcja „Wiedźmina 3" miała rozgrywać się na trzech ogromnych obszarach: Skellige, grupce wysp stylizowanych na nordyckie; Novigradzie, największym i najbogatszym mieście tego świata; i Velen, regionie zwanym także Ziemią Niczyją, biednym, rozdartym przez wojnę bagniskiem. „Byliśmy przerażeni ogromem tej gry – mówił Konrad Tomaszkiewicz – ale wszyscy w tej firmie chcieli zapewnić graczom najlepsze możliwe doświadczenie, co związane jest z zadaniami, [nawet] takimi, które wydają się niemalże niemożliwe do wykonania".

Gdy ruszyła faza preprodukcji, zespół designerski zaczął dyskutować i rozpisywać pomysły strukturalne, które już na tym etapie były skomplikowane. „Napotkaliśmy spore trudności już na podstawowym poziomie – powiedział główny designer questów, Mateusz Tomaszkiewicz (młodszy brat Tomasza). – Na przykład pierwotnym pomysłem było pozwolenie graczowi, który ukończył prolog, na udanie się do dowolnego z trzech dostępnych regionów". Celem tej decyzji było danie grającemu możliwie jak największej swobody – która była kluczowym wymogiem Iwińskiego – ale znacznie utrudniało to pracę designerom.

CD Projekt Red już zdążyło zdecydować, że wrogowie w „Wiedźminie 3" będą mieli z góry ustalony poziom i nie będą ewoluować z graczem. Dostosowywanie poziomu, wykorzystane chociażby w „The Elder Scrolls IV: Oblivion", było nielubiane przez graczy. Narzekali, że zabieg ten pozbawiał ich uczucia progresu, a mało co było mniej przyjemne niż patrzenie, jak twój superbohater na wysokim levelu zostaje zarżnięty przez bandę żałosnych goblinów. Tyle że takie rozwiązanie czyniło z kolei niemożliwym zrównoważenie trudności w całym otwartym świecie. Jeśli gracz udał się od razu do Skellige, Novigradu czy Velen, każdy z tych trzech regionów musiał zostać zaludniony przez przeciwników niskiego poziomu, bo inaczej byłoby zbyt trudno. Lecz jeśli wszędzie rozstawi się słabych wrogów, będzie można przemknąć przez nich bez trudu, kiedy już nabierze się choć trochę doświadczenia.

Aby rozwiązać ten problem, CD Projekt Red posłużyło się nieco bardziej linearną strukturą. Po prologu nadal można było iść do Velen, Novigradu czy na wyspy Skellige, lecz regiony te charakteryzowały się odmiennymi poziomami trudności (odpowiednio – niskim, średnim i wysokim). Swoboda była zachowana, lecz utemperowano ambicje co większych zapaleńców. Poza tym, jeśli gra faktycznie miała być tak duża, jak mieli nadzieję, musieli nieco gracza nakierować. „Nie chcieliśmy, aby ktoś poczuł się zagubiony, musiał z grubsza wiedzieć, gdzie iść i jak wygląda struktura – mówił Mateusz Tomaszkiewicz. – Czuliśmy, że jeśli można by było pójść wszędzie zaraz po prologu, byłoby to dla gracza za dużo, mogłoby go przytłoczyć".

Już na wczesnym etapie developerzy wiedzieli, że „Wiedźmin 3" będzie większy niż wszystko, co do tej pory zrobiono. Zwykle studia celowały w kampanie trwające pomiędzy 10 a 12 godzin. Te dłuższe, w RPG i grach z otwartym światem, trwały od 40 do 60 godzin. CD Projekt Red wymarzyło sobie, że potrzeba będzie przynajmniej stu godzin, aby ukończyć „Wiedźmina 3". Aby wykręcić taki wynik, designerzy musieli rozpocząć pracę tak szybko, jak to możliwe, szkicując i pisząc jeszcze w trakcie preprodukcji, jeszcze przed powstaniem jakiejkolwiek wersji gry.

Wszystko rozpoczynało się w pokoju scenarzystów. „Wychodziliśmy od bardzo ogólnego pomysłu – opowiadał Jakub Szamałek, jeden ze scenarzystów – a potem go rozwijaliśmy i dzieliliśmy na questy. Następnie pracowaliśmy blisko z projektantami questów, aby upewnić się, że wszystko ma sens z ich perspektywy. A potem w kółko powtarzaliśmy ten sam proces". Główny quest koncentrował się na poszukiwaniach Ciri przez Geralta. Zdecydowano, że w interludiach rozsianych po grze będzie można sterować adoptowaną córką wiedźmina. Oczywiście nie mogło zabraknąć ważnych, ale opcjonalnych questów pobocznych, które będą miały wpływ na zakończenie, rozważano na przykład potencjalny wątek królobójstwa oraz trójkąt pomiędzy Geraltem a czarodziejkami Triss i Yennefer, które pojawiły się w poprzednich częściach. No i do tego pomniejsze questy, a pośród nich rozmaite tajemnice, polowania na potwory i zadania.

Mateusz Tomaszkiewicz, jako szef działu zajmującego się questami (rolę tę odziedziczył po starszym bracie), pracował ze scenarzystami nad zarysowaniem podstawowej osi fabularnej dla każdego zadania („Ten quest będzie o głodzie"), a potem przydzielał je designerowi, który rozpisywał dokładnie, jak ma wyglądać cała wyprawa. Ile bitek czeka po drodze? Ile scenek filmowych? Ile trzeba będzie się nachodzić? „Cały logiczny ciąg następujących po sobie zdarzeń ma wyjaśniać, co i jak się dzieje, jak wygląda zadanie gracza oraz jaki jest jego cel i jakie wyzwania na niego czekają – mówił Mateusz Tomaszkiewicz. – Tempo jest niezwykle istotne, bo nawet kiedy masz świetną fabułę, ale napchasz ją dialogami albo przerywnikami, wtedy wydaje się przeciągać. Dlatego potrzeba odpowiedniego rytmu i jego opracowanie stanowiło sporą część pracy".

Czekająca ich robota była przytłaczająca, a że zamierzali wypchnąć grę w 2014 roku, nie mieli też zbyt dużo czasu. Policzyli, że świat „Wiedźmina 3" będzie 30 razy większy niż ten z poprzedniej odsłony i kiedy ekipa od questów przyjrzała się wczesnym materiałom graficznym i szkicom map, zaczęła panikować. „Kiedy po raz pierwszy pokazali nam, jak duży będzie nasz świat, przeraziliśmy się nie na żarty, bo to ogromny kawał ziemi – mówił Tomaszkiewicz – a z uwagi na to, że nie chcieliśmy mieć żadnych wypełniaczy, musieliśmy dostarczyć konkretne treści i upewnić się, że żaden region nie zostanie pusty, bo byłaby to katastrofa".

Podczas tych wczesnych sesji designerskich Mateusz Tomaszkiewicz i inni projektanci przyjęli proste zarządzenie: precz z nudnymi questami. „Nazywałem je »questami FedExu«, bo polegały tylko na przyniesieniu jakiejś rzeczy – mówił Tomaszkiewicz. – Ktoś posyłał cię po jakiś puchar albo dziesięć niedźwiedzich skór czy coś tam innego. Przynosiłeś mu tę rzecz i koniec. Żadnego twistu, nic… Każdy quest, nieważne, jak drobny, powinien mieć coś, co się zapamięta, jakieś przełamanie fabularne, coś znaczącego i często niespodziewanego". Na pewnym etapie preprodukcji, obawiając się, że nie uda im się zachować wysokiego stopnia jakości, Tomaszkiewicz wyrzucił około połowy rozpisanych zadań. Skomentował to tak: „Po pierwsze, dlatego że nie mieliśmy czasu napisać ich wszystkich, a po drugie: skorzystałem z okazji, żeby odsiać te najsłabsze".

Zdawali sobie sprawę, że aby „Wiedźmin 3" się wyróżniał, musieli zachwiać oczekiwaniami graczy. Jeden z pierwszych questów, który zatytułowano *Sprawy rodzinne*, wprowadzał postać Krwawego Barona, szlachcica posiadającego informacje o możliwym miejscu pobytu Ciri. Aby czegokolwiek się od niego dowiedzieć, Geralt musiał mu pomóc znaleźć jego zaginioną córkę i żonę. W trakcie questu gracz dowiadywał się, że Baron zmusił rodzinę do ucieczki swoim pijaństwem. Znęcał się nad żoną i wszystkich traktował brutalnie. Teraz wydawał się jednak skruszony i miał wyrzuty sumienia. Przebaczysz mu? Pomożesz mu pogodzić się z rodziną? Pomożesz mu wykopać i wyegzorcyzmować demoniczny płód zmarłego przy narodzinach dziecka, które pochował w ogródku? („Wiedźmin 3" zawsze jechał po bandzie).

Inne RPG zwykle wyrysowywały wyraźne granice, kiedy chodziło o moralność – na przykład trylogia „Mass Effect" od BioWare dzieliła decyzje gracza oparte na kwestiach dialogowych na dobre i złe – ale „Wiedźmin" przewidywał niewiele szczęśliwych zakończeń, co – jak uważało CD Projekt Red – odzwierciedlało polską kulturę. „Tak postrzegamy we wschodniej Europie pewne sprawy – powiedział w jednym z wywiadów Marcin Iwiński*. – Moja babcia przeżyła drugą wojnę światową. Uciekła z nazistowskiego transportu i przez parę miesięcy ukrywała się po wsiach. Takie rzeczy odcisnęły piętno praktycznie na każdej rodzinie z naszego zespołu. Choć jest on międzynarodowy, większa część naszej ekipy to Polacy. Nie da się o czymś takim zapomnieć".

Poprzez questy, takie jak ten z Krwawym Baronem, zespół designerski „Wiedźmina 3" chciał, aby gracz dumał nad pewnymi wyborami etycznymi długo po zakończeniu gry. Na początkowym etapie prac, kiedy scenarzyści i designerzy z CD Projekt Red zastanawiali się, jak oddać tę narracyjną złożoność, napotkali niemałe wyzwanie, z którym już przed nimi mocowali się developerzy: jak ocenić, czy dany quest zrobi na kimś wrażenie, skoro nie mieli jeszcze gotowej gry?

Scenarzysta Jakub Szamałek któregoś dnia pojął, że znalazł się w niezłych tarapatach. Zaniósł wtedy jedną z napisanych przez siebie scen do recenzji koledze z zespołu, myśląc, że napisał solidny scenariusz z zabawnymi dialogami pomiędzy Geraltem i czarodziejką Yennefer, a potem naniósł go na silnik gry, żeby zobaczyć, jak będzie wyglądała. Graficy nie skończyli jeszcze modeli tych postaci, dlatego Szamałek musiał skorzystać z szeregowych rybaków jako dublerów, choć nie dysponował jeszcze animacją – mężczyźni nawet nie poruszali ustami. Za tło robiły duże, szare wielokąty, które z czasem wyewoluują w szczegółowo wykonane domy. Kamera przycinała się nieraz

* Chris Suellentrop, *Marcin Iwiński, szef studia odpowiedzialnego za „Wiedźmina": „Nie mieliśmy pojęcia, jak robić gry"*, Glixel, marzec 2017, www.glixel.com/interviews/witcher-studio-boss-we-had-no-clue-how-to-make-games-w472316.

i wbijała w czyjąś głowę. Nie nagrali jeszcze kwestii dialogowych – na to miał przyjść czas dopiero, kiedy będą mieli ostateczne wersje – i trzeba było je odczytywać i wyobrażać sobie, jak będą brzmiały. „Siedziałem i próbowałem wszystko tłumaczyć", mówił Szamałek. „»No i wyobraźcie sobie, że dzieje się teraz to i to, a Geralt robi taką a taką minę i teraz jest pauza, potem mówią tamto i siamto, zbliżenie na twarz Geralta, ten się krzywi«. Miało być zabawnie, ale dziesięć osób, do których mówiłem, zareagowało: »Nie rozumiemy, o co chodzi«".

Szamałek, powieściopisarz sprawnie operujący drwiną, nigdy wcześniej nie pracował przy grze i nie zdawał sobie sprawy, jak trudne może być pisanie scenariusza. Przy jednym queście, kiedy Geralt i Yennefer szli razem przez opuszczone ogrody w poszukiwaniu Ciri, Szamałek musiał napisać dialogi, które oddałyby skomplikowaną historię obu postaci. Geralt i Yennefer droczyli się, lecz ich przekomarzanki podszyte były uczuciem. Pierwsze testy nie potrafiły oddać tych subtelnych ludzkich emocji. „Wszystko wypada doskonale, kiedy ma się nagrane poszczególne kwestie dialogowe, bo dobry aktor potrafi być jednocześnie ciepły i złośliwy – mówił Szamałek. – Ale kiedy widzi się jedynie litery na dole ekranu i ma przed sobą dwóch szarych rybaków ze Skellige, trudno jest przekonać osobę oceniającą twoją pracę, że efekt będzie lepszy".

Dla Szamałka i pozostałej części zespołu scenopisarskiego rozwiązaniem tego problemu było niestrudzone katalogowanie szkicu za szkicem i poprawianie kolejnych scen, podczas gdy reszta ekipy pracowała nad ulepszaniem gry. Kiedy już przygotowano podstawowe modele postaci i prymitywną animację, łatwiej było stwierdzić, czy scena się udała, czy nie. Ludzie często zastanawiają się, jak CD Projekt Red zdołało stworzyć tak mocne (i tak liczne) scenariusze do „Wiedźmina 3". Odpowiedź była prosta. „Chyba żaden nasz quest nie został po prostu napisany, zaakceptowany i nagrany – mówił Szamałek. – Wszystko było przepisywane dziesiątki razy".

CD Projekt Red zapowiedziało „Wiedźmina 3" w lutym 2013 roku na okładce popularnego magazynu „Game Informer"; Geralt i Ciri siedzieli na koniach. Konrad Tomaszkiewicz i jego zespół złożyli górnolotne obietnice: „Wiedźmin 3" miał być większy niż „Skyrim". Nic nie miało się dogrywać w trakcie. Premierę zaplanowano na 2014 rok, a ukończenie całej gry miało zająć przynajmniej sto godzin. „Długo rozmawialiśmy o tej okładce – mówił Tomaszkiewicz – i ustaliliśmy, co trzeba było zrobić, żeby podkreślić otwartość świata". Było to ich wyjście z mroku. Przez podkreślenie, że „Wiedźmin 3" to gra, w której można pójść, gdzie się chce, i robić to, co się chce, CD Projekt Red pokazało, że Polacy również potrafią stworzyć dobre RPG.

Developerzy umyślnie nie ujawniali informacji o platformach, na które gra miałaby się ukazać, bo ani Sony, ani Microsoft nie ujawniły jeszcze informacji na temat nowych konsol, ale wszyscy z zespołu „Wiedźmina 3" wiedzieli, że ich gra wyjdzie na PC, Xboxa One i PS4, ignorując sprzęt bieżącej generacji. Było to spore ryzyko. Niektórzy analitycy upierali się, że obie konsole nie sprzedadzą się tak dobrze, jak ich poprzedniczki, i wydawcy naciskali, aby gry przygotowywano na różne platformy i dotarto tym samym do jak najszerszego możliwego grona graczy, tak jak EA z „Dragon Age: Inkwizycją" i „Destiny".

CD Projekt Red wiedziało, że starszy sprzęt ograniczał ich zamierzenia, jego pamięć nie pozwalała na uzyskanie pożądanego fotorealizmu, jaki zamierzali osiągnąć. Studio chciało zbudować świat z funkcjonującym ekosystemem, cyklem dnia i nocy, z rozległymi miastami i kołyszącą się na wietrze trawą. Gracze mieli otrzymać szansę eksploracji całej mapy bez oczekiwania na dogranie się danego regionu. Nie byłoby to możliwe na PS3 lub Xboxie 360.

Niedługo po ogłoszeniu gry i zaprezentowaniu redakcji „Game Informera" dema inżynierowie z CD Projekt Red dokonali drastycznych zmian przy potoku renderowania, co zmieniło sposób wyświetlania grafiki na ekranie. Dzięki temu wszystko wyglądało zdecydowanie ostrzej, od zmarszczek na skórzanej torbie do odbić na powierzchni wody. Ale żeby otrzymać ten efekt, graficy musieli zmienić niemal wszystkie gotowe już modele. „Zdarza się to całkiem często – mówił zajmujący się efektami wizualnymi Jose Teixeira. – Pracuje się nad sporym usprawnieniem i jeśli zostanie ono uznane za istotne dla gry, jeśli ma ona naprawdę na nim skorzystać, to nawet gdy jest to spora zmiana i będzie trzeba sporo przerobić, to warto to zrobić".

Teixeira, obywatel Portugalii, odpowiedzialny za efekty wizualne jak pogoda czy rozpryski krwi („Mam dość kontrowersyjną historię przeglądania"), spędził mnóstwo czasu nie tylko na graficznych usprawnieniach, ale i szperaniu i eksperymentowaniu z nowymi technologiami, które mogłyby poprawić wygląd pewnych rzeczy. Znajdywał również sposoby na optymalizację owych rozwiązań. Przykładowo, nawet zwyczajna, nieduża osada mogła mieć kilkanaście źródeł światła, jak świece, pochodnie czy ogniska, które pochłaniały budżet „Wiedźmina 3" przeznaczony na pamięć przy każdym mignięciu. „Musieliśmy sporo pracować nad, jak to nazywamy, poziomami szczegółowości – mówił Teixeira. – Im dalej znajduje się rzecz, tym mniej detali wyświetlamy i dlatego musieliśmy się upewnić, że nie korzystamy, na przykład, z obłędnie złożonego systemu cząstek do czegoś, co znajduje się kilometr dalej".

Czas mijał, a designerzy zaczynali panikować, że nie stworzyli wystarczającej ilości treści. Obiecali światu, że ich gra zajmie ludzi na przynajmniej sto godzin. Może i była to nieprawdopodobnie wielka liczba, lecz czuli się zobowiązani dotrzymać słowa. „Mieliśmy przeczucie, że gra może być zbyt krótka i nie damy rady wykręcić stu godzin – mówił Mateusz Tomaszkiewicz. – Ale uparliśmy się, że nam się uda, że musimy to zrobić, że powiedzieliśmy wszystkim, że będzie sto godzin i musi być sto godzin". Tomaszkiewicz i jego dział wypuszczali kolejne questy, stając na głowie, aby trzymać się postanowienia, że żaden nie będzie fedexowy, lecz pomysły się wyczerpywały.

Jednym z podstawowych założeń „Wiedźmina 3" była możliwość jazdy na koniu, którego Geralt ochrzcił imieniem Płotka, co było znanym z książek żartem, bo łowca nazywał tak każdego swojego wierzchowca. Koń był znacząco szybszym i podstawowym środkiem transportu po świecie, dlatego każdy region musiał być duży. Naprawdę duży. Każdego dnia rozrastał się coraz bardziej, co wymagało kolejnych scenariuszy od działu zajmującego się questami. „Byliśmy pewni, że chcemy mieć otwarty świat i wiedzieliśmy, że gracz będzie się po nim poruszał konno. Dlatego musieliśmy też zapewnić odpowiednią skalę – mówił Mateusz Tomaszkiewicz – co sprawiło, że wszystkie lokacje pęczniały i pęczniały".

Najbardziej znaczącą kwestią i głównym powodem niepokoju ekipy scenariuszowej było to, ile kluczowych mechanik „Wiedźmina 3" pozostanie nieukończonych. System walki nie był jeszcze dopięty na ostatni guzik, dlatego projektanci uruchamiali podczas testów „tryb boski", co oznaczało, że pokonywał wszystkie stwory jednym ciosem. Dlatego trudno było ocenić, czy questy są odpowiednio wyważone. „[Ciężko] oszacować, ile godzin zajmie rozgrywka, skoro nie masz do dyspozycji zbilansowanego gameplaya i wszystkich mechanizmów" – mówił Tomaszkiewicz.

Wszystkie te niewiadome składały się na grę, której nikt nie potrafił odpowiednio ocenić. Jak powiedział Mateusz Tomaszkiewicz: „Straszliwie trudno wypowiedzieć się na temat jakości, skoro nie masz do niej dostępu". Przez resztę 2013 roku, a nawet na początku 2014, kiedy CD Projekt Red zasiadło do recenzowania zawartości i testowało różne części gry, nadal obawiano się, że będzie ona zbyt pusta. Dzięki nowym narzędziom do renderowania grafiki dokonano niesamowitych rzeczy i często bywało tak, że zespół zbierał się tylko po to, aby popatrzeć, jak świetnie wszystko wyglądało. Listowie wydawało się żywcem wzięte z polskiego lasu. Kolczuga Geralta była tak szczegółowa, że dało się odróżnić każdy metalowy pierścień. Skóra wyglądała dostatecznie… skórnie. Ale świat był ogromny i cały zespół denerwował się, że nie będzie zdolny dotrzymać obietnicy owych „stu godzin".

Każdy z głównych regionów „Wiedźmina 3" był większy niż całe otwarte światy w sporej części gier, a tutaj CD Projekt Red miało aż trzy, a do tego mniejsze obszary jak twierdza Kaer Morhen i teren z prologu, Biały Sad. Aby wypełnić ten świat, ekipa designerów poziomów przeczesała całą mapę i naniosła na każdy region charakterystyczne punkty orientacyjne, które określano mianem „użytecznych miejsc" („points of interest", czyli POI). Każde z nich kryło jakieś zadanie, od pomniejszych (eliminacja grupy bandytów-maruderów) do istotnych (rzemieślnik, który prosi o dowiedzenie się, kto zamordował jego asystenta). Niektóre POI prowadziły do rozpadających się osad, inne do starożytnych ruin z broniącymi łupu potworami.

Zespół od designu leveli miał się upewnić, że było tyle POI, aby wypełnić cały świat. „Przede wszystkim chcieliśmy ocenić skalę: jaka liczba POI wydaje się właściwa, a ile to za dużo? – pytał Miles Tost, designer poziomów. – Umieszczaliśmy je w grze, braliśmy ledwie funkcjonującego konia i mierzyliśmy czas potrzebny na przejechanie z jednego do drugiego, po czym zastanawialiśmy się, czy minuta to okej, czy nie. A potem porównywaliśmy te wyniki z innymi grami, jak »Red Dead Redemption« czy »Skyrim«, sprawdzaliśmy, jak to wygląda u nich, i decydowaliśmy, czy podziała to również u nas, czy jednak musimy coś zagęścić albo rozrzedzić".

Zespół Tosta nie chciał jednak, aby świat „Wiedźmina 3" składał się z serii oderwanych od siebie zadań, zamierzał podtrzymywać cały ekosystem. Napotkało się na przykład osadę, gdzie wypalano cegły, połączoną z Novigradem skomplikowaną siecią dróg handlowych. Gracz co i rusz miał się natykać na zakłady rzemieślnicze, pola uprawne i inne charakterystyczne dla średniowiecznego świata obrazki. „Gdy przyjrzeć się terenom uprawnym pod Novigradem, człowiek zorientuje się od razu, że mają one za zadanie utrzymywać to ogromne miasto, aby mogło wiarygodnie istnieć w tym świecie – mówił Tost. – Wszyscy żyjący tam ludzie korzystali z rozsianej, zróżnicowanej infrastruktury. Było to coś, na co położyliśmy spory nacisk. Jest nawet wioska produkująca wozy".

Podczas gdy zespół „Wiedźmina 3" dalej się rozrastał, upieranie się przy realizmie prowadziło do pewnych komplikacji i w pewnym momencie ekipa Tosta zauważyła poważny problem z Velen: było tam zbyt dużo jedzenia. „Velen uchodziło za krainę dotkniętą przez głód – tłumaczył Tost – gdzie ludzie nie mieli co jeść". A z jakiegoś powodu artysta środowisk wypełnił prowiantem spiżarnie wielu tamtejszych domów, do szafek poupychał kiełbasy i warzywa. Designerzy leveli nie mogli tego tak zostawić i poświęcili całe godziny na przetrząśnięcie wszystkich wiosek w Velen i odebranie im zapasów niczym paradoksalni naśladowcy Robina Hooda. „Musieliśmy przeszukać domy na tym obszarze i upewnić się, że nie zostanie tam zbyt wiele prowiantu" – wspominał Tost.

Takie przywiązanie do detali, jak uważało CD Projekt Red, mogło wynieść ich grę ponad propozycje konkurencji; podejście to przypominało strategię Naughty Dog przyjętą podczas pracy nad „Uncharted 4". Zapewne większość graczy nie zwróciłaby uwagi na to, ile jedzenia trzymają w szafkach mieszkańcy Velen, lecz ci, którzy zauważyli, zostali wynagrodzeni. Było coś wyjątkowego w tym, że developerzy poświęcili czas, aby gałęzie drzew szeleściły i szumiały na wietrze, a słońce wstawało tym wcześniej, im dalej podróżowało się na północ.

Oczywiście jednym z problemów wynikających z posiadania studia pełnego samych perfekcjonistów było ryzyko, że spędzało się za dużo czasu na drobiazgach. „Z punktu widzenia gracza nie ma czegoś takiego, jak zbyt mała liczba detali – mówił Tost. – Ludzie lubią eksplorować, co nie jest trudno zrozumieć. Ale nie można zapominać o skali projektu. Trzeba się zastanowić, czy to, że ten albo tamten kamień będzie nachylony pod takim a takim kątem faktycznie, cokolwiek usprawni. Może lepiej zamiast tego poprawić dwa błędy". Każda sekunda spędzona na dodatkowym detalu, każda minuta poświęcona na dostrajanie questu i każda godzina mocowania się z niedokończonym jeszcze światem sprawiała, że czas mijał szybciej, niż CD Projekt Red by tego chciało.

Na początku 2014 roku okazało się, że studio potrzebuje więcej czasu. CD Projekt Red ogłosiło opóźnienie prac nad „Wiedźminem 3" w marcu 2014 roku i przesunęło premierę o pół roku, na styczeń 2015. „Zarząd był naprawdę zestresowany, lecz nikt nie przyszedł do nas i nie próbował wymusić na nas wypchnięcia gry, bo nam ufano – mówił Konrad Tomaszkiewicz, reżyser. – Było to jednak dla mnie szczególnie trudne, bo cały ten bagaż, cały ten stres spoczywał na moich barkach. Myślałem o tym, że może z tego wyjść katastrofa, bo wyłożyliśmy na ten projekt mnóstwo pieniędzy. Musiał odnieść sukces".

Od czasu założenia przez Marcina Iwińskiego CD Projekt w 1994 roku (i CD Projekt Red w 2002) zrobili łącznie dwie gry. „Wiedźmin 3" miał być trzecią. Firma mogła pozostać niezależna dzięki inwestorom i innym źródłom dochodu, jak GOG, popularny sklep internetowy CD Projekt Red, dlatego Iwiński nie obawiał się, że pójdą z torbami, jeśli ich gra okaże się klęską, ale nadal było to dla nich spore ryzyko. Dzięki okładce „Game Informera" i kilku dużym trailerom szum wokół nowej gry był większy niż przy poprzednich odsłonach i fanowski zawód byłby nokautującym ciosem dla nadziei studia, że CD Projekt Red uda się z dużymi wydawcami. „Oczywiście cały ten rozgłos był fajny – opowiadał Konrad Tomaszkiewicz – ale z drugiej strony mieliśmy spore problemy, silnik cały czas padał, streaming nie został przygotowany na czas. Na PS4 i Xboxie mogliśmy renderować pojedynczą kropkę na ekranie. I mieliśmy świadomość, że musi nam się udać. Cały zespół przeżywał ogromny stres".

Oznaczało to, że 2014 miał być dla polskiej firmy rokiem crunchu*. CD Projekt Red planowało pokazać podczas czerwcowego E3 demo „Wiedźmina 3", na którym Geralt przedziera się przez bagniska Velen. Podczas tych długich nocy i weekendów, kiedy wydawało się, że nie widać końca pracy, zespół harował dalej jedynie dzięki myśli, że niebawem stanie na jednej scenie obok wydawców obracających milionami, takich jak Ubisoft i Activision. Pośród neonowego spektaklu hali wystawowej E3, gdzie duże projekty, takie jak „Madden" czy „Assassin's Creed", przyciągały uwagę wszystkich obecnych, „Wiedźmin 3" jakoś się obronił, wygrywając nagrody dużych portali, jak IGN czy GameSpot. Ludzie z CD Projekt Red byli słabszymi konkurentami, outsiderami, chłopakami z Polski, którzy mieli na koncie jedynie dwie gry. A jednak fani uznali, że „Wiedźmin 3" był jedną z najbardziej imponujących rzeczy zaprezentowanych na targach. „Było to dla nas źródłem motywacji – mówił Piotr Tomsiński, programista animacji. – Chcieliśmy być jak te sławne firmy".

Crunch ciągnął się przez 2014 rok, prace nad „Wiedźminem 3" zintensyfikowano, a gra ewoluowała. Zespół zajmujący się questami przerobił spore części fabuły po tym, jak zdano sobie sprawę, że niewiele z nich odnosi się do trwającej wojny pomiędzy imperium Nilfgaardu a królestwem Redanii, która stanowiła tło wszystkich wydarzeń. Inżynierowie przebudowali system streamingu i długie miesiące trudzili się, aby obiekty doładowywały się bezszwowo w tle i aby gracz jadący na Płotce z miejsca do miejsca nie natykał się na ekrany dogrywania.

* Na szczęście w CD Projekt Red, w przeciwieństwie do większości północnoamerykańskich firm, płacono za nadgodziny, czego zresztą wymagało polskie prawo.

Programiści CD Projekt Red nie ustawali w próbach ulepszenia narzędzi gry. „Bywało tak, że silnik zawieszał się 20–30 razy dziennie – wspominał Jakub Szamałek – ale nie było tak źle, bo spodziewaliśmy się tego i zapisywaliśmy wszystko co pięć minut". Każdego dnia wydawało się, że do „Wiedźmina 3" doszły nowe rzeczy. Ostatecznie graficy zdecydowali się połączyć ze sobą Novigrad i Velen, dzięki czemu powstała pojedyncza, rozległa mapa, a nie dwie oddzielne lokacje. Designerzy poprawiali i modyfikowali niemalże wszystko.

„Czytaliśmy fora internetowe i sprawdzaliśmy, czego chcą ludzie, a potem dodawaliśmy do gry pewne elementy zasugerowane w komentarzach – mówił główny designer questów, Mateusz Tomaszkiewicz. – Na przykład w pewnym momencie pojawił się materiał z Novigradem i można było dostrzec miasto na horyzoncie. I oddani fani zaczęli dyskutować o tym na forum, pisać, że w książkach było ono otoczone mocnym, wysokim murem. Zwiastun jednak tego nie uwzględniał. Dlatego powiedzieliśmy sobie: »Dobra, może powinniśmy go dodać«, i tak zbudowaliśmy mur".

Novigrad, gigantyczne, szczegółowo zaprojektowane miasto z ciasnymi uliczkami i domami zwieńczonymi czerwoną dachówką osobliwie przypominało średniowieczną warszawską Starówkę. Oba miasta były zawiłe, wyłożone brukiem i tętniące życie. Tak jak Novigrad, Starówka była udawana, bo została zrekonstruowana cegła po cegle po tym, jak zniszczyło ją Luftwaffe podczas drugiej wojny światowej. Tyle że idąc warszawskimi ulicami, nie napotykało się żebraków unoszących się nad ziemią.

Pod koniec 2014 roku, kiedy developerzy pracujący nad „Wiedźminem 3" nareszcie dostrzegli majaczącą w oddali linię mety, CD Projekt Red przesunęło datę wydania gry o następne 12 tygodni, ze stycznia na maj 2015 roku. Chciano wykorzystać ten czas na naprawę usterek, poza tym dział biznesowy uważał, że jeśli wydadzą grę w maju, z „Wiedźminem 3" będzie rywalizowało na rynku mniej głośnych premier. „Był to dla nas idealny moment – mówił Konrad Tomaszkiewicz – i wydaje mi się, że dopisało nam szczęście. Gdybyśmy wypuścili grę w pierwszym terminie, to konkurowalibyśmy z »Dragon Age« [»Inkwizycją«, wydaną w listopadzie 2014 roku] i innymi grami. A w maju ludzie kończą gry z zeszłego roku i są gotowi na następny duży tytuł".

Kolejnym ważnym powodem, dla którego chciano opóźnić premierę, jak mówili pracownicy CD Projekt Red, była chęć uniknięcia losu, jaki spotkał „Assassin's Creed Unity", grę, którą wypuszczono parę miesięcy wcześniej i która została powszechnie skrytykowana za usterki graficzne, w tym szczególnie przerażający błąd – wybuchające twarze postaci. Naturalnie niedociągnięcie to szybko przeistoczyło się w internetowy mem.

Podczas tych ostatnich miesięcy wytężonej pracy niektóre działy musiały poświęcać crunchowi więcej czasu niż inne. Scenarzyści mieli już za sobą ciężkie deadline'y i pod koniec mogli nieco odetchnąć. Zostały im do napisania listy, notatki i inne materiały tekstowe, na które gracz po drodze natrafiał. „CD Projekt Red traktuje stanowisko scenarzysty bardzo dosłownie, a skoro jego obowiązkiem jest pisanie, to pisze – mówił Jakub Szamałek. – Upewniamy się, że gęś ma napisane nad głową »gęś«, kawałek sera to »kawałek sera«, a diagram »legendarnych spodni cechu gryfa« nazywał się tak, a nie inaczej". Scenarzyści kompleksowo przejrzeli stringi baz danych, aby upewnić się, że wszystkie nazwy mają sens. „Bywało, że kota nazwano jeleniem, a jelenia serem czy jakoś tak – mówił Szamałek. – Po latach pisania kwestii dialogowych taka praca wydawała nam się odświeżająca. Siedzieliśmy sobie, pracowaliśmy i nic nas nie niepokoiło".

Ale dla pozostałych działów tych ostatnich parę miesięcy było wycieńczające. Developerzy znajdujący się na końcu taśmy produkcyjnej, jak zespół od audio i ekipa zajmująca się efektami wizualnymi, siedzieli w biurach całe noce, żeby skończyć pracę. Szczególnie trudny okres przeżywali testerzy z zapewniania jakości. Przy tak dużej grze jak „Wiedźmin 3", gdzie było tak wiele różnych regionów, questów i postaci, to było niemożliwe, żeby odszukać wszystkie psujące rozgrywkę usterki i błędy, ale musieli chociaż spróbować. „Zaczynasz zdawać sobie sprawę nie tylko z samego rozmiaru tej gry, lecz i ogromu możliwości, jakie oferuje – mówił Jose Teixeira. – Gra zawiesza się nie wtedy, kiedy wejdzie się do domu, ale gdy porozmawia się z tą osobą, wejdzie na konia i wówczas przekroczy próg... [Testerzy] zaczęli wymyślać różne sytuacje typu »co jest, kurwa«". Gra ukazała się najeżona błędami, tak jak praktycznie każda, lecz trzy dodatkowe miesiące pozwoliły studiu uniknąć katastrofy na miarę „Assassin's Creed Unity".

Im bliżej było do premiery, tym bardziej cały zespół szykował się do zderzenia, szczególnie że szum wokół „Wiedźmina 3" nie słabł od czasu okładki „Game Informera", lecz trudno było przewidzieć, co świat sobie pomyśli. Developerzy mogli sobie myśleć, że gra jest dobra, i byli szczególnie dumni z fabuły i scenariusza, ale żadna z poprzednich gier o wiedźminie nie przyciągnęła niczyjej uwagi poza najwierniejszymi komputerowcami. Czy „Wiedźmin 3" będzie mógł rywalizować z takimi tytułami, jak „Skyrim" i „Dragon Age: Inkwizycja"? Mieli nadzieję poszerzyć grono potencjalnych odbiorców i sprzedać kilka milionów kopii, ale co, jeśli podchodzili do sprawy zbyt optymistycznie? A jeśli gra nie była dostatecznie rozbudowana? Albo jeśli okaże się, że wszyscy mieli w nosie jakieś RPG ze wschodniej Europy?

A wtedy zaczęły napływać pozytywne recenzje. 12 maja 2015 roku, kiedy w internecie pojawiły się opinie na temat „Wiedźmina 3", szum wokół gry osiągnął apogeum. Recenzent z portalu GameSpot napisał tak: „Zanotujcie sobie: to jedna z najlepszych pozycji role-playing, jaką kiedykolwiek stworzono, tytan pośród olbrzymów i wyznacznik jakości dla wszystkich nadchodzących gier tego typu". Inne wystawione grze cenzurki były równie pozytywne, a parę następnych dni wydało się pracownikom CD Projekt Red surrealistyczne. Krytycy nie poświęcili tyle czasu poprzednim grom z serii, a co dopiero mowa o obsypywaniu ich takimi komplementami. „Dziwnie jest dzisiaj do tego powracać, bo można by pomyśleć, że ludzie przybijali sobie piątki i mówili: »Wow, udało się« – mówił Jose Teixeira – ale kiedy czytaliśmy te recenzje, po prostu spoglądaliśmy po sobie i mówiliśmy: »Cholera, co mamy z tym wszystkim zrobić?«. Nikt tego dnia nie pracował, to chyba oczywiste. Siedzieliśmy z wpisaną w Google frazą »Wiedźmin 3 recenzje« i odświeżaliśmy. Nagle ten rok stał się najlepszym w naszych karierach".

19 maja 2015 roku CD Projekt Red wypuściło „Wiedźmina 3". Jakimś cudem gra okazała się jeszcze rozleglejsza, niż ktokolwiek z nich przypuszczał. Być może chcieli zrekompensować sobie nieustanny strach, że nie mają wystarczającej ilości treści, i stworzyli jej za dużo. Ich celem było dobicie do stu

godzin rozgrywki, lecz jeśli policzyć questy, punkty orientacyjne i obszary do eksploracji, ostatecznie na „Wiedźmina 3" potrzeba było blisko dwustu godzin. A jeśli grało się powoli, można było jeszcze ten czas wydłużyć.

Można było się oczywiście spierać o sens produkowania gry tak długiej (po czasie niektórzy pracownicy CD Projekt Red uważali, że można było spokojnie wyciąć 10 albo i 20 procent treści), lecz niezwykłe było to, że tylko parę questów w całym „Wiedźminie 3" można było uznać za wypełniacze. Zarządzenie Mateusza Tomaszkiewicza, aby unikać fedexowych questów, zostało uhonorowane. Każde zadanie w „Wiedźminie 3" zawiera jakąś komplikację albo twist, tak jak tego chciał Tomaszkiewicz. Było to designerskie założenie, które – jak powiedzą mi później – developerzy z BioWare mieli nadzieję zastosować przy kolejnych grach po „Dragon Age: Inkwizycji". CD Projekt Red, które odniosło swój pierwszy sukces, kiedy Marcin Iwiński otrzymał prawa do dystrybucji „Baldur's Gate" od BioWare, stworzyło coś, na czym tamci chcieli się wzorować. I czy teraz znalazłby się ktoś, kto powiedziałby, że europejskie RPG nie są dobre?

Idąc wyłożonymi drewnem korytarzami eleganckiego, przestronnego biura CD Projekt Red mieszczącego się we wschodniej części Warszawy, mijało się plakaty, na których widniał chwytliwy, choć może nieco zgrzytający, slogan: „Jesteśmy buntownikami. Jesteśmy CD Projekt Red".

Jesienią 2016 roku, lawirując pomiędzy labiryntem zastawionych komputerami biurek, zastanawiałem się, jak to hasło przystawało do rzeczywistości. CD Projekt Red było już firmą notowaną na giełdzie, zatrudniało prawie 500 osób i miało siedziby w dwóch miastach. Kiedy przechodziłem obok przeszklonej, pełnej ludzi salki konferencyjnej, oprowadzający mnie przewodnik powiedział, że to szkolenie nowego personelu. CD Projekt Red, jak mówił, zatrudniało tak dużo osób, że musieli zwoływać takie zebrania praktycznie co tydzień. Po niedawnym, oszałamiającym sukcesie studia doświadczeni producenci gier ciągnęli tam z całego świata, bo chcieli dla nich pracować. Słowo „buntownicy" sugerowało kontrkulturę, przywoływało na myśl ludzi idących pod prąd, pracujących razem nad grami, których nikt inny by nie zrobił. A przecież CD Projekt Red było teraz największym studiem w Polsce i jednym z najbardziej prestiżowych na świecie. Jego wartość w sierpniu 2016 roku wynosiła miliard dolarów. Jacy to buntownicy?

„Pewnie gdybyś zadał mi to pytanie parę lat temu, odparłbym, że gdybyśmy rozrośli się do obecnego rozmiaru, stracilibyśmy swojego ducha, lecz nadal go mamy" – powiedział Marcin Iwiński. Zrobili przedstawienie, udostępniając darmowe DLC do „Wiedźmina 3". Głośno i zdecydowanie wypowiadali się na temat „zarządzania prawami cyfrowymi" („digital rights management", czyli DRM), szerokim terminem obejmującym antypirackie technologie ograniczające użytkowanie gier, ich sprzedaż i modyfikację (cyfrowy sklep CD Projekt Red, GOG, nie korzysta z DRM). Iwiński lubił mawiać, że wierzyli w marchewkę, a nie w kij. Dlatego zamiast robić pirackoodporne gry, chcieli przekonać potencjalnych ściągających, że gry od CD Projekt Red są warte wydanych na nie pieniędzy, tak jak robili to przed laty, kiedy jeszcze gry dostępne były prawie wyłącznie na giełdach komputerowych.

„Jeśli nie masz pieniędzy, żeby kupić grę, masz dwa wyjścia – mówił Rafał Jaki, business development manager. – Albo nie zagrasz, albo ściągniesz pirata. Ale kiedy skończysz 20 lat i zaczniesz zarabiać pieniądze, wtedy może zaczniesz też kupować gry i staniesz się konsumentem. Lecz jeśli czujesz, że przemysł cały czas cię rucha, to czemu miałbyś to robić? Po co miałbyś się nawracać, aby coś kupić, kiedy każą ci zapłacić jeszcze 25 dolarów za pakiet DLC [z kostiumami] i jeśli kupisz tę grę w GameStopie, dostaniesz niebieską wstążeczkę, a jeśli gdzie indziej, to czerwoną*? Czemu miałbyś to robić?"

Nawet podczas trwania cyklu produkcyjnego „Wiedźmina 3" zespół CD Projekt Red uważał się za buntowników, nie tylko ze względu na to, że rywalizował z większymi i o wiele bardziej doświadczonymi firmami. Podejmowali bowiem decyzje, na które – jak sądzili – wielu by się nie zdobyło. „To oznacza, że aby osiągnąć pewne cele, łamiemy wszystkie zasady designu gier – mówił Konrad Tomaszkiewicz. – Aby otrzymać to, czego chcemy już na poziomie pre-alfy, siedzę z grą i przechodzę po kolei questy. Ukończyłem wszystkie zadania w »Wiedźminie 3« po 20 razy, żeby sprawdzić, czy są okej i czy dialogi zgrywają się z poprzednim i następnym questem, czy nie mamy żadnych luk. Immersja jest w naszych grach kluczowa, a jeśli znajdziemy dziury i inne rzeczy niepasujące do gry, stracimy poczucie aktywnego uczestnictwa".

Kiedy siedziałem w kafeterii CD Projekt Red i skubałem leżącą na moim talerzu wegetariańskie lasagne, zastanawiałem się, czy „Wiedźmin 3" mógłby powstać gdzie indziej.

* Gracze zwykle nie znosili „ekskluzywnych" edycji sprzedawanych przez różne sieci, zawierających dodatkowe DLC. Wydawcy tacy jak Square Enix czy Ubisoft stosowali tę praktykę, oferując bonusy za pre-order w konkretnym sklepie. Gdy, na przykład, kupiło się „Final Fantasy X" na Amazonie, otrzymywało się zestaw specjalnych broni, a gdy nabyło się grę za pośrednictwem GameStopu, dostawało się minigrę.

Podwarszawski krajobraz wyglądał jak żywcem wzięty z gry, z jego bujnymi lasami i zimnymi rzekami. Koszt życia w Polsce był niski, jeśli porównać go z Ameryką Północną i innymi europejskimi krajami, co oznaczało, że CD Projekt Red mogło płacić pracownikom stosunkowo małe pensje, co – jak powiedział Iwiński – zmieniło się, kiedy Warszawa przyciągnęła ludzi z zagranicy. Gra była w dużym stopniu zainspirowana polskimi baśniami, nie mówiąc już o przerażających rozdziałach z historii kraju, pełnych rasizmu, wojen i ludobójstwa, których doświadczyło miasto.

Lecz przede wszystkim „Wiedźmin 3" był dziełem ludzi pracujących dla CD Projekt Red. Studio w 2016 roku zatrudniało kulturowo zróżnicowany personel, w którego skład wchodziło tylu obcokrajowców, że studio już jakiś czas temu oficjalnie przestawiło się na angielski, aby wszyscy mogli się porozumieć. Wielu z nich wydawało się dźwigać na wytatuowanych barkach pewną urazę do świata, bo dorastało, przegrywając pirackie dyskietki na giełdach komputerowych, gdzie czasem udało im się wyszarpać kopię gry, takiej jak „Stonekeep", przy której fantazjowali, że pewnego dnia zrobią własne RPG. „Wydaje mi się, że w komunizmie kreatywność wielu ludzi była ograniczona – powiedział Konrad Tomaszkiewicz – ale kiedy zapanowała demokracja i każdy mógł robić to, co chciał, można było zacząć realizować marzenia, które rodziły się w głowach". Nawet po sukcesie odniesionym przez „Wiedźmina 3" developerzy z CD Projekt Red wydawali się dostatecznie zmotywowani, aby ciągle udowadniać, że są wystarczająco dobrzy, aby stawać na scenie na takich targach, jak E3. Może to tłumaczyło, dlaczego są buntownikami.

10

STAR WARS 1313

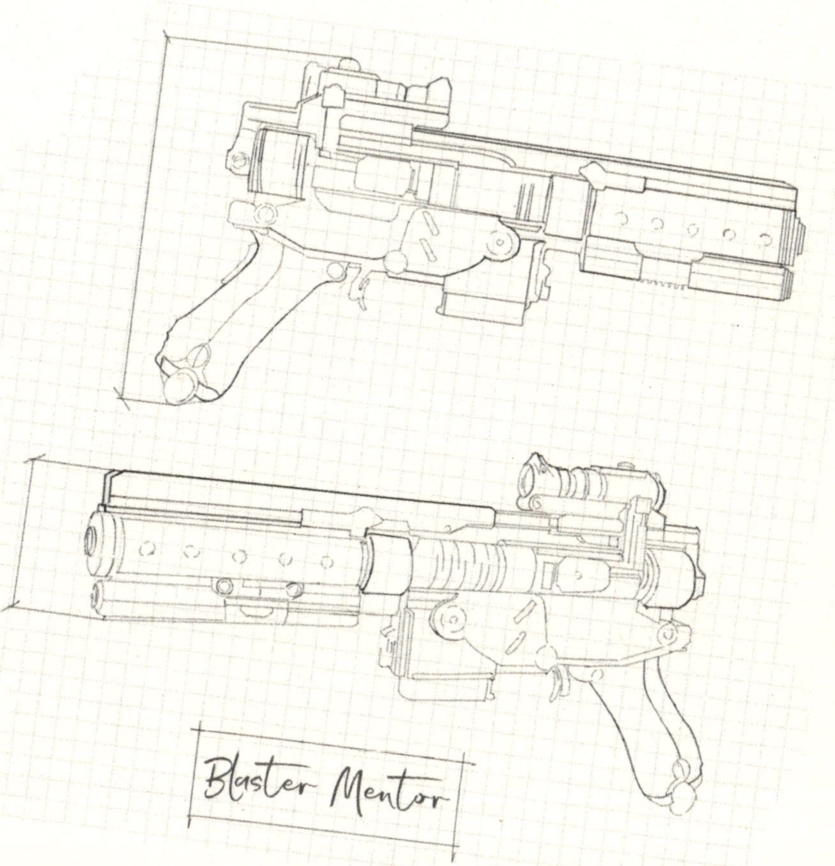

Niewiele gier wydawało się tak pewnych osiągnięcia sukcesu, jak „Star Wars 1313". Była to perfekcyjna mieszanka iście filmowej rozgrywki (à la „Uncharted"), gdzie gracz strzelał do przeciwnika i umykał czym prędzej z płonących statków kosmicznych, oraz bogatej mitologii „Gwiezdnych wojen", serii mogącej się pochwalić tyloma fanami, co żadna inna na świecie. Kiedy ikoniczne studio LucasArts pokazało spektakularne demo „Star Wars 1313" podczas E3 2012, ludzie momentalnie się nakręcili. Nareszcie po długich latach, kiedy nie wykorzystywano ogromnego potencjału ani na konsolach, ani na ekranach, „Gwiezdne wojny" miały powrócić do formy.

Rankiem 5 czerwca 2012 roku, pierwszego dnia E3, parę osób odpowiedzialnych za kształt rzeczonego projektu rozłożyło się w niewielkiej, słabo oświetlonej salce konferencyjnej na drugim piętrze Los Angeles Convention Center. Rozłożyli plakaty z grafikami koncepcyjnymi, którymi przystroili ściany, żeby wchodzący mogli się poczuć, jakby zstępowali na ulice Coruscant. Choć nie byli na głównej hali wystawowej, chcieli podkreślić swoją obecność na targach. Ostatnie lata dla studia były okropne i ekipa stamtąd chciała udowodnić, że potrafi jeszcze robić świetne gry. Przez trzy kolejne dni dyrektor kreatywny „Star Wars 1313", Dominic Robilliard, oraz producent, Peter Nicolai, co pół godziny ogrywali demo, pokazując je nowym grupom dziennikarzy i zaproszonych gości. Demo rozpoczynało się od sceny z dwoma bezimiennymi łowcami nagród. Szli po zardzewiałym statku, przerzucając się uwagami na temat niebezpiecznego ładunku, który mają za zadanie zabrać pod ziemię. Kiedy tak ze sobą dyskutowali, grupa piratów dowodzonych przez złowrogiego droida przedostała się na statek, przerzucając do luku towarowego falę złodziei. I w tym momencie gracz przejmował kontrolę nad młodszym łowcą przyczajonym za skrzyniami.

Po zdjęciu paru przeciwników – najpierw celnymi strzałami z blastera, potem imponującym półnelsonem, który równie dobrze mógłby pojawić się w filmie z Jetem Li – bohater i jego towarzysz przedzierali się na tyły statku, akurat o czasie, żeby zobaczyć, jak piraci kradną ich ładunek. Po paru scenkach filmowych (i uroczo nikczemnym zagraniu, kiedy partner sterowanej przez gracza postaci wpycha przeciwnika do kapsuły, wrzuca do niej bombę i wystrzeliwuje z hukiem we wrogi statek, w wyniku czego ten eksploduje) obaj łowcy nagród skaczą na piracki okręt, żeby odzyskać, co zostało im skradzione. Postać sterowana przez gracza, lądując na płonącym pokładzie, próbuje nadążyć za swoim kolegą, wspina się po statkach, a kiedy skacze przez wraki, demo dobiegało końca i ekran zachodził czernią.

„Była to jedna z najlepiej wyglądających demonstracji na tamtym E3 – wspominał Adam Rosenberg, dziennikarz (i mój przyjaciel), który miał wtedy okazję przyglądać się grze. – LucasArts stworzyło klip, który miał zainteresować kochających gry fanów »Gwiezdnych wojen« na całym świecie. I rzeczywiście tak się stało". Inni reporterzy byli równie podekscytowani i fani zaczęli wychwalać „Star Wars 1313" jako jedno z najlepszym dem, jakie kiedykolwiek widzieli. Wydawało się, że dzięki temu tytułowi studio nareszcie wyzwoli się z przeciętności. Co mogło pójść nie tak?

Kiedy współczesny biznes gier zaczął się kształtować na początku lat 80., filmowi magnaci patrzyli nań z mieszanką zazdrości i konsternacji. Jak ci ludzie od gier, z ich niedojrzałymi historyjkami i dziko niekonsekwentnymi cyklami produkcyjnymi mogli zarabiać miliony na tych dziwnych, interaktywnych nowych mediach? I jak Hollywood mogłoby się podłączyć? Niektóre studia filmowe udzielały licencji na wykorzystanie posiadanych przez siebie marek albo pracowały z wydawcami nad produkcją tanich gier towarzyszących premierom, jak niesławne „E.T.", które zasłynęło tym, że przyczyniło się do krachu na rynku*. Inne zignorowały rodzące się zjawisko. I choć w kolejnych latach szanowani reżyserzy, tacy jak Guillermo del Toro czy Steven Spielberg, będą eksperymentować z grami, w latach 80. tylko jeden filmowy gigant okazał się na tyle przewidujący, że zbudował całą firmę zajmującą się produkcją gier: George Lucas.

Pięć lat po premierze przebojowego filmu z serii „Gwiezdnych wojen", w 1982 roku, Lucas zobaczył w grach potencjał

* Wydane w 1982 roku przez Atari „E.T." jest powszechnie uznawane za jedną z najgorszych gier wszech czasów, a katastrofalna premiera przyczyniła się do krachu branży z 1983 roku, co ostatecznie doprowadziło Atari do podjęcia decyzji o zakopaniu ciężarówki pełnej niesprzedanych kartridżów na pustyni w Nowym Meksyku. 30 lat później, w kwietniu 2014 roku, wykopano je. Gra nadal była okropna.

i zdecydował się nimi zająć. Otworzył w tym celu oddział w firmie producenckiej Lucasfilm, który nazwał Lucasfilm Games. Następnie zatrudnił utalentowanych młodych designerów, jak Ron Gilbert, Dave Grossman i Tim Schafer. W ciągu paru kolejnych lat Lucasfilm Games wypuściło nie tylko udane gry na licencji filmowej, ale także zupełnie oryginalne przygodówki typu „point and click", jak chociażby „Maniac Mansion" czy „The Secret of Monkey Island". W ramach reorganizacji firmy w 1990 roku przemianowano Lucasfilm Games na LucasArts i od tamtej pory charakterystyczne logo – złoty człowieczek trzymający nad sobą lśniący łuk – zdobiło wydania uwielbianych pozycji, takich jak „Grim Fandango", „Star Wars: TIE Fighter", „Day of the Tentacle", „Star Wars Jedi Knight" i wiele innych. Przez całe lata 90. nazwa LucasArts była znakiem gwarantującym wysoką jakość.

Ale na początku XXI wieku coś się zmieniło. Kiedy George Lucas i jego firma podwoili wysiłki przy wykpiwanych prequelach „Gwiezdnych wojen", LucasArts zostało wciągnięte w biurowe przepychanki i padło ofiarą chaotycznego zarządzania. Studio coraz częściej wydawało gry innych developerów, jak „Star Wars: Knights of the Old Republic" (BioWare) i „Star Wars: Battlefront" (Pandemic), niż zajmowało się własnymi. W ciągu dziesięciu lat przez LucasArts przewinęło się czterech różnych prezesów: Simon Jeffery w 2000 roku, Jim Ward w 2004, Darrell Rodriguez w 2008 i Paul Meegan w 2010. Za każdym razem, kiedy stołek przejmowała nowa osoba, pociągało to za sobą rozliczne zmiany personalne, co skutkowało nieodmiennie dwoma rzeczami: zwolnieniami oraz kasacją bieżącego projektu. Po jednej szczególnie dotkliwej lawinie zwolnień w 2004 roku LucasArts zamknęło się, aby otworzyć się na nowo, co było surrealistycznym przeżyciem dla tych, którzy zostali w firmie. Jeden z byłych pracowników opowiadał, że jeździli na wrotkach po połowie budynku, który mieli tylko dla siebie. Inny mówił mi z kolei, że: „rejon zatoki San Francisco pełen jest ludzi, którym Lucasfilm i LucasArts złamały serce, co było smutnym dziedzictwem pozostawionym przez zmieniających się prezesów i coraz to nowe fale zwolnień. Mieszka tutaj mnóstwo ludzi, którzy zostali źle potraktowani przez firmę".

Mimo to pozostało tam wielu, którzy wierzyli, że zdołają przywrócić studiu dawną chwałę, poza tym LucasArts dobrze płaciło i dzięki temu nie miało problemu z przyciągnięciem do siebie utalentowanych developerów, wychowanych na „Gwiezdnych wojnach", pragnących tworzyć gry osadzone w tym uniwersum. Na początku 2009 roku, kiedy firmą zarządzał Darrell Rodriguez, studio rozpoczęło prace nad projektem o roboczej nazwie „Underworld". Miała to być gra podpięta pod aktorski serial telewizyjny w stylu HBO o tym samym tytule, który George Lucas planował od lat. Akcja miała rozgrywać się pomiędzy dwoma trylogiami „Gwiezdnych wojen" na planecie Coruscant, która była krzyżówką Nowego Jorku i Gomorry, tym razem bez komputerowych kukiełek i przesadnie ekspresyjnych aktorów dziecięcych. „Underworld" miało traktować o przestępstwach, przemocy i brutalnych konfliktach. Zarówno serial, jak i gra była z tego powodu przeznaczona dla dorosłych miłośników „Gwiezdnych wojen".

Podczas serii spotkań w 2009 roku niewielka grupka developerów z LucasArts zaczęła po cichu rozplanowywać „Star Wars Underworld", przerzucając się pomysłami odnośnie do wyglądu gry. Niektórzy widzieli ją jako RPG, lecz stale poszerzali skalę rozgrywki, mając świadomość, że George Lucas był zafascynowany „Grand Theft Auto" (jego dzieci lubiły gry). Deweloperzy dumali nad tym, jak fajnie by było, gdyby udało im się stworzyć grę w tym stylu osadzoną w plugawym półświatku Coruscant. Gracz, prawdopodobnie jako łowca nagród albo inny kryminalista, mógłby włóczyć się po tym świecie, wykonywać misje zlecone przez rozmaite rodziny przestępcze i przebijać się na coraz to wyższe szczeble mafijnej hierarchii.

Lecz pomysł ten szybko wyparował. Po paru tygodniach researchu polegającego głównie na rozmowach z kolegami z Rockstar, studia odpowiedzialnego za „GTA", oraz z wydawcami z Ubisoftu, odpowiedzialnymi za serię „Assassin's Creed", ekipa „Underworld" stworzyła rozpiskę, ilu ludzi potrzebowaliby (setki) oraz ile pieniędzy (dziesiątki milionów), żeby stworzyć tego typu grę z otwartym światem. Szefostwo Lucasfilmu nie było jednak zainteresowane. „Oczywiście nikt nie miał ochoty wchodzić w podobną inwestycję – powiedziała pewna osoba z firmy. – Ten pomysł narodził się i sczezł w ciągu zaledwie dwóch miesięcy".

Dla LucasArts nie było to nic nowego. Aby podjąć jakiekolwiek decyzje, management studia musiał dobijać się do kierownictwa Lucasfilmu, które w dużej mierze składało się ze staromodnych filmowców niezainteresowanych grami. Czasem sfrustrowani menedżerowie z LucasArts musieli przygotowywać dla ludzi z Lucasfilmu rozbudowane prezentacje tylko po to, aby wyjaśnić, jak produkuje się gry. Kierownictwo studia pełniło również funkcję strażników dostępu do George'a Lucasa, często dając deweloperom wskazówki, jak rozmawiać z legendarnym autorem (jedna z uniwersalnych rad brzmiała: „nigdy nie mówcie »nie«"). Lucas, który był właścicielem stu procent firmy, nadal interesował się grami, lecz tym, którzy byli blisko niego, wydawało się, że ostatnie działania LucasArts okazały się dla niego rozczarowujące. Czy nie mogliby radzić sobie lepiej?

Pod koniec 2009 roku projekt „Underworld" przeistoczył się w coś, co zespół nazywał nieco złośliwie „Gears of Star Wars", kooperacyjną grę koncentrującą się na bieganiu, strzelaniu i chowaniu za przeszkodami, przypominając nowatorską serię „Gears of War" od Epic Games. Już dawno „Underworld" przestało być tajemnicą. Przez następnych kilka miesięcy projekt znacznie się rozrósł, angażowano ludzi z całego LucasArts do budowy prototypów i uruchomienia trybu wieloosobowej gry przez sieć. Była to interesująca, choć, jak mówił jeden z pracowników, „bardziej konserwatywna, znacznie mniej odważna" wersja „Underworld".

Latem 2010 roku raz jeszcze zakręcono obrotowymi drzwiami gabinetu prezesa Lucasfilmu i Darrell Rodriguez pożegnał się ze swoją posadą. Na jego miejsce przyszedł nowy, ambitny szef Paul Meegan. Zmiana ta, jak zwykle, zainicjowała lawinę zwolnień i kasację bieżących projektów, a także poważną zmianę natury technicznej. Meegan, który pracował wcześniej w Epic Games, chciał, aby LucasArts przestawiło się ze swojego własnego silnika na popularny Unreal Engine od Epic. Meegan również uważał „Underworld" za zbyt zachowawcze i miał pewien plan co do przyszłości gier z serii „Star Wars", plan, który zakładał stopniowe odświeżenie uwielbianej serii strzelanin spod znaku „Battlefront". Chciał, żeby LucasArts zaznaczyło swoją obecność na rynku.

Meegan powiedział, że jest już za późno na ocalenie tego, co studio zaprogramowało na PlayStation 3 i Xboxa 360, lecz

Lucasfilm mogło się wykazać na polu konsol nowej generacji, których spodziewano się na rynku w ciągu kolejnych dwóch lat. „LucasArts to firma z ogromnym potencjałem – mówił w wywiadzie. – A jednak przez następne lata LucasArts nie zawsze dobrze sobie radziło z produkcją gier. Powinniśmy robić rzeczy, które zdefiniują nasze medium i będą mogły rywalizować z najlepszymi tytułami na rynku, ale tego nie robimy, to musi się zmienić"*.

Niedługo po przejęciu stołka Meegan spotkał się z Dominikiem Robilliardem, dyrektorem kreatywnym gry, i innymi kierownikami z LucasArts, aby przedyskutować z nimi nowy pomysł na „Underworld". Serial telewizyjny George'a Lucasa utknął w producenckim piekle, ale Meegan i Robilliard nadal byli zafascynowani ideą gry ze świata „Gwiezdnych wojen" osadzoną w przestępczym półświatku Coruscant. Przepadali też za serią „Uncharted" od Naughty Dog, która udanie mieszała klimat przygodowej gry akcji ze spektaklem godnym blockbustera. Prospekt wydania „Gears of Star Wars" nie wydawał się pociągający, ale „Star Wars Uncharted"? Praca pod nadzorem Lucasfilmu miała swoje ograniczenia, jasne, lecz LucasArts mogło skorzystać na dzieleniu kampusu z Industrial Light & Magic (ILM), legendarnym studiem zajmujących się efektami specjalnymi, które było odpowiedzialne za kształt oryginalnych „Gwiezdnych wojen". Przez całe lata Lucasfilm i LucasArts starały się znaleźć sposoby na połączenie technologii filmowych z grami, a czy mogłaby się nadarzyć ku temu lepsza okazja niż projekt w stylu „Uncharted"?

* Michael French, *Wywiad: Paul Meegan*, MCV, 6 czerwca 2011 roku, www.mcvuk.com/news/read/interview-paul-meegan/02023.

Z owych konwersacji narodziły się plany designerskie oraz grafiki koncepcyjne i pod koniec 2010 roku LucasArts miało gotowy pomysł na „Star Wars 1313", którego tytuł pochodził od 1313. poziomu kryminalnego półświatka Coruscant. Celem, jak mówili projektanci z LucasArts, było wiarygodne oddanie fantazji o byciu łowcą nagród. Korzystając z szerokiej gamy umiejętności i operując rozmaitymi gadżetami, gracz polowałby na swoje cele dla podejrzanych rodzin przestępczych. „Nikomu nie udało się tego oddać w grach z »Gwiezdnymi wojnami« – mówiła osoba zaangażowana w produkcję. – Chcieliśmy dla odmiany zrobić coś, co nie będzie opowiadało znowu o Mocy i Jedi, a pomysł ten wyszedł od George'a".

Częścią tego procesu było obranie przez cały zespół tego samego kierunku, co było cokolwiek mętnym, ale kluczowym celem. „Kiedy zaczynaliśmy pracę nad grą, chciałem tak naprawdę dowiedzieć się, o czym wszyscy myślą – mówił Steve Chen, główny designer i weteran z LucasArts, który dołączył do „Star Wars 1313" pod koniec 2010 roku. – Sam widziałem tę grę jako otwarty świat, jako kumpelską opowieść, jako strzelankę, jako naprawdę całe mnóstwo różnych rzeczy. Miała być trudna do jednoznacznego zaklasyfikowania".

Po rozpoczęciu pracy nad grą Chen spędził parę tygodni na rozmowach z kolejnymi członkami zespołu. Pytał ich, co ich szczególnie ekscytuje w „Star Wars 1313". Na czym najbardziej im zależy? Jak ich zdaniem ma wyglądać gra? „Chciałem w ten sposób znaleźć esencję i pozbyć się rzeczy, które wydawały się nieistotne – mówił Chen. – Miałem grupę niesamowicie utalentowanych ludzi obdarzonych niezwykłymi pomysłami i umiejętnościami, ale pozbawionych kursu".

Jedną z jego kolejnych poważniejszych decyzji było zatrudnienie nowego menedżera studia: Freda Markusa, szpakowatego developera, który pracował przy grach od 1990 roku. Markus był lojalnym zwolennikiem tego, co nazywał podejściem „Nintendo" do kwestii designu: poprawiaj gameplay, póki nie będzie idealny. „[Markus] dołączył do firmy i odnowił spojrzenie LucasArts, i była to kreatywna zmiana na lepsze – powiedział Chen. – Był siłą, z którą należało się liczyć, i już pierwszego dnia dokonał niemałej rewolucji na gruncie kultury pracy".

Markus, który przepracował całe lata dla Ubisoftu, gdzie pomagał kształtować takie serie jak „Far Cry" czy „Assassin's Creed", prawił o nadaniu chaotycznemu procesowi produkcji odpowiedniej struktury przez jak najszybsze rozpoznanie najgorszego możliwego scenariusza. Przykładowo, jeśli mieli robić grę osadzoną w podziemnych rejonach Coruscant, musieli pomyśleć o wertykalności. W trakcie wykonywania kolejnych zadań dla obiecanych nagród gracz będzie przemieszczał się pomiędzy wyższymi i niższymi poziomami miasta, ale wchodzenie jest z zasady mniej zabawne niż schodzenie i gonitwa za celem po klatce schodowej może wydawać się toporna. Dlatego wymyślili, że dodadzą szybkie windy albo łowcy będą korzystać ze specjalnych kotwiczek. Jakkolwiek by zadecydowano, Markus chciał, aby jego zespół rozwiązał problem jeszcze przed rozpoczęciem cyklu produkcyjnego.

Niedługo po rozpoczęciu pracy dla LucasArts Markus zabrał całą ekipę na – jak określił to pewien były pracownik – pewnego rodzaju „obóz szkoleniowy", podczas którego wzięto na warsztat sterowanie, pracę kamery i podstawowy rytm rozgrywki. Markus wierzył, że najlepszym sposobem na wyprodukowanie gry było poświęcenie jak najwięcej czasu preprodukcji, co wiązało się z długimi rozmowami i odpowiadaniem na padające pytania, zarówno te duże, jak i małe. Co dokładnie oznaczało spełnienie fantazji o byciu łowcą nagród? Jak będzie wyglądało sterowanie? Jakie gadżety będzie miał do dyspozycji gracz? Jak będzie się eksplorowało półświatek Coruscant? „Okazał się naprawdę ważnym czynnikiem wpływającym na pracę zespołu i studia jako takiego – mówił Steve Chen. – Nie był może najłatwiejszym współpracownikiem, raczej dość trudnym... Ale moim zdaniem efekt jego pracy wpłynął na studio i sam projekt bardzo pozytywnie. Naprawdę zmuszał nas do przyjrzenia się krytycznym okiem temu, jak powinna wyglądać podstawa tej gry".

Innym pryncypialnym założeniem było oddanie graczowi całkowitej kontroli. „Jedną z rzeczy, przy których upierał się Dom [Robilliard], dyrektor kreatywny, było pozwolenie graczowi na robienie fajnych rzeczy, a nie tylko ich oglądanie" – mówił Evan Skolnick, lead narrative designer.

Przez jakiś czas przygotowania szły nieźle. Zespół „Star Wars 1313" myślał o wypuszczeniu gry na jesieni 2013 roku albo na początku 2014, z nadzieją, że gra będzie jednym z tytułów towarzyszących premierze nadal jeszcze nieogłoszonych konsol PS4 i Xbox One. Przez całe miesiące ogrywali prototypy i pracowali nad nową fabułą, która miała się obracać wokół ich bezczelnego łowcy nagród. Inżynierowie coraz bardziej zaznajamiali się z Unreal Engine i pracowali blisko z ILM, aby „Star Wars 1313" wyglądało tak wizjonersko, jak to tylko możliwe.

Gdy Fred Markus, Dominic Robilliard i pozostali członkowie ekipy próbowali ustalić wspólną wizję gry, od czasu do czasu odwiedzał ich George Lucas, dorzucając swoje trzy grosze. „Kiedy przeglądałem z nim scenariusz i szczegóły gameplaya – powiedział Robilliard podczas dyskusji panelowej na szczycie DICE w lutym 2017 roku – pozwalał nam wykorzystać kolejne lokacje, które wymyślił, oraz postacie". Czasem, jak opowiadali członkowie zespołu, zachodził do nich i mówił, że mogą – a nawet powinni – skorzystać z nowych fragmentów i kawałków serialu „Star Wars: Underworld".

„Z początku byliśmy w tym samym uniwersum – mówiła jedna z osób z zespołu. – Potem narzucono nam lokacje. A następnie musieliśmy przepisać całą historię i zacząć brać coraz więcej postaci z serialu telewizyjnego". Teoretycznie developerzy „Star Wars 1313" powinni być zachwyceni możliwością użycia większej części kanonicznego uniwersum „Gwiezdnych wojen", lecz w praktyce bywało to szalenie frustrujące, bo każda nowa postać czy lokacja zmuszała ekipę do wyrzucania i przemodelowania sporych fragmentów gry. „Chyba nie będzie przesadą powiedzieć, że prawdopodobnie ukończyliśmy dobre 30 godzin grywalnej szarej skrzynki, zanim nawet zaczęliśmy pracować nad grą, którą, jak się okazało, robimy" – powiedział pewien członek zespołu.

Nie chodziło o to, że George Lucas chciał być złośliwy. Ludzie, którzy pracowali nad grą, opowiadali, że podobał mu się obrany kierunek „Star Wars 1313". Lecz jego dziedziną był film, gdzie wszystko istnieje po to, aby służyć opowieści, podczas gdy cała produkcja gry – a przynajmniej takiej, jaką chcieli zrobić Markus i Robilliard – podporządkowana była całkowicie rozgrywce. „Pracując dla studia filmowego z kimś takim jak George, stawało się przed nie lada problemem, bo często zmieniał zdanie i rozpatrywał pewne rzeczy na poziomie czysto wizualnym – mówiła osoba z zespołu. – [Nie przywykł] do myśli, że opracowujemy mechaniki gameplaya, które są dopasowane do określonego konceptu, poziomu, scenariusza".

Szefowie projektu teoretyzowali, że im większe kawałki gry pokazywali Lucasowi, tym większym zaufaniem darzył deweloperów, dzięki czemu chętniej przekaże im do zabawy kolejne kawałki stworzonego przez siebie świata. Poza tym mógł robić, co mu się żywnie podobało. To była jego firma. Nazwa zawierała nazwisko nikogo innego, tylko Lucasa, który był jej wyłącznym właścicielem. Jak lubił mawiać personel firmy: „Jesteśmy na każde skinienie George'a Lucasa".

„Miałem przyjemność wygłoszenia przed George'em prezentacji [przy różnych projektach] raz czy dwa, może nawet parę razy, w ciągu tych lat spędzonych w LucasArts. Pierwszą rzeczą, którą zawsze mówił, było: »Nie jestem graczem« – opowiadał Steve Chen, który nie pracował z Lucasem bezpośrednio przy „1313", lecz przy poprzednich tytułach. – Miał jednak jasno określone pomysły co do kształtu fabuły i jak powinno wyglądać doświadczenie obcowania z produktem. Jeśli mówił, że coś trzeba zrobić albo sugerował pewne rzeczy związane z fabułą, postaciami albo gameplayem, czuło się, że patrzy na rzeczy ze swojej perspektywy i musiało się uszanować zdanie prezesa firmy i najważniejszą kreatywną moc stojącą za jej sukcesem. Nie sądzę, aby pochłaniały go wtedy rozmyślania typu: »Och, czy moja decyzja będzie miała wpływ na prace zespołu?«. Czasem miała, czasami nie, ale wydaje mi się, że nie było to dla niego najwyższym priorytetem. To naszym zadaniem było się o takie rzeczy martwić".

Bodaj najbardziej drastyczne z tych zmian zaszły wiosną 2012 roku. Wcześniej tego roku zdecydowano się ogłosić „Star Wars 1313" podczas E3 i cała ekipa siedziała przy crunchu nad spektakularnym demem, którego bohaterami byli dwaj łowcy nagród. Po wszystkich tych latach prac nad grą – i marnymi ostatnimi dokonaniami LucasArts – zespół „1313" czuł ogromną presję, żeby osiągnąć coś naprawdę dużego. Lata naznaczone zwolnieniami, wypuszczane pośpiesznie gry i skasowane projekty kosztowały LucasArts reputację, jakiej się dorobiło w latach 90. „Nie byliśmy wtedy pewni, co gracze i prasa myślą o grach LucasArts – mówił Chen – i zupełnie szczerze: opinie były różne. Dlatego wypuszczenie nowego tytułu miało niebagatelne znaczenie".

Dwa miesiące przed E3 George Lucas zwrócił się do kierownictwa LucasArts z nowym rozporządzeniem: „Star Wars 1313" powinno opowiadać o łowcy nagród Bobie Fetcie. Lucas chciał rozwinąć historię enigmatycznego najemnika, który po raz pierwszy pojawił się na dużym ekranie w filmie „Imperium kontratakuje" i, jak dowiadywaliśmy się z prequeli, był klonem Jango Fetta, protoplasty republikańskiej armii klonów. Zamiast obecnego bohatera „1313", dowodził Lucas, mogli wykorzystać młodszą wersję Boby, sprzed wydarzeń z „Imperium".

Dla zespołu odpowiedzialnego za grę było to jak zmiana kursu tankowca. Już zaprojektowali głównego bohatera, który miał rozpisane swoje losy i ukształtowaną osobowość. Wybrali nawet aktora – Wilsona Bethela – do nagrania kwestii dialogowych, które następnie zarejestrowano, a do tego zaczęto pracę nad motion capture i zapisano jego mimikę. Fred Markus i Dominic Robilliard zaprotestowali, tłumacząc Lucasowi, że zmiana głównego bohatera będzie ogromnym przedsięwzięciem i wymaga kompletnego przerobienia gry. Może lepiej będzie uczynić Bobę poboczną postacią i wpleść w fabułę bez podmieniania protagonisty, którego tworzyli całymi latami?

Nie dałoby się znaleźć jakiegoś innego rozwiązania? Odpowiedź jednak brzmiała „nie" i niebawem management Lucasfilmu potwierdził, że to ostateczna decyzja. Od tamtej pory „Star Wars 1313" miało być grą o Bobie Fetcie. „Mieliśmy rozpisaną calutką fabułę – mówiła osoba pracująca przy grze. – Preprodukcja grzała na najwyższym biegu. Wszystkie poziomy do tej wersji gry były rozplanowane i rozpisane, byliśmy przy czwartym albo piątym szkicu, superpodekscytowani".

Rozeszło się również, że LucasArts nie może mówić na E3 o Bobie Fetcie, co znaczyło, że przez następne dwa miesiące ekipa „Star Wars 1313" musiała zbudować demo wokół postaci, która – jak wiedzieli – nie wystąpi w ostatecznej wersji gry. Z jednej strony była to znakomita okazja do przetestowania nowego, zaawansowanego technologicznie potoku, który opierał się między innymi na wykorzystywanych przez ILM efektach filmowych, aby wykreować spektakularne efekty dymu czy ognia, co pozwoliło stworzyć jedne z najbardziej fotorealistycznych scen zderzeń pojazdów gwiezdnych, jakie można było zobaczyć w tej galaktyce. Mogli też eksperymentować z motion capture twarzy, jedną z najbardziej imponujących (i zarazem stawiających najtrudniejsze wyzwanie) technologii. „Jako istoty ludzkie potrafimy odczytywać z twarzy, czy wszystko jest okej, czy raczej coś idzie nie tak – mówił Steve Chen. – Uchwycenie tych niuansów wymagało gigantycznego nakładu pracy. Olbrzymiego. Trzeba było pracować nad odcieniami skóry, światłem, fakturą powierzchni i samą mimiką. Gdyby nie poruszyła się jakaś drobna część twarzy, a oczy nie wyglądały realistycznie, od razu byś to wyłapał i się rozproszył".

Poza tym demo na E3 miało wyciąć im z życia kilka miesięcy, długie dni i późne noce, a wszystko zmarnowane na materiał, który nie pojawi się w grze. Robilliard powiedział zespołowi, że spróbują uratować z tego, co mają, tyle, ile tylko zdołają, choć zdawali sobie sprawę, że cała fabuła zostanie przerobiona. Może jednak cały ten stres okaże się wart trudu. Ekipa „Star Wars 1313" wiedziała, że musi zrobić na ludziach wrażenie. Część LucasArts obawiała się, że topór może spaść w każdej chwili i firma matka skasuje grę, co poskutkuje kolejnymi zwolnieniami, a Paul Meegan zostanie kolejną ofiarą przeklętego stanowiska „prezesa LucasArts".

Fredowi Markusowi, Dominicowi Robilliardowi i reszcie zespołu nie wystarczyło proste ogłoszenie gry podczas E3. Musieli być tam absolutnie najlepsi.

Gdy szło się przez centrum Los Angeles na początku lipca 2012 roku, można było usłyszeć ludzi rozmawiających między sobą o dwóch grach: „Watch Dogs" i „Star Wars 1313". Obie wyglądały niesamowicie. Obie ogłoszono na konsole nowej generacji, których jeszcze nie ujawniono (ani Sony, ani Microsoft nie były zadowolone, że Ubisoft i LucasArts tak wcześnie ogłosiły swoje projekty). I obie gry podbiły targi. Tych parę dni, podczas których pokazano imponujące demo z łowcami nagród, wywołało dokładnie taki entuzjazm, jakiego LucasArts tego lata potrzebowało.

Krytycy zastanawiali się jednak, czy tak jak w przypadku większości gorących dem, które wydawcy gier przywozili na targi, takie jak E3, „Star Wars 1313" to nie ściema. Czy to nie przypadkiem „docelowy rendering", demonstrujący typ grafiki, jaki team developerski chciał uzyskać, co niekoniecznie znaczyło, że potrafił? A może gra będzie tak wyglądała? „Było to grywalne demo, sam w nie grałem, i to nie takie, że jeśli zrobi się coś odrobinkę nie tak, to wszystko się sypie – mówił Evan

Skolnick, lead narrative designer. – Zaprezentowane mechaniki faktycznie działają w grze".

Po latach ciągłego rozpoczynania wszystkiego od nowa i niekończących się cyklach preprodukcyjnych ekipa „Star Wars 1313" nabrała tempa. Prasa była podekscytowana, a gracze podjarani. Ich projekt nabierał realnych kształtów, mimo że nikt spoza studia nie wiedział, że głównym bohaterem gry będzie Boba Fett. Część zespołu nadal się dziwiła, że Lucasfilm zabroniło mówić o Bobie podczas E3, lecz kiedy ich gra wygrała na targach nagrodę i trafiła na szczyty list najbardziej wyczekiwanych premier, również dali się ponieść entuzjazmowi, zwłaszcza ci, którzy przepracowali w LucasArts zeszłą dekadę i byli świadkami tego, jak prezesi przychodzą i odchodzą. Nareszcie poczuli, że firma odzyskała dawną stabilność.

Po powrocie do San Francisco ekipa „Star Wars 1313" zebrała się, aby naszkicować plan przed przystąpieniem do procesu produkcji. W filmach jednym z najbardziej ikonicznych akcesoriów słynnego łowcy był plecak odrzutowy, który – z czego zespół doskonale zdawał sobie sprawę – będzie trzeba umieścić w grze. Tyle że developerzy nie za bardzo wiedzieli, jak się do tego zabrać. Czy miał on umożliwiać graczowi długie skoki, szybkie przemieszczanie się na dalekie dystanse, czy raczej pozwalać na unoszenie się po przyciśnięciu przycisku? A może coś jeszcze innego? „Niby taka drobna zmiana, a potrafi kompletnie zmienić projekt leveli, które zamierzasz zbudować, design przeciwników, wygląd całego środowiska oraz sterowanie – mówił Steve Chen, który po E3 odszedł z zespołu. – Coś tak prostego niesie ogromne konsekwencje".

Tak czy inaczej, Boba Fett jako główny bohater zmieniał rozgrywkę, designerzy stanęli przed koniecznością przerobienia wszystkich zaplanowanych przez siebie starć. Przeciwnicy musieli reagować na posiadany przez gracza plecak odrzutowy, aby mogli się chronić przed atakami z góry, które – jak powiedziała mi jedna z osób pracujących nad grą – była: „prawdziwym cierniem w dupie".

LucasArts jednak parło naprzód. Przez parę następnych tygodni, postępując zgodnie z planem powiększenia zespołu, studio przyjęło kilkunastu zahartowanych developerów z różnych gałęzi branży. Zespół pracujący przy „1313" był względnie nieduży – około 60 osób, z nadzieją dobicia do 100, może nawet 150 – lecz doświadczony. „Zwykle takie zespoły składały się z mieszanki seniorów, pracowników średniego szczebla i juniorów, którzy dopiero uczyli się fachu od starych wyg odgrywających rolę mentorów – tłumaczył Evan Skolnick. – A ta ekipa... Wydawało się, że wszyscy byli na poziomie seniora. Każdy naprawdę dobrze znał się na swojej robocie. Pracowały tam praktycznie same gwiazdy. Możliwość pracy z talentami tego kalibru zgromadzonymi w jednym miejscu była naprawdę czymś niesamowitym".

W okolicy września 2012 roku miały miejsce dwa osobliwe zdarzenia. Po pierwsze, Lucasfilm zabroniło LucasArts ogłaszać, że równolegle pracują nad strzelanką pod tytułem „Star Wars: First Assault", co studio zamierzało zrobić w rzeczonym miesiącu. Po drugie, zamrożono przyjęcia nowych ludzi. Szefowie Lucasfilmu twierdzili, że to sytuacja tymczasowa – Paul Meegan, prezes LucasArts, dopiero co odszedł, a Micheline Chau, kontrowersyjna szefowa Lucasfilmu, była na wylocie. Tak czy inaczej, zahamowało to plany ekipy „1313". Aby ruszyć z produkcją na pełnej prędkości, potrzebowali liczniejszego personelu.

Dla LucasArts ruchy te nie miały sensu. Po spektakularnym pokazie na E3 wszyscy czuli się zmotywowani, mieli po swojej stronie graczy, a media branżowe na całym świecie publikowały artykuły o szykującym się „powrocie" studia. Jak powiedział jeden z pracowników, było to „kuriozalne posunięcie". Przy produkcji gier często chodziło o nabranie takiego tempa, a LucasArts tak bardzo się natrudziło, żeby przez ostatnią dekadę ich projekty osiągnęły sukces. Czemu firma matka nie chciała im pomóc? Czemu nie wskoczyła do pociągu numer 1313, skoro ten się tak rozpędził?

Odpowiedź na wszystkie te pytania brzmiała: „Mniej więcej cztery miliardy". 30 października 2012 roku Disney zdecydował się na iście blockbusterowe i szokujące posunięcie: ogłosił kupno Lucasfilmu – i, co za tym idzie, LucasArts – za cztery miliardy dolarów. Nagle wszystkie te dziwaczne zmiany nabrały sensu. Lucasfilm nie chciało ogłaszać niczego dużego ani zatrudniać kilkunastu nowych developerów, wiedząc, że Disney może mieć inne plany. Dopinając umowę, koncern nie pozostawiał złudzeń co do tego, że chce produkować więcej filmów osadzonych w uniwersum „Gwiezdnych wojen". W komunikacie prasowym, który rozesłano, aby powiadomić o finalizacji kupna, słowo „LucasArts" pojawiło się tylko raz. „Gry wideo" ani razu.

Powiedzieć, że pracownicy LucasArts byli tymi newsami zaskoczeni, to jak stwierdzić, że Alderaan był nieco wstrząśnięty po ataku. Plotki, że George Lucas może odejść na emeryturę, krążyły od dobrej dekady – on sam przyznawał, że nie może dojść do siebie po ostrej reakcji na prequele. W rzeczywistości mało kto brał te słowa na serio, nawet kiedy ten jasno wykładał swoje intencje. „Odchodzę na emeryturę – powiedział w styczniu 2012 roku w wywiadzie dla »New York Timesa«. – Odsuwam się od interesu, od firmy, od tego typu rzeczy". Tyle że już w przeszłości udzielał prasie takich komentarzy, a myśl, że legendarny reżyser może sprzedać firmę, wydawała się abstrakcyjna wszystkim, którzy z nim pracowali. „Nie mieliśmy pojęcia, czego się spodziewać – mówił Evan Skolnick. – Mieliśmy nadzieję, że oznacza to dla nas coś dobrego, ale... Myślę, że wszyscy zdawaliśmy sobie sprawę z tego, że niekoniecznie musi to być optymistyczny zwiastun".

Przedstawiciele Lucasfilmu zapewniali jednak, że sprzedaż firmy nie wpłynie na prace nad „Star Wars 1313". „Na razie wszystkie projekty będą kontynuowane" – ogłosiła firma w wydanym komunikacie. Powtórzyła tym samym słowa dyrektora wykonawczego Disneya, Boba Igera, który zwrócił się na spotkaniu do personelu LucasArts: „Pracujemy jak dawniej". Lecz zauważono pewien alarmujący sygnał, który aż kłuł w oczy. Od razu po ogłoszeniu sprzedaży, podczas telekonferencji, Iger zapowiedział, że firma raczej będzie udzielać licencji na produkcję gier z „Gwiezdnymi wojnami", niż wydawać swoje, a Disney „skupi się na mediach społecznościowych i urządzeniach mobilnych, a nie na konsolach".

Dla zespołu LucasArts był to moment, kiedy ludzie zaczęli spoglądać po sobie z nierozumiejącymi spojrzeniami. Pracowali równolegle nad dwoma grami, obie miały zostać wydane na konsole. Jeśli Disney zamierzał produkować tytuły dla bardziej przypadkowej publiki, to gdzie było w tym wszystkim miejsce dla LucasArts? Niektórzy kierownicy pracujący przy „Star Wars 1313" wyczuli pismo nosem i zdecydowali się odejść, w tym Fred Markus, który złożył rezygnację niedługo po kupnie firmy przez Disneya. A skoro zamrożono rekrutację, oznaczało to nie tylko niemożność naboru nowych ludzi i rozbudowę zespołu, ale niezdolność płynnego zastąpienia tych, którzy odeszli. LucasArts nie potrafiło zatamować krwawienia.

Dominic Robilliard i ci, którzy zostali, kontynuowali pracę nad „Star Wars 1313". Próbowali podchodzić do sprawy optymistycznie, ufając, że nadal posiadają odpowiednie części składowe, żeby ułożyć z nich coś wyjątkowego: potencjalnie dobrą grę, utalentowany zespół i dostęp do najnowszych osiągnięć techniki. Doszli też do wniosku, że ich opowieść o Bobie Fetcie idealnie wpasuje się w ogłoszone przez Disneya plany realizacji nowej kinowej trylogii *Gwiezdnych wojen*. „Star Wars 1313" było bowiem osadzone pomiędzy dwoma istniejącymi już trylogiami i nie wpadnie na kurs kolizyjny z planowanymi odcinkami VII, VIII i IX.

Po paru tygodniach od przejęcia firmy przez Disneya deweloperzy sklecili demo, żeby zaprezentować je nowym korporacyjnym suwerenom, które ci przyjęli z pewnym zainteresowaniem. „Chcieli się dowiedzieć wszystkiego o nabytej przez siebie firmie i poznać każdy projekt – mówił Evan Skolnick. – Patrzyli na nią całościowo, tak jak pewnie każdy patrzyłby na zakup warty kilka miliardów dolarów. Dlatego myślę, że »1313« i nasz drugi projekt były dla nich kolejnymi przedmiotami ewaluacji, analizy, licznych zapytań i, ostatecznie, procesu decyzyjnego, co dalej z tym zrobić".

Disney jednak milczał i kiedy 2012 dobiegł końca i rozpoczął się kolejny rok, pracownicy LucasArts nadal nie wiedzieli, na czym stoją. Kilka osób odeszło już do innej pracy, inni zaczęli składać aplikacje, widząc, że studio nie robi żadnych postępów. Czuli się, jakby zostali zamknięci w czyśćcu, a może raczej zamrożeni w karbonicie, gdy tak czekali bezczynnie na to, co zrobi Disney. Niektórzy podejrzewali, że Bob Iger postawi krechę zarówno na „Star Wars 1313", jak i „First Assault", a na ich miejsce wejdą nowe tytuły, być może powiązane z powstającymi filmami. Inni zgadywali, że Disney przeorganizuje LucasArts i przerobi na developera zajmującego się prostymi grami przeznaczonymi na urządzenia mobilne. Wszyscy jednak trzymali kciuki za to, żeby Disney pozwolił im dokończyć to, co rozpoczęli, i żeby stało się zadość słowom Igera: „Pracujemy jak dawniej".

Kolejny sygnał ostrzegawczy rozległ się w styczniu 2013 roku, kiedy Disney ogłosił, że zamyka Junction Point, studio z siedzibą w Austin, które wyprodukowało „Epic Mickey", grę platformową z zacięciem artystycznym. „Zmiany te są częścią naszych nieustających starań, aby nadążać za stale ewoluującymi platformami i rynkiem, i tak zarządzać środkami, aby jak najefektywniej zająć się kluczowymi priorytetami" – ogłosił w komunikacie Disney. Tłumacząc to na język niekorporacyjny, oznaczało to, że „Epic Mickey: The Power of Two", sequel rzeczonej gry, który Junction Point wypuściło w listopadzie 2012 roku, poniósł finansową porażkę. Disney nie ujawnił co prawda dokładnego wyniku, lecz raporty z pierwszego miesiąca wskazywały na to, że w porównaniu z pierwszą odsłoną gry w analogicznym przedziale czasu rozeszła się zaledwie jedna czwarta sprzedanej liczby egzemplarzy poprzedniej części. Było to tym boleśniejsze, że oryginalny „Epic Mickey" wyszedł jedynie na Wii, a sequel pojawił się na paru platformach. Jak zasugerował Iger, gry konsolowe nie wychodziły Disneyowi, co było złowieszczym prognostykiem dla LucasArts.

Podszeptywania te wybrzmiały głośniej w styczniu 2013 roku. Zaczęły bowiem krążyć plotki, że Disney planuje zamknąć LucasArts, o czym mówiono nie tylko w firmie, ale i poza nią. Pracownicy mijający się w korytarzach wymieniali się wymownymi spojrzeniami, a czasem nawet i otwarcie rozmyślali o przyszłości studia. Ale i tak krążyło przekonanie, że „Star Wars 1313" jest nie do ruszenia, bo skoro fani napalili się na szykowaną grę, Disney będzie musiał ją skończyć. Jak myśleli developerzy, najgorszy scenariusz przewidywał odsprzedanie „1313" innemu dużemu wydawcy. „Chyba mieliśmy niesłabnące przeczucie, że skoro udało nam się wykreować taki szum wokół naszej gry i tak dobrze poradziliśmy sobie na E3 w 2012 roku, gdzie wygraliśmy albo zostaliśmy nominowani do tylu nagród, a prasa i gracze ekscytowali się tym projektem, to może wystarczy, aby uratować projekt – mówił Evan Skolnick – bo przecież ludzie czekają z niecierpliwością na premierę naszej gry i »1313« nie można teraz skasować".

Później, jak mówili niektórzy, stało się dla personelu Lucasfilmu oczywiste, że Disney dał im po prostu okres karencji. Przez parę miesięcy pozwolono LucasArts działać, jakby wszystko było po staremu, podczas gdy szukano odpowiedniego wydawcy, co miało zadecydować o przyszłości studia oraz gier z „Gwiezdnymi wojnami". Ze wszystkich zainteresowanych stron jedna firma okazywała szczególną ekscytację: Electronic Arts. Przez kilka pierwszych miesięcy 2013 roku EA intensywnie negocjowało z Disneyem, rozważając różne scenariusze tego, co może się stać z LucasArts. Zaczęły krążyć pogłoski, że może: „Hej, nic się takiego nie wydarzy. Może EA chce nas wykupić". Przez całą zimę management LucasArts utrzymywał, że wszystko będzie okej, a nawet mówił pracownikom, aby nie przygotowywali CV na marcowe Game Developers Conference.

Ale chyba najgorętszą plotką, którą przekazywali sobie pracownicy LucasArts, była ta mówiąca o niemal sfinalizowanej już transakcji i planach ukończenia produkcji „1313" i „First Assault". Niedługo potem nowe „SimCity" okazało się porażką, w wyniku czego EA „zgodnie rozstało się" z dyrektorem wykonawczym Johnem Riccitiello, przez co zrezygnowano z kupna LucasArts. Riccitiello powiedział mi jednak, że negocjacje nie były na tak zaawansowanym etapie, jak sądzili developerzy. „Rozmawia się ze wszystkimi o wszystkim – mówił – ale spora część to fantastyka".

I nagle wszystko wzięło w łeb.

3 kwietnia 2013 roku Disney zamknął LucasArts, zwalniając tym samym 150 pracowników i kasując wszystkie bieżące projekty studia, łącznie ze „Star Wars 1313". Był to finałowy etap okresu poważnych turbulencji, przez które od dawna przechodziło LucasArts, a zarazem koniec ery jednej z najbardziej poważanych firm w branży gier.

Tym, którzy zostali w studiu, ruch ten wydał się i szokujący, i nieuchronny. Jedni udali się na drinka do znajdującego się nieopodal baru sportowego (nazwanego, o ironio, Final Final) i opłakiwali możliwości, które nie zaistniały. Drudzy zostali na miejscu i łupili biuro, zgrywając na przenośne nośniki na poły ukończone zwiastuny i dema, zanim znikną z serwerów LucasArts, a niektórzy zwinęli nawet zestawy oprogramowania. Jak uznali, Disneyowi się nie przydadzą.

Tuż przed końcem została im rzucona niteczka nadziei. Podczas tych decydujących godzin LucasArts Frank Gibeau, szycha z EA, zwołał spotkanie, które miało być ostatnią deską ratunku dla „Star Wars 1313". Gibeau powiedział pracownikom LucasArts, aby zebrali oddział szturmowy i udali się do siedziby EA na misję ratunkową. Dominic Robilliard zebrał niewielką ekipę, która pojechała do rozległego kampusu EA w Redwood City w Kalifornii. Tam kierownicy poszczególnych działów wygłosili prezentację dla Visceral, należącego do EA producenta takich gier, jak „Dead Space" i „Battlefield Hardline". Gibeau obiecywał reprezentantom LucasArts, że jeśli wszystko pójdzie dobrze, Visceral zatrudni najważniejszych członków zespołu „Star Wars 1313" i tam dokończą projekt.

Stojąc przed pracownikami studia w wypchanej salce konferencyjnej, Robilliard i jego ekipa dwoili się i troili, żeby zaprezentować grę. Mówili o fabule, opisując ze szczegółami, jak ich bohater przedziera się przez półświatek Coruscant, odkrywa spisek handlowy i zostaje zdradzony przez najbliższych kumpli. Pokazali najciekawsze mechaniki, których prototypy opracowali, jak miotacz ognia i zamontowana na nadgarstku wyrzutnia rakiet. Przybliżyli godziny rozgrywki, poziom po poziomie, na szarej skrzynce mieli zapisane layouty każdego levelu (ale nie grafiki). Było jasne, że zostało jeszcze dużo pracy do wykonania, ale „Star Wars 1313" miało spory potencjał.

Jak wspominała jedna z osób biorąca udział w spotkaniu, nikt się nie odzywał. Wszyscy odwrócili się do Steve'a Papoutsisa, długoletniego menedżera studia i człowieka, do którego należało ostatnie słowo. Przez chwilę Papoutsis po prostu siedział bez ruchu i przyglądał się zrozpaczonym twarzom gości z LucasArts. A potem się odezwał.

„Stanął przed ludźmi od Lucasa i ekipą Visceral – mówił świadek tego spotkania – i rzucił, tak po prostu: »No cóż, nie jestem pewien, co dokładnie wam powiedziano, ale zapewniam, że to, co myślicie, że się teraz wydarzy, się nie wydarzy«". Potem, jak opowiadała dalej ta osoba, prosto z mostu zakomunikował, że Visceral nie ma ochoty reanimować „Star Wars 1313", ale jego studio może porozmawiać z kluczowymi członkami zespołu i – jeśli się spodobają – zatrudni ich do zupełnie nowego projektu. Ekipa „Star Wars 1313" była zaskoczona. Przyjechali na kampus EA, żeby przekonać Visceral do skończenia gry, a nie ubiegać się o nową pracę. Wielu z nich nadal miało nadzieję na uratowanie wychuchanego projektu. Nawet najbardziej cyniczni członkowie zespołu, którzy utrzymywali, że wszystkie te filmowe technologie nie zadziałają w grze, mieli ten tytuł za zbyt obiecujący, aby pozwolić mu zgasnąć.

Niektórzy trzasnęli drzwiami. Inni zostali na rozmowę i dowiedzieli się później, że przygotowywany projekt to zupełnie nowa, osadzona w świecie „Gwiezdnych wojen" przygodowa gra akcji wyreżyserowana przez Amy Hennig, która dołączyła do Visceral w kwietniu 2014 roku po odejściu z Naughty Dog podczas prac nad „Uncharted 4". Osowiały Dominic Robilliard wystosował później następujący e-mail do całego zespołu zaangażowanego w „Star Wars 1313":

> Miałem nadzieję, że zdołam jeszcze porozmawiać ze wszystkimi jak zawsze, w cztery oczy, ale chyba już zdążyliśmy się rozpierzchnąć i szanse na wysoką frekwencję podczas takiego spotkania są niewielkie! Najprawdopodobniej tak będzie najlepiej, bo nie jestem pewien, czy potrafiłbym powiedzieć to, co chcę, i się przy tym nie rozpaść na kawałeczki.
>
> Kiedy myślę o paru minionych latach, które spędziliśmy na pracy nad grą, nie mogę uwierzyć, że osiągnęliśmy aż tyle, biorąc pod uwagę naszą sytuację. To

> niesamowite. Zmiany kierunku i ingerencje z zewnątrz, niestabilna sytuacja na szczeblach kierowniczych i fotelu prezesa; czasem nie dociera do mnie, dlaczego ze mną zostaliście i, co ważniejsze, jak udało nam się stworzyć coś tak wysokiej jakości. Nie potrafię wyrazić, jak bardzo dumny jestem z każdego, kto należał do tego zespołu. Będę waszym dłużnikiem do końca swojej kariery.

Robilliard komplementował swoją ekipę za pracę nad gameplayem („Plecak odrzutowy był ostatnim elementem układanki") i technologiami wizualnymi („Cały ogromny wysiłek i rozwaga włożone w konstruowany z pietyzmem i uczuciem wygląd gry wart był tego trudu"). Chwalił pracę nad demem przygotowanym na E3 („Straciłem rachubę, ile publikacji i ludzi z prasy, którzy z nami rozmawiali, mówiło, że »Star Wars 1313« jest dosłownie »najlepszym, co kiedykolwiek widzieli«) i lamentował nad faktem, że LucasArts nigdy nie dokończy obiecanej przez siebie gry.

„Chciałbym powiedzieć jeszcze więcej i wyrazić dobitniej moją wdzięczność, lecz jest mi zbyt ciężko, abym mógł to wyrazić – pisał dalej Robilliard. – Szczerze dbam o wszystkich z tego zespołu i mam nadzieję, że jeszcze kiedyś będziemy mieli szansę razem pracować... Lecz przez kilka następnych miesięcy zamierzam poświęcić cały swój czas i energię, aby zapewnić każdego, kto zastanawia się nad zatrudnieniem byłego członka tej ekipy, że będzie to z jego strony znakomita inwestycja i najmądrzejszy możliwy ruch zawodowy. Jesteście najlepszym zespołem, jaki znam, i kocham was wszystkich".

Kasacja gry to nic szczególnego. Na każdy wydany tytuł przypadają tuziny niewykorzystanych koncepcji i napoczętych prototypów, które nigdy nie ujrzą światła dziennego. Jednak „Star Wars 1313" ma to coś, co nadaje jej wyjątkowość i co dostrzegli nie tylko fani, lecz i ci, którzy przy tej grze pracowali. „Z mojego punktu widzenia to nie nasz projekt został skasowany – mówił Steve Chen – ale studio. A to coś zupełnie innego". Po latach członkowie tego zespołu nadal rozmawiają o tamtych czasach z pewną nabożnością i niejeden wierzy, że gra mogła odnieść spory sukces, gdyby tylko dano im tę szansę. „Jakby zadzwonił telefon – mówił Evan Skolnick – i usłyszałbym: »Hej, chcemy, żebyś wrócił i zrobił nowe '1313'«, zapytałbym, o której mam się stawić".

Na ścianie jednej z salek konferencyjnych Lucasfilmu znajdowała się duża tablica z przypiętymi do niej pięknymi ilustracjami i setkami kolorowych karteczek samoprzylepnych. Czytane od lewej do prawej opowiadały historię „Star Wars 1313", wyłuszczając, jak Boba Fett trafił na ulice Coruscant. Do wykonania było dziewięć misji, którym nadano wymyślone w pośpiechu, ale sugestywne tytuły jak „Upadek" czy „ Draństwo i nikczemność". Designerzy rozpisali skrótowo każdą sekwencję, przyklejając karteczki o treści: „bijatyka na tyłach kasyna" i „pościg za droidem przez podziemne tunele", obok których zamieszczono krótkie opisy posiadanych mocy i nastrój danej sceny. Czytane po kolei, dawały niejakie pojęcie na temat tego, czym mogło być „Star Wars 1313". Ostatecznie i ta tablica została zdjęcia, lecz kiedy LucasArts zamknęło podwoje, a personel studia wypowiedział ostatnie słowa pożegnania, odchodząc z legendarnego studia, była jak historia zastygła w bursztynie. Wycinek z gry, która nigdy nie powstała.

EPILOG

Dwa lata później nareszcie skończyliście. Macie swoją grę. „Superprzygoda hydraulika" wychodzi na wszystkie duże platformy – PC, Xboxa One, PlayStation 4, a nawet Nintendo Switch – i nareszcie możecie chwalić się wszystkim przyjaciołom, że sen się spełnił. Tylko nie mówcie im, jak męczący to był proces. Wasza gra o hydrauliku miała rok opóźnienia, co kosztowało inwestorów dodatkowe dziesięć milionów (które – jak przysięgałeś – odzyskają, jak tylko „Superprzygoda hydraulika" rozkręci się na Steamie). Okazuje się, że preprodukcyjne szacunki były zbyt optymistyczne: skąd mogliście wiedzieć, że na każdy poziom poświęcicie miesiąc, a nie dwa tygodnie – i że będziecie musieli przesuwać premierę aż dwukrotnie tylko po to, żeby naprawić wywalające grę błędy? Wasz zespół crunchował przez dobry miesiąc przed każdym punktem kontrolnym (E3, alfa, beta i tak dalej) i mimo że kupowaliście wszystkim obiady, żeby wynagrodzić ich wysiłek, nadal nie mogliście przestać myśleć o tych opuszczonych rocznicach i nieobecnościach na urodzinach, wieczorach, których nie mogli spędzić z dziećmi, bo tkwili na spotkaniach, gdzie dyskutowano o schematach kolorystycznych ogrodniczek hydraulika.

Czy da się robić świetne gry bez podobnych poświęceń? Czy możliwe jest przejście przez cykl produkcyjny bez konieczności pracy po godzinach? Czy kiedykolwiek zostanie opracowana niezawodna formuła na tworzenie gier pozwalająca na bardziej przewidywalne planowanie pracy?

Znaczna część przyglądających się rozwojowi branży odpowiedziałaby, odpowiednio, „nie", „nie" i „prawdopodobnie nie". Produkcja gier, jak powiedział Matt Goldman z BioWare, jest niczym balansowanie „na krawędzi chaosu", gdzie sama liczba zmiennych nie pozwala przewidzieć tego, co się wydarzy. Ale czy to nie powód, dla którego kochamy gry? To uczucie, gdy łapiemy za kontroler ze świadomością, że doświadczymy czegoś zupełnie nowego?

„Produkcja gry… przyciąga pewien typ osobowości, pracoholików – mówił Justin Bell, inżynier dźwięku z Obsidiana. – Wymaga osób, które są gotowe poświęcić mnóstwo swojego czasu… Crunch to nic fajnego, rozpieprza ci życie. Dobiega końca i zdajesz sobie sprawę, że masz dzieci, a kiedy je zobaczysz, spojrzysz na nie [pomyślisz:] »Wow, minęło sześć miesięcy, jestem teraz zupełnie inną osobą. A przez ten czas nie byłem przy nich«".

W 2010 roku japońska firma Kairosoft wydała grę przeznaczoną na urządzenia mobilne pod tytułem „Game Dev Story". Gracz prowadził własne studio producenckie, próbując wypuścić serię popularnych pozycji i przy tym nie zbankrutować. Każdą grę projektowano przez kombinację gatunku i stylu (na przykład: „Wyścigi detektywistyczne"), lecz aby zrobić postępy, trzeba było podjąć odpowiednie decyzje menedżerskie, także odnośnie do personelu studia. „Game Dev Story" była zabawnym i uproszczonym symulatorem funkcjonowania firmy zajmującej się produkcją gier.

Jedną z rzeczy, którą lubiłem szczególnie, było obserwowanie, jak pracownicy z pikseli uwijają się, by ukończyć swoje zadania. Kiedy któryś designer, grafik albo programista radził sobie wyjątkowo dobrze, rozpędzał się tak, że dosłownie iskrzyło. Urocze, kreskówkowe sprite'y siedziały wtedy i kodowały dalej, choć pochłaniały je płonące kule z płomieni.

Był to jedynie niewinny żart, lecz pobrzmiewała w nim pewna doza prawdy. Dzisiaj, kiedy rozmyślam o niesamowitych przygodach, które przeżywam przy „Uncharted 4" albo przebijam się przez uzależniające bitwy „Destiny", albo kiedy dumam, czemu słaby tytuł okazał się słaby, do głowy przychodzi mi jeden obrazek: biuro pełne płonących developerów. Może tak właśnie robi się gry.

PODZIĘKOWANIA

Książka ta nigdy by nie powstała, gdyby nie wielu, naprawdę wielu ludzi. Po pierwsze, i przede wszystkim, dziękuję moim rodzicom za ich miłość, za wsparcie, za kupno pierwszej gry. Dziękuję Safcie za więcej, niż zdołałbym tu wypisać. Dziękuję też Ricie i Owenowi.

Mam dług u swojego agenta, Charliego Olsena, którzy zaszczepił mi pomysł na tę książkę jednym e-mailem, czego nigdy nie żałowałem. Mój niezwykły agent, Eric Meyers, musiał wytrzymać napór maili ode mnie i doprowadził ten projekt od etapu pogaduszek przy lunchu do wydanej książki (DLC niewymagane). Dziękuję za wsparcie Paulowi Florez-Taylorowi, Victorowi Hendricksonowi, Douglasowi Johnsonowi, Leydianie Rodriguez, Milanowi Bozicowi, Amy Baker, Abby Novak, Dougowi Jonesowi, Keithowi Hollamanowi i Jonathanowi Burnhamowi z HarperCollins.

Mój drogi przyjaciel i współprowadzący nasz podcast Kirk Hamilton zaoferował mi swoje mądre rady, notatki i prognozy pogody. Mój były redaktor Chris Kohler i obecny, Stephen

Totilo, nauczyli mnie niemal wszystkiego, co umiem. Ekipa z Kotaku sprawia, że codziennie doskonale się bawię.

Dziękuję Matthew Burnsowi, Kim Swift, Rileyowi MacLeodowi, Nathanielowi Chapmanowi i paru innym osobom (które nie chciałyby, abym wymieniał je z nazwiska) za przeczytanie wczesnych szkiców tej książki i cenne uwagi i sugestie. Dziękuję wszystkim, którzy wytrzymali z moimi gchatami, wiadomościami tekstowymi, e-mailami i nieprzerwaną gadką o tym projekcie.

Oto kolejni ludzie, którym chciałbym podziękować, bo bez nich ta książka by nie powstała: Kaz Aruga, Chris Avellone, Eric Baldwin, Eric Barone, Justin Bell, Dmitri Berman, Adam Brennecke, Finn Brice, Waylon Brinck, Daniel Busse, Ricky Cambier, Steve Chen, Wyatt Cheng, Eben Cooks, David D’Angelo,, Mark Darrah, Travis Day, Graeme Devine, Neil Druckmann, John Epler, Ian Flood, Rob Foote, Aaryn Flynn, Rich Geldreich, Matt Goldman, Jason Gregory, Jaime Griesemer, Christian Gyrling, Amber Hageman, Sebastian Hanlon, Shane Hawco, Marcin Iwiński, Rafał Jaki, Daniel Kading, Shane Kim, Phil Kovats, Mike Laidlaw, Cameron Lee, Kurt Margenau, Kevin Martens, Colt McAnlis, Lee McDole, Ben McGrath, David Mergele, Darren Monahan, Peter Moore, Tate Mosesian, Josh Mosqueira, Rob Nesler, Anthony Newman, Bobby Null, Marty O’Donnell, Erick Pangilinan, Carrie Patel, Dave Pottinger, Marcin Przybyłowicz, John Riccitiello, Chris Rippy, Josh Sawyer, Emilia Schatz, Josh Scherr, Evan Skolnick, Bruce Straley, Ashley Swidowski, Jakub Szamałek, Jose Teixeira, Mateusz Tomaszkiewicz, Konrad Tomaszkiewicz, Piotr Tomsiński, Miles Tost, Frank Tzeng, Feargus Urquhart, Sean Velasco, Patrick Weekes, Evan Wells, Nick Wozniak, Jeremy

Yates oraz kilkudziesięciu innych developerów, którzy zgodzili się rozmawiać ze mną nieoficjalnie. Dziękuję wam za wasz czas i cierpliwość.

Dziękuję Sarah Dougherty, Mikeyowi Dowlingowi, Radkowi Adamowi Grabowskiemu, Bradowi Hilderbrandowi, Lawrence'owi Lacsamanowi, Arne'emu Meyerowi, Anie-Luisie Motcie, Tomowi Ohle, Adamowi Richesowi i Andrew Wongowi za pomoc w skoordynowaniu wielu wywiadów.

I nareszcie, dziękuje Amandzie. Nie mógłbym prosić o lepszą przyjaciółkę.

Spis treści